Herausgegeben von; *Edited by*

—

Brigitte Franzen
Marc Günnewig
Florian Heilmeyer
Jan Kampshoff
Andrea Nakath
Anna Sophia Schultz

A NEW GENERATION IN ARCHITECTURE

WEST ARCH

VOL. 1

jovis

INHALT

Contents

Essays

Büros; *Offices*

ON THE ROAD

Dr. Brigitte Franzen Direktorin; *Director*

Anna Sophia Schultz Kuratorin; *Curator*

Wenn der Wiener Künstler Andreas Fogarasi Aufkleber mit den Appellen SLEEP oder TALK im öffentlichen Raum verteilt, richtet er den Blick auf die Innenarchitektur unserer Städte. Es stellt die Maßregelungen bloß, die von dem städtischen Mobiliar ausgehen, die unbeschlafbaren Bänke beispielsweise, die Sauberkeit und Ordnung eines letztlich doch nicht öffentlichen Raumes garantieren. Der Rolle der Architektur als dominante Stimme im öffentlichen Raum trägt Fogarasi Rechnung, indem er nicht nur ihre Materialien und zeichenhafte Gestalt zitiert, sondern ihr Kommunikationspotenzial hervortreten lässt. Mit seiner Einzelausstellung im Februar bildete er den Auftakt unseres Jahresprogramms 2010, das unter dem Leitmotiv „Architektur und Raum" steht.

Neben Architektur und Stadtmöblierung ist der Anteil der Kunst im öffentlichen Raum ein vergleichsweise geringer, ihr Provokationspotenzial dafür umso größer. Benjamin Buchloh formuliert: „Wo Unterdrückung, Ausbeutung und Entfremdung alltäglich praktiziert und als Normalität hingenommen werden, muss die bloße Erscheinung der Differenz, der Abweichung und des symbolischen Widerstandes mit jener Gewalt verfolgt werden, die man nur der Ausnahme zuteil werden lassen kann."[1] Gegenüber der Architektur ist die zeitgenössische Kunst im öffentlichen Raum ein punktueller Eingriff in einem stark determinierten städtischen Raum. Die Determinante Architektur im Gegensatz zur Kunst genauer in den Blick zu nehmen, ihre Formen und Voraussetzungen zu befragen, ist daher unser zentrales Anliegen.

Mit der Ausstellung „West Arch – A New Generation in Architecture" tritt die Architektur selbst auf den Plan. Versammelt sind 25 Architekturbüros aus Belgien, den Niederlanden und Deutschland, die ein experimenteller und unkonventioneller Umgang mit zeitgenössischen Fragestellungen auszeichnet. Präsentiert werden gebaute, geplante und mögliche Räume. Herausgestellt werden charakteristische Interessen, Strategien und Lösungen. 1:1 Modelle, Filme, Bücher, Fotografien, Pläne und Zeichnungen sind zu sehen. Diskutiert wird über Faktoren der Produktion wie Materialien, Forschung und Lehre, neue Medien und Technologien, Förder- und Wettbewerbsstrukturen, Ausbildung, Vorbilder und Netzwerke. Dabei interessiert das Spezifische und das Spekulative einer neuen Generation architektonischen Denkens und architektonischer Strategien.

Unsere Annahme ist, dass ein pragmatischer, teils ironischer Ansatz vorherrscht, eine Akzeptanz des Gegebenen, der in einen neuen Realismus mündet. Dass Neu- und Umnutzung Strategien sind, die sich nicht allein ökologisch und ökonomisch bewähren, sondern eine neue Ästhetik erzeugen. Dass Schnittstellen zu Nachbarfeldern offen und kreativ genutzt werden. Dass internationale

Ausbildung und Netzwerke eine breite und selbstverständliche Ideenbewegung auslösen. Dass die soziokulturelle Geschichte eines Landes dennoch nationale Unterschiede produziert. Dass Theorie und Praxis zusammen gedacht werden. Dass Architekten die Rolle von Vermittlern kommunikativer Prozesse übernehmen. Dass Bauaufgaben selbst als offener Prozess begriffen werden. Dass in Zeiten wirtschaftlicher Krisen die Ideenproduktion auf die Bereiche des Möglichen ausweicht.

Unser Blick auf die Generation teilt sich in die Betrachtung der drei Länder, deren Identität im Bereich der Architektur ihrer Nähe zum Trotze in der Vergangenheit sehr unterschiedlich ausfiel. Während die Niederlande unter dem Stichwort SuperDutch international für Aufsehen sorgten, arbeiteten die Belgier oft mit einem Fokus auf die Binnenperspektive und wurden den Deutschen solide Leistungen bei gleichzeitigem Mangel an Ideenreichtum bescheinigt. Wie gültig sind diese Zuschreibungen heute noch? Wie verhalten sich Grenzen und Netzwerke zueinander? Wodurch entsteht eine nationale Kohärenz, die im internationalen Vergleich sichtbar bleibt? Wie bildet sich das Konstrukt einer Region in der Ideen- und Bauproduktion einer Architekturszene ab? West Arch versteht sich als Vorschlag, diese Fragen zu diskutieren und die Koordinaten einer neuen Generation von Architekten zu sichten.

Vienna artist Andreas Fogarasi draws attention to the interior architecture of our cities by distributing stickers with the words SLEEP and TALK in public spaces. He exposes the dictates imposed by urban furniture (for instance, benches that cannot be slept on) that guarantee the cleanliness and order of a public space that is not really public at all. Both by referencing architectural materials and iconic shapes and by revealing architecture's communicative potential, Fogarasi recognizes the way architecture dominates public spaces. His solo exhibition in February was the prelude to our 2010 program on the theme of "architecture and space."

Compared to urban furniture and architecture, the role of art in public spaces is comparatively small – making its provocative potential all the greater. Benjamin Buchloh phrased it thus: "Where oppression, exploitation, and alienation are an everyday practice and are accepted as normal, then the mere appearance of difference, deviation, and symbolic resistance must be persecuted with the violence that is reserved for exceptions."[1] In contrast to architecture, contemporary art in public spaces is a highly localized intervention in a heavily determined urban space. Our central task is therefore to enquire into the forms and preconditions of this crucial factor "architecture" and how it is different from art.

The exhibition "West Arch – A New Generation in Architecture" takes architecture itself as its subject. This exhibition brings together twenty-five architecture firms from Belgium, the Netherlands, and Germany. What they all have in common is an experimental, unconventional approach to contemporary issues. Built, planned, and potential spaces are included. They demonstrate the interests, strategies, and solutions characteristic of each firm. The exhibits include 1:1 models, films, books, photographs, plans, and drawings. The influences on architecture that are discussed include materials, research, and teaching, new media and technologies, sponsorship and competition organization, training, role models, and networks. What is really interesting here are the revelations – both specific and speculative – about the new generation of architectonic thinking and architectonic strategies.

Our theory is that a pragmatic, partially ironic approach – an acceptance of preexisting conditions expressed as a new kind of realism – dominates. Reuse and conversion are not just strategies that make sense economically and ecologically – they are also part of a new aesthetic. Connections with neighboring disciplines are being exploited openly and creatively. International study and networks naturally trigger a broad movement of ideas – while countries' differing sociocultural histories do, of course, continue to produce national differences. Theory and praxis are being evolved in the same mental processes. Architects are facilitating communication. Construction projects themselves are being seen as open processes. We can also see that in times of economic crisis, ideas becomes restricted to the realms of the possible.

Our overview of a generation of architects is divided between the three different countries, whose architectural identities, in spite of their geographical closeness, have in the past been very different. While the Netherlands attracted international attention with its SuperDutch brand, Belgium has tended to take a more domestic view and Germany's architecture has traditionally been known for solid results accompanied by a lack of original ideas. So how true is this today? What is the relationship between national borders and international networks? What creates a coherent national identity that stands out in an international context? How do the ideas and buildings produced within an architecture scene contribute to a construct of "regional identity"? West Arch is intended as a proposal on how to discuss these ideas and to chart the coordinates of a new generation of architects.

1 Benjamin H. D. Buchloh, „Vandalismus von oben". Richard Serras Tilted Arc in New York, in: Walter Grasskamp (Hg.): Unerwünschte Monumente. Moderne Kunst im Stadtraum. München 1989, S. 103–119, S. 113.

1 Benjamin H. D. Buchloh: "Vandalismus von oben." Richard Serra's Tilted Arc in New York, in: Walter Grasskamp (ed.): Unerwünschte Monumente. Moderne Kunst im Stadtraum. Munich 1989, pp. 103–119, p. 113.

Dank; *Acknowledgements*

Unser herzlicher Dank für die großzügige Projektförderung, die Ausstellung und das Rahmenprogramm, das in dieser Form ermöglicht wurde, gilt der Initiative StadtBauKultur Nordrhein-Westfalen, dem Atelier Rijksbouwmeester, dem Stimuleringsfonds voor Architectuur und dem Generalkonsulat der Niederlande.

Bei der RWTH Aachen, und hier besonders bei Axel Sowa, Alexander Markschies und Ariane Wilson, bedanken wir uns für die vorzügliche Zusammenarbeit und die Bereitschaft, mit uns zusammen an die Aachener Tradition anzuknüpfen und einen lebendigen Austausch zwischen Universität und Museum zu initiieren. Nach Heerlen in die Niederlande geht unser Dank an das Schunck Glaspaleis, dessen Ausstellungsprojekt „Roots" unter der Leitung von Andrea Croé den Architekturschwerpunkt in der Region fortsetzt. Dem BDA, namentlich Herrn Fischer, danken wir herzlich für die rege Unterstützung des Rahmenprogramms.

Ein ganz persönlicher Dank gilt allen Akteuren, allen voran den Gastkuratoren Jan Kampshoff und Marc Günnewig, die mit sicherem Gespür, großem Elan und Enthusiasmus spannende Positionen versammelt und einen stimmigen architektonischen Rahmen geschaffen haben. Es war eine wunderbare, netzwerkende Zusammenarbeit über mehrere Städte und Stationen hinweg und eine große Freude, das gemeinsame Projekt so gut gelingen zu sehen. Florian Heilmeyer und Andrea Nakath waren unermüdlich für das vorliegende Magazin auf Achse und haben als zuverlässige und erfahrene Partner die Distanz zwischen Aachen und Berlin vergessen gemacht. Kristina Selcho hat dem Projekt sein einprägsames, neongrünes Gesicht gegeben und als Schnittstelle mit großer Geduld alle Fäden zusammengehalten. Last but not least danken wir dem internen und externen Team des Ludwig Forums, das aus den möglichen Räumen sichtbare Räume gemacht hat.

For the generous sponsorship that allowed the exhibition and the accompanying program of events to go forward as planned, our sincerest thanks goes to the Initiative StadtBauKultur Nordrhein-Westfalen, the Atelier Rijksbouwmeester, the Stimuleringsfonds voor Architectuur, and the Netherlands Embassy.

We would like to thank the RWTH Aachen – and especially Axel Sowa, Alexander Markschies, and Ariane Wilson – for their outstanding contribution and willingness to explore and extend the Aachen tradition with us, which enabled a lively exchange between university and museum. We would like to thank the Schunck Glaspaleis in Heerlen in the Netherlands, whose exhibition project "Roots," directed by Andrea Croé, continues the region's architectural tradition. We would also like to thank the BDA as represented by Herr Fischer for actively supporting the program of accompanying events.

I would also like to say a very personal thank you to all those involved – and especially the guest curators Jan Kampshoff and Marc Günnewig, who collected exciting new ideas with a sure instinct and with great élan and enthusiasm and created a suitable architectonic setting. After such a wonderful collaboration – a network that stretched from city to city, venue to venue – it was a pleasure to see the joint project succeed so well. Florian Heilmeyer and Andrea Nakath spent long hours traveling for the sake of this publication, and their experience and competence made the distance between Aachen and Berlin seem insignificant. Kristina Selcho gave the project its memorable, neon-green faces and acted as a coordinator, patiently bringing all the threads together. Last but not least, we would like to thank the internal and external Ludwig Forum teams, who turned the potential spaces into visible spaces.

WAS IST WEST ARCH?

Marc Günnewig
Jan Kampshoff
Florian Heilmeyer
Andrea Nakath

Kunst und Architektur

Dass sich eine Kunstinstitution mit der Modifikation, der Transformation, dem Einnehmen und Erschaffen von Räumen auseinandersetzt, eine Gemeinsamkeit vieler Kunstgattungen, wird nicht erstaunen.

Mit der Ausstellung „West Arch" geht das Ludwig Forum noch einen Schritt weiter: Mit dem Selbstverständnis eines Forums bietet es einer öffentlichen Diskussion über die Architektur einen Rahmen. Wie entsteht Architektur heute und unter welchen Bedingungen arbeiten Architekten in einem vereinigten Europa? Welche gesellschaftliche Relevanz geht von der Architektur aus, die unsere direkte Lebensumgebung gestaltet? Und in welchem Verhältnis befinden sich Kunst und Architektur dabei?

West Arch ist der Versuch, eine neue, junge, grenzüberschreitende Architekturszene als Momentaufnahme einzufangen. Es schien daher sinnvoll, den Blick vom Standort des Ludwig Forums in Aachen aus über die angrenzenden Regionen schweifen zu lassen und sich dabei auf der Suche nach jungen interdisziplinären Architekturbüros weder von nationalen noch von regionalen Grenzen aufhalten zu lassen, um Positionen zu entdecken, die wir als beispielhaft für eine junge Architekturgeneration empfinden.

Unterwegs sein, Grenzen überschreiten

Wie definieren wir dabei die Grenzen in der Auswahl der Büros: Wie alt darf ein junger Architekt sein? Wie weit weg von Aachen darf das Büro sein? Wie experimentell dürfen Produkte sein, bevor es kein Architekturbüro mehr ist? Wir verstehen die Auswahl der Teilnehmer nicht als „Best Of" der Architekten in diesem Raum, sondern als facettenreichen Überblick über das, was uns neu, jung und spannend erschien: West Arch zeigt Start-ups wie Space & Matter, die erst 2009 gegründet wurden und etablierte Büros wie NEXT Architects, die seit 2001 ein beeindruckendes Portfolio mit Büros in Amsterdam und Beijing aufgebaut haben. West Arch zeigt Grenzgänger wie die belgischen Medienkünstler LAb[au], die Infrastrukturisten von Artgineering oder die Aktionsarchitekten von DUS, aber auch „klassische", aufs Bauen ausgerichtete Architekten.

Wer also von West Arch eine homogene „neue Szene" erwartet, wer von einer neuen stilistischen oder methodischen Schule träumte, der wird enttäuscht sein. Wir haben auf eine thematische Klammer verzichtet, um eine große Bandbreite sehr unterschiedlicher Positionen versammeln zu können, die nur eine Gemeinsamkeit haben: Sie gestalten die Räume und Gebäude unserer Städte. Auf der Suche NACH DEM EINEN BILD DER jungen Generation, ist diese Vielfalt eine wichtige Erkenntnis. Die Zeiten der „Stars“ sind vorbei. Ein klarer „Plot“ zum Erfolg, wie er beispielsweise durch „SuperDutch“ in den 1990er Jahren beschrieben wurde, existiert heute nicht mehr.

Mehr Kaffee, als wir trinken konnten

Im Vorfeld der Ausstellung hatten wir die Gelegenheit, fast alle teilnehmenden Büros – bis zu fünf an einem Tag – zu besuchen. Wir haben mehr Kaffee angeboten bekommen, als wir trinken konnten und zwischen den Treffen in unserem kleinen „West-Arch-Mobil“ über das Gesehene diskutiert. In dieser Intensität waren es die Gegensätze der Haltungen, der Selbstverständnisse und Arbeitsweisen, die uns beschäftigten.

So unterschiedlich die Selbstbilder der Teilnehmer sein mögen, alle verbindet eine produktive Energie und der Wille, in der aktuellen Diskussion für unsere gebaute Umwelt einen eigenständigen Beitrag zu leisten. Für die Offenheit, mit der uns die besuchten Büros Einblick in ihre Arbeit gaben, möchten wir uns bei dieser Gelegenheit besonders bedanken.

West Arch – die Ausstellung

In der Ausstellung im Ludwig Forum musste es insofern auch nicht ausschließlich um das Objekt oder Gebäude gehen – auch wenn viele der hier gezeigten Büros natürlich Architekturen von hoher Verführungskraft entwerfen. Uns interessierte Arbeitsweise und Produkt, Lösungsweg und Lösung.

Wenn uns einerseits das Umfeld eines Kunstraums von unserem möglicherweise eingeschränkten Blick auf die Produktion des Architekten befreien kann, so stellt es auf der anderen Seite auch die Seh- und Deutungsweisen von Besuchern eines „Kunstmuseums“ auf eine besondere Probe. Um diese Wahrnehmung aufzubrechen, entwickelten wir ein Ausstellungskonzept, welches mit unterschiedlichen Maßstäben spielt, sodass Widersprüchliches, Gegensätzliches und Harmonisches nebeneinander (be)stehen kann – eine Topografie unterschiedlicher architektonischer Ansätze und Methoden. Die Ausstellung ist weniger eine Präsentation von Objekten, sondern vielmehr ein Porträt von Arbeitsweisen und Prozessen der Architekturproduktion. Im Zentrum befindet sich das „Quadrum“, eine quadratische Vertiefung, die im Sinne des Forums als Versammlungsort und Aktionsraum gedacht ist. Dieser besondere Ort innerhalb des Ludwig Forums wird daher modifiziert und als Ausstellungsort nutzbar gemacht. Mit einem umfangreichen Begleitprogramm wird die Dialektik zwischen Ausstellung und Diskussion zusätzlich erhöht. West Arch ist nicht nur Ausstellung, sondern auch Verhandlungsraum über zeitgenössische Architektur.

Art and Architecture

Nobody will be surprised, to find an art institution showing an interest in modifying, transforming, assimilating and creating spaces, something that many art genres have in common.

The Ludwig Forum is taking things a stage further with its "West Arch" exhibition. It is using the confident platform offered by a forum to create a framework for a public discussion about architecture. How is architecture created today, and what sort of conditions are architects working under in a united Europe? What social relevance is conveyed by the architecture that creates the immediate surroundings for our lives? And how do art and architecture relate to each other in this context?

West Arch represents an attempt to capture a snapshot of a new, young, architectural scene that crosses borders. So it seemed to make sense to take a look out at adjacent regions from the Ludwig Forum in Aachen, and not to be held up by national or regional borders while trying to find young, interdisciplinary architecture practices so that we can identify positions that we feel are exemplary for a younger generation of architects.

On Our Way and Crossing Borders

How do we define the criteria for selecting these practices here: how old can a young architect be? How far away from Aachen can the practice be? How experimental are products allowed to be before an architecture practice, can no longer be considered as such? We do not see our selected participants as the "Best Of" the architects in this area; they form a multifaceted survey of what we felt to be new, young and exciting: West Arch is showing startup practices such as Space & Matter, which was not founded until 2009, and established practices such as NEXT Architects who have been building up an impressive profile with offices in Amsterdam and Beijing since 2001. West Arch is showing practices with a foot in two camps such as the Belgian media artists LAb[au], the infrastructurists from Artgineering or DUS's action architects, but also "classical" architects orientated towards building.

So disappointment is waiting for anyone expecting West Arch to show a homogeneous "new scene," for anyone dreaming of a new stylistic or methodological school. We chose not to have a thematic link so that we could bring together a large bandwidth of very different positions that have only one thing in common: they design spaces and buildings in our cities. This diversity is an important insight in the search for an image of the young generation. The age of the "stars" is past. Nowadays there is no longer any clear recipe for success, as defined by "SuperDutch" in the nineteen-nineties, for example.

More Coffee than We Could Drink

While preparing for the exhibition, we had the opportunity to visit all the participating practices – up to five per day. We were offered more coffee than we could drink and we discussed, what we had seen in our little "West Arch-mobile" between meetings. In the context of this intensive process, it was contrasting attitudes, things that were taken for granted and working methods that concerned us most.

However different the self-images of the participants may be, they all share productive energy and the will to make an independent contribution to our built environment in the current discussion. We would like to take this opportunity to offer our special thanks to the practices we visited for their readiness to give us insights into their work.

West Arch – the Exhibition

The exhibition at the Ludwig Forum did not have to deal exclusively with objects or buildings – even though many of the practices shown here do of course design highly seductive architecture. We were interested in working methods and product, the path towards a solution and the solution itself.

If the context of an art space can liberate us from our possibly limited view of an architect's production, then it will also be putting the ways visitors to an "art gallery" look and interpret to a particular test. In order to break with this perception, we developed an exhibition concept that plays with different scales, so that contradicting, opposing and harmonious elements can stand and hold their own together – a topography of different architectural approaches and methods. This exhibition is not so much a presentation of objects, but rather a portrait of architectural production's working methods and processes. At the center of this is the "Quadrum," a square declivity intended by the Forum to work as a place of assembly and space for action. So this special place inside the Ludwig Forum is being modified for use as an exhibition location. The dialectic between exhibition and discussion will be additionally enhanced by a wide-ranging accompanying program. West Arch is not just an exhibition, but a space for negotiation about contemporary architecture. —

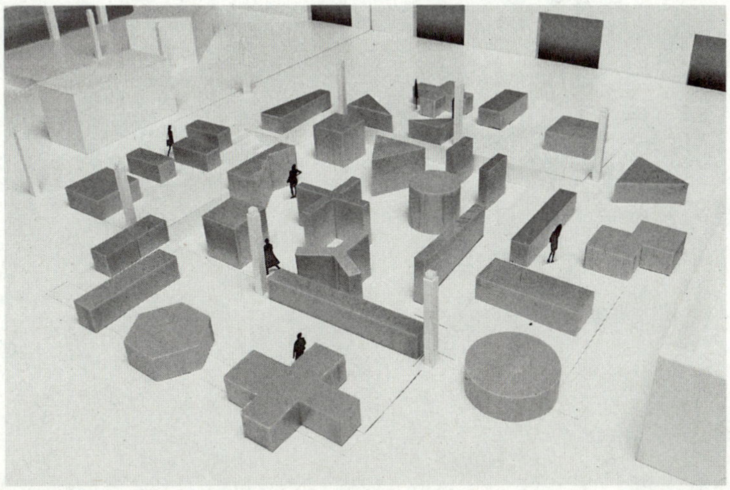

West Arch – Modell (Abb. oben; *picture above*)

West Arch – Zeichnung (Abb. folgende Seite; *picture next page*)

SITUATIVER REALISMUS
DIE DEUTSCHE ARCHITEKTUR AUF DER COUCH

Situative Realism – *German Architecture on the Couch*

Anh-Linh Ngo

„Warum ist die deutsche Architektur so subaltern?" Mit dieser provokanten und zugleich programmatischen Frage von Dieter Hoffmann-Axthelm schloss 1993 ein Arch+ Heft über „Junge Architekten in der Bundesrepublik".[1] Hoffmann-Axthelms ernüchterndes Fazit: „keine wirklichen Spitzen, in der Regel ein wenig hintennach, im Schlepptau der großen Konzeptentwicklungen, die von anderswo kommen."[2] Seine Diagnose: „Ausdrucksmangel". Die Mittelmäßigkeit der deutschen Gegenwartsarchitektur führte der Autor auf das NS-Trauma zurück, das, von wenigen Ausnahmen abgesehen[3], zu einer Sprachlosigkeit geführt habe, die die deutschen Architekten dazu verdamme, immer nur darauf zu warten, dass andere etwas sagten und ewig den Trends hinterherzulaufen, die woanders gesetzt würden: „Der deutsche Ausdrucksmangel ist insofern ein Kulturschicksal."[4]

Dieses Verstummen hat Léon Krier in einem kürzlich in der Zeitschrift AA Files veröffentlichten Interview besonders eindrücklich am Beispiel von Wolf Meyer-Christian beschrieben, einem der vielversprechendsten Schüler Oswald Mathias Ungers an der TU Berlin der 60er Jahre. Dessen einmaliges Talent und exzeptionellen Zeichenstil hat nicht nur Krier tief bewundert, sondern auch Rem Koolhaas stark beeinflusst.[5] Von Meyer-Christian existieren allerdings nur drei Entwürfe, die er als Student bei Ungers angefertigt hatte und die in Ungers berühmter Publikationsreihe an der TU Berlin für Furore sorgten. Für Koolhaas waren sie „ein inspirierender ‚moralischer Triumph' dessen, wozu Architektur in der Lage ist".[6] Doch sollte dieses „bereits sagenumwobene Genie" (Koolhaas über Meyer-Christian) nie mehr etwas Vergleichbares hervorbringen, ganz so, als ob seine eigene Ausdruckskraft ihm Angst machte. Dass dieses Verstummen einen tieferen Grund hatte, erahnte Léon Krier erst, als er Meyer-Christian in den 70er Jahren aufspürte und später zu einem Treffen mit Albert Speer mitnahm: „Meyer had been terribly interested in meeting him, but when we were actually in front of Speer he just froze. Afterwards he explained that he couldn't talk because his 17-year old memory of Speer as Minister of Armaments and War suddenly came back to him. His inability to speak really revealed to me the trauma of postwar-Germany, and how the war had devastated a certain architectural sensibility."[7]

Dieses Beispiel zeigt viel beredter als alles andere die Hemmungen der Nachkriegsgeneration, die sie für einen kurzen (glücklichen) Augenblick in Ungers Seminaren scheinbar ablegen konnten, bevor das Verdrängte mit der 68er Studentenbewegung wieder an die Oberfläche kam: „Das für die damalige Zeit absolut Ungewöhnliche bestand darin, dass jegliche Bezugnahme auf Schuld oder auf den Krieg fehlt."[8] War der „moralische Triumph" der Architektur, wie Koolhaas schrieb, nur noch auf Kosten der Verdrängung möglich? Wie verhält es sich mit dem immer wieder aufflammenden Verlangen der Deutschen nach einem ominösen Gefühl der „Normalität", über das noch zu sprechen sein wird? Doch „in Deutschland ist nichts normal, also ist der Blick auf die Jungen immer auch eine Variante des Blicks zurück auf eine auch für die Architektur katastrophal gewordene Geschichte".[9]

17 Jahre nach Hoffmann-Axthelms fulminanter, überwiegend von Skepsis getragener Analyse ist eine neue junge Generation herangereift, ohne dass die Frage befriedigend beantwortet wäre: „Wann ist die wiedergewonnene Normalität tatsächlich, und auch in bestimmte Tiefe hinein, normal?"[10] Ohne Klärung dieser Grundsatzfrage können wir immer noch nicht zum Kern des Problems der deutschen Architektur vordringen: ihre geringe internationale Ausstrahlung, ihr biederes, blutleeres Image, von emotionaler Bildfähigkeit ganz zu schweigen. Wir müssen also noch einmal den Blick zurückwenden, um ermessen zu können, ob und was sich seit der Wiedervereinigung Deutschlands getan hat.

Wenn wir die Nachkriegsentwicklung der Architektur mit der der Kunst vergleichen, stellt sich die Frage, worin sich beide Bereiche unterscheiden, dass die Kunst nach dem Zweiten Weltkrieg fast unmittelbar und unbeschadet an die Erfolge der Vorkriegszeit anknüpfen konnte? Dass die Kriegsgeneration Beuys, Richter, Baselitz, Polke, Kiefer und in der Folge auch viele andere zu gefeierten Stars der internationalen Kunstwelt wurden? Dass von deutschen Künstlern und Schulen (Becher-Schule, Leipziger Schule) beständig wichtige Impulse für die internationale Kunstentwicklung ausgingen? Wog die Verstrickung DER Architektur „in ihren verschiedenen Formen, als Platz, Aufmarschfeld, Lichtregie, Stadion, Reichskanzlei usw."[11] als bauliche Manifestierung der NS-Ideologie schwerer, dass sie von einem Extrem ins andere verfiel, nach dem Motto: Nie wieder Ausdruck!?

Der Blick auf den Wiederaufstieg der deutschen Kunst ist ein Fingerzeig: Statt Verdrängung und Verbannung des Ausdrucks wie in der Architektur, fanden die Künstler gerade in der Auseinandersetzung mit der eigenen und der deutschen Geschichte sowie deren gesellschaftlichen Folgen zu eigenständigen, unverwechselbaren formalen Erzählformen und einer vitalen Ausdruckskraft. Wenn es also nicht nur ein generations-, sondern auch ein architekturspezifisches Problem ist, dass nämlich „die Hauptsache aus anderen als innerfachlichen, immanent ästhetischen Gründen nicht mehr aussagbar"[12] ist, wie kommen wir aus dieser Sackgasse wieder heraus? Welche Voraussetzungen müssen erfüllt sein, damit wir wieder sprach- und ausdrucksfähig werden, um schließlich wieder von unserer eigenen Geschichte, unserem eigenen Erleben, unserem eigenen Alltag erzählen zu können?

Nach Hoffmann-Axthelms Zählung waren die Jungen vor 17 Jahren bereits die 4. „Verarbeitungsgeneration": von den „Konstruktiven" wie Ingenhoven, Kauffmann/Theilig, Schneider/Schumacher über die „Tektoniker" wie Mäckler, Dudler, Albers bis hin zu der Berliner Gegenfraktion wie Sauerbruch/Hutton, Léon/Wohlhage, Grüntuch/Ernst, die sich bereits aus dieser erstarrten deutschen Frontstellung zwischen konstruktiver Auflösung und tektonischer Versteinerung der Architektur zu befreien suchten. Sowohl die technische Optimierung und das „Wegarbeiten des Materials" der Behnisch-Schule als auch die Gegenbewegung in Form der seriellen Monumentalität der späten Ungers-Schule gepaart mit dem stereometrischen Rationalismus italienischer Prägung (à la Berlinische Architektur) verfolgten letztendlich das gemeinsame Ziel, jeglichen Ausdruck abzutöten. Sei es durch die Abschaffung alles Körperhaften bei gleichzeitiger Konzentration auf das Technisch-Funktionale oder durch die Verdichtung des Körpers bei gleichzeitiger Rücknahme alles Individuellen. Das Ergebnis ist dasselbe: „ein Intellektualismus, der zwar gegen Versuchung schützt, aber den emotionalen Zugang verschüttet. Beide Architekturen sind in der Wirkung gleich gefühlsarm, autistisch, kalt."[13] Man könnte auch salopp sagen: Operation gelungen, Patient tot.

Der Idealismus dieser beiden dominierenden Entwicklungsstränge der deutschen Nachkriegsarchitektur endet so gesehen tragisch. Aber gegen zu viel Idealismus hilft bekanntlich eine ordentliche Prise Realismus, besser „dirty realism". Im Rückblick wird vielleicht dadurch die deutsche Begeisterung für die Holländische Schule während der 90er Jahre erklärbar. Schließlich hat sie nach einer kurzen Phase des Dekonstruktivismus, der in die Sackgasse eines pathetischen Formalismus à la Libeskind geführt hat, die Möglichkeit und die Werkzeuge für die Auseinandersetzung mit der landläufig als hässlich erachteten Wirklichkeit jenseits des betulichen Kontextualismus der 80er Jahre aufgezeigt.

Aber wiederum war es zunächst eine nachholende Bewegung und die Sprache, die man dabei sprach, war nicht Deutsch, sondern Dutch bzw. SuperDutch.[14] Nicht zuletzt ARCH+ hat in dieser Phase eine wichtige Übersetzungsleistung übernommen, flankiert von praktizierenden Protagonisten wie b&k+. Jedoch blieb die deutsche Rezeption stets ambivalent. Einerseits war man fasziniert von der Unbekümmertheit und Radikalität dieser Entwicklung, andererseits zutiefst irritiert ob ihres latenten Zynismus. Mit Beginn des neuen Jahrtausends wich die Euphorie der 90er Jahre einer starken Ernüchterung und mündete schließlich in eine labile Inkubationsphase. Zum einen musste das Rezipierte verarbeitet werden, wollte man daraus ein eigenes Idiom entwickeln. Zum anderen begann eine schwierige Suche nach eigenständigen Themen und Standpunkten, Werkzeugen und Praxisweisen, die häufig von der Baupraxis weg ins Off führte.

Die Ergebnisse dieser Orientierungsphase, die man sehr leicht mit einer Phase der Orientierungslosigkeit verwechseln kann, hat ARCH+ schließlich 2003, also genau zehn Jahre nach dem Heft „Junge Architekten in der Bundesrepublik", in den beiden Ausgaben „Off-Architektur" vorgestellt.[15] Der Off-Raum erwies sich im Nachhinein als ein Inkubationsraum, in dem neue Denk- und Arbeitsweisen sowie ein neues Selbstverständnis VON und ein neues Selbstverhältnis ZUR Architektur entwickelt werden konnten, um wieder zur „Hauptsache", zur Architektur, vordringen zu können. Allerdings war damit nicht eine erneute Suche nach dem „Wesen" der Architektur verbunden. Statt wie schon so häufig zu fragen: „Was ist Architektur?" – und damit das Feld der Architektur einzuzäunen – lautete die Frage dieses Mal: „Was könnte Architektur sein?" Die Vielfalt und Unbekümmertheit der Antworten darauf waren erfrischend undeutsch und wirkten befreiend.

Eine wichtige Erkenntnis in diesem Zusammenhang war die Tatsache, dass die neue Generation ihre Ausdrucksfähigkeit nicht mehr stilistisch definiert, sondern vor allem in der Auseinandersetzung mit der bestehenden architektonisch-städtischen Struktur – und zwar in ihrer materiellen und historischen Gesamtheit und nicht als idealisiertes Gebilde (Stichwort: Europäische Stadt) – gewinnt. Die Erkundung der Potenzialität der Stadt, der Stadt als Lebensform, führt zu neuen Formen einer „reflexiven, situativen Praxis".[16] Deren Kennzeichen ist ein illusionsloser Realismus, der, wenn er nicht in die Falle eines unbedarften Pragmatismus führt, den Blick für das Potenzial von Situationen öffnet, „die anstiften zum Weiterdenken, zum Weiterplanen, zum Fortschreiten".[17] Ein situativer Realismus, der die Wirklichkeit mit all ihrer Schönheit und Unzulänglichkeit, Potenzialität und Beschränkung zum Ausgangspunkt für die Suche nach einer ausdruckfähigen Form macht. Eine Form, die weder abstrakt noch symbolisch gemeint ist, sondern die von den immanent architektonischen, urbanen oder gesellschaftlichen Bindungen erzählt. Die Schritte in die Freiheit der Normalität findet diese Generation also über den Weg der Wertschätzung des Vorhandenen, des Alltäglichen und Trivialen, sei es eine städtische Situation, ein programmatischer oder geschichtlicher Anhaltspunkt. Damit werden aber auch andere Wege eröffnet, sich mit der eigenen gebrochenen Geschichte produktiv auseinanderzusetzen.

In diesem Zusammenhang wird erst deutlich, warum man derzeit unter der jungen Generation so etwas wie ein neues Geschichtsbewusstsein feststellen kann. Allerdings kein idealisierendes, sondern ein situatives Bewusstsein, das darauf abzielt, die vorgefundenen Dinge, „as found" nannten es Alison und Peter Smithsons, ernst zu nehmen und sie in ihrem Recht zu würdigen – als Anker und Reibungsfläche für das eigene Tun. Genau darin liegt die Aktualität und Relevanz des „as found"-Prinzips der Smithsons für das deutsche Problem: Es hilft dabei, die bestehenden Strukturen zu rationalisieren, das Positive des Gewöhnlichen, des schon Dagewesenen zu betonen und damit einen neuen Hintergrund, einen neuen Horizont aufzuspannen, vor dem neue Erkenntnisse, Formen und Ausdrucksweisen möglich werden.[18]

Diese Realitätskonstruktion mittels des „as found"-Prinzips hat Arch+ schließlich unter dem Thema „Situativer Urbanismus"[19] untersucht und dabei eine Wende in der Planungspraxis konstatiert, die sich bereits in den beiden Off-Architektur-Ausgaben herauskristallisiert hat. Diese Wende ließe sich kurz als eine Bewegung weg von statischen Planungs- und Arbeitsweisen hin zu kleinteilig individuellen und offen performativen Strategien umreißen. Es entstehen dabei eigenständige Wissensformen und neue Ausdrucksmöglichkeiten, die häufig bewusst im Gewand einer unauffälligen, aber sehr durchdachten, nicht um Aufmerksamkeit heischenden Ästhetik eines „Everyday Urbanism" daherkommen.[20] Unter umgekehrtem Vorzeichen lässt sich jedoch seit geraumer Zeit mit der sogenannten Retro-Architektur auch eine neo-konservative oder stilistisch gesprochen neo-historistische Wende beobachten, die als den verzweifelten Versuch gedeutet werden kann, auf umgekehrtem Wege wieder Ausdruckskraft zu gewinnen, indem man sich formaler Anleihen aus einer vermeintlich unbelasteten Vergangenheit bedient – ganz so, als könnte man dadurch die Geschichte ungeschehen machen.[21]

Wie man zu diesen Entwicklungen auch steht, so scheint die 5. „Verarbeitungsgeneration" in unterschiedlichen Ausrichtungen Ansatzpunkte für die Überwindung des deutschen Traumas gefunden zu haben. Ist damit das Verhaltensmuster überwunden, das dafür sorgte, dass bis vor zehn, 15 Jahren, bis auf wenige Ausnahmen, kaum vernehmliche Impulse von der deutschen Gegenwartsarchitektur ausgegangen sind? Von den strukturellen Defiziten war bisher gar nicht die Rede: den eingefahrenen berufsständischen Mechanismen, der lahmenden Baukonjunktur, den katastrophalen Startbedingungen, der mangelhaften Nachwuchsförderung, den überforderten Hochschulen, dem hohen Architektenüberschuss und dem Mangel an Mut und Risikobereitschaft sowohl auf der Architekten- als auch auf der Bauherrenseite, der jegliches Experiment im Keim erstickt. Es ist daher kaum verwunderlich, dass solche exzeptionellen Bauten wie das Wall House (Chile, 2007) von FAR als Erstlingsprojekt eines jungen Architekturbüros in Deutschland immer noch kaum denkbar sind.

Die Liste der Unzulänglichkeiten ließe sich beliebig fortsetzen. Aber das Lamento würde nur vom eigentlichen Problem ablenken, nämlich dass wir erst wieder sprachfähig werden müssen, bevor architektonische Fragen wieder diskutierbar werden. Allzu häufig wich man bisher allzu bereitwillig auf die technische Ebene von Sachzwängen und Notwendigkeiten aus.[22] Auf der architektonischen Ebene zeigen Projekte wie das Galeriegebäude von Arno Brandlhuber in Berlin, dass inzwischen eine Nische für Experimente im Entstehen begriffen ist, die irgendwann in die Breite ausstrahlen werden. Schließlich ist in Deutschland nicht der Durchschnitt das Problem. Im Gegenteil, der ist technisch gut und handwerklich solide. Die Frage ist vielmehr, warum es so lange keine Spitze gab, wenn der Durchschnitt so gut ist? Es müsste doch umgekehrt auf der Basis des guten Durchschnitts ein Leichtes sein, herausragende Talente zu fördern? Das ist das eigentliche Paradox der deutschen Architektur: Es gibt sie nicht, WEIL sie so deutsch, das heißt gründlich, professionell und tendenziell langweilig ist. Insofern lautet die Forderung nach einer deutschen Architektur im Klartext: Seid weniger deutsch!

—

1 Dieter Hoffmann-Axthelm: „Warum ist die deutsche Architektur so subaltern?" In: Arch+ 118. Aachen 1993, S. 92ff.
2 Ebd., S. 92
3 Zu den Ausnahmen zählen sicherlich die große Ausstrahlung der Experimente Frei Ottos oder auch die formale Stärke Hans Scharouns, der allerdings erst spät internationale Anerkennung (u.a. durch Frank Gehry) fand, nicht zuletzt auch der eigensinnige, fast im verborgenen agierende Ludwig Leo, der seit Jahrzehnten als Geheimtipp gilt.
4 Ebd., S. 93
5 Siehe dazu Rem Koolhaas: „Berliner Geschichte(n)". In: Arch+ 181/182. Lernen von O. M. Ungers. Aachen 2006, S. 68f.
6 Ebd., S. 68
7 „Léon Krier in conversation with Christopher Pierce and Thomas Weaver", in: AA Files Nr. 60, London 2010, S. 68ff, hier. S. 71. Man muss dazu noch erwähnen, dass Meyer-Christians Vater, Wolf Meyer-Christians Senior, ein „verdienter Kämpfer der Bewegung" war und ab November 1934 zum Leiter der Reichspresseschule in Berlin berufen wurde. Siehe dazu das Online-Lexikon: http://www.luise-berlin.de/personen/m/meyer_christian_wolf.htm, letzter Zugriff 30.7.2010.
8 Rem Koolhaas, ebd., S. 68
9 Ebd., S. 92
10 Ebd., S. 92
11 Ebd., S. 93
12 Ebd., S. 96
13 Ebd., S. 94
14 Bart Lootsma: SuperDutch. London/New York/Berlin 2000
15 Arch+ 166. Off-Architektur 1 „Szenen" und Arch+ 167. Off-Architektur 2 „Netzwerke". Aachen 2003
16 Wilfried Kühn: „Situationen, Modelle". In: Arch+ 167. Off-Architektur 2 „Netzwerke". Aachen 2003, S. 60
17 Urs Füssler: „Das Carambole-Prinzip". In: Arch+ 166. Off-Architektur 1 „Szenen". Aachen 2003, S. 19
18 Die Beispiele dafür reichen von der Zwischennutzung eines leer stehenden Gebäudes (Zwischen Palast Nutzung/Urban Catalyst), der temporären Bespielung von Brachflächen (Kubik-Berlin/modulorbeat), der Neuprogrammierung eines stigmatisierten Ortes (Eichbaumoper/raumlabor) bis hin zu Versuchen, die ungeliebte Nachkriegsmoderne zu rehabilitieren (Liebe Deine Stadt, Schauspielhaus Köln/BeL et al.).
19 Arch+ 183. „Situativer Urbanismus". Aachen 2007
20 Zu den herausragenden Entwicklungen zählen unter anderem die temporären urbanen Interventionen von raumlabor Berlin oder Baugruppenprojekte (zum Beispiel von der Gruppe BAR).
21 Die in den letzten Jahren immer wichtiger werdenden digitalen Entwurfsmethoden zeigen wiederum eine gänzlich andere Möglichkeit auf, starken formalen Ausdruck zu erlangen, ohne dafür architektonisch argumentieren zu müssen. Schließlich beinhalten die digitalen Verfahren das Versprechen, den Architekten von der Last zu befreien, selbst Urheber der Form zu sein, für die immer die Software, das Programm oder die Parameter verantwortlich seien.
22 Die scheinbare Zwangsläufigkeit ökologischer Lösungen ist sicherlich einer der Gründe dafür, dass deutsche Architekten auf diesem Feld führend sind, weil sie in diesem Argumentationsmuster so geübt sind. Aber auch hier gilt: Das Ziel für die Zukunft wäre eine erzählfähige ökologische Architektur, die über die übliche technische Anschaulichkeit hinausgeht.

Anh-Linh Ngo, Architekt, Zeitschriftenmacher und Kurator. Seit 2001 ist er Redakteur der Zeitschrift Arch+. Mit der Einführung der Projektarbeit hat er wesentlich zu der Weiterentwicklung der Zeitschrift beigetragen und so die Reichweite von Arch+ über das Medium Zeitschrift hinaus erweitert. In enger Zusammenarbeit mit Nikolaus Kuhnert kuratierte und konzipierte er die Ausstellung und Veranstaltungsreihe „The Making of Your Magazines" im Rahmen der Teilnahme von Arch+ am Zeitschriftenprojekt der Documenta 12 (2007), das Relaunch der Arch+ (2008) sowie zuletzt die Ausstellung „Post-Oil City".

"Why is German architecture so obsequious?" This provocative and at the same time programmatic question from Dieter Hoffmann-Axthelm concluded an ARCH+ issue about "Young Architects in Germany"[1] in 1993. Hoffmann-Axthelm summed up soberingly: "Nothing really outstanding, generally a little backwards, in tow from major concept developments coming from elsewhere."[2] His diagnosis: "Lack of expression." According to the author, the mediocrity of contemporary German architecture is due to the National Socialist trauma, which he said, apart from a few exceptions,[3] had led to a kind of speechlessness that condemned German architects to do nothing but wait for other people to say something and constantly run after trends that were being set elsewhere: "In this respect, German lack of expression is our cultural fate."[4]

Léon Krier described this falling silent in a recently published interview in the AA FILES magazine. He takes Wolf Meyer-Christian as an particularly impressive example – one of Oswald Mathias Ungers's highly promising pupils at the TU Berlin in the nineteen-sixties. Krier not only greatly admired his talent and exceptional drawing style, that style also considerably influenced Rem Koolhaas.[5] But there are only three designs by Meyer-Christian in existence. He created them while a student under Ungers, and they caused a furore in Ungers's famous series of publications at the TU Berlin. For Koolhaas they represented "an inspiring 'moral triumph' for what architecture has to offer."[6] But this "already legendary genius" (Koolhaas on Meyer-Christian) was never to produce anything comparable. It was almost as though he was afraid of his own expressive power. Léon Krier did not gain a sense that this silence had a deeper reason until he sought Meyer-Christian out in the nineteen-seventies and later took him to a meeting with Albert Speer: "Meyer had been terribly interested in meeting him, but when we were actually in front of Speer he just froze. Afterwards he explained that he couldn't talk because his 17-year old memory of Speer as Minister of Armaments and War suddenly came back to him. His inability to speak really revealed to me the trauma of postwar Germany, and how the war had devastated a certain architectural sensibility."[7]

This example shows the inhibitions of the post-war generation more eloquently than any other: it seems they had been able to put these inhibitions aside for a short (happy) moment in Ungers's seminars, before what had been suppressed came back to the surface with the student movement of 1968: "The absolutely unusual feature of that period was that there was absolutely no reference to guilt or to the war."[8] Was the "moral triumph" of architecture, as Koolhaas put it, only achievable at the cost of suppression? What about the Germans' longing, which is constantly flaring up, for a mysterious sense of "normality," which will be discussed below? But "in Germany nothing is normal, so that looking at young architects is always a variant of looking back at a history that became catastrophic for architecture, too."[9]

Seventeen years after Hoffmann-Axthelm's incisive analysis, largely driven by skepticism, a new young generation has come to maturity without any satisfactory answer to this question: "When is the regained normality effective, and also down to a certain depth, normal?"[10] Unless we get to the point of this fundamental question we will not get any closer to the core of the problem with German architecture: its low international impact, its conventional, anemic image, not even to mention emotional imagination. So we have to look back once again, in order to assess whether anything has happened since German reunification, and if so, what.

If we compare the post-war development of architecture with that of art, the question arises of what is so different about the two fields that art was able to live up to its pre-war success almost immediately and unharmed after the Second World War? That the war generation Beuys, Richter, Baselitz, Polke, Kiefer, and subsequently many others became celebrated stars on the international art scene? That German artists and schools (Becher school, Leipzig school) constantly gave major impetus to international art development? Did architecture's entanglement "in its various forms, as square, parade ground, lighting design, stadium, Reich Chancellery, etc."[11] – as a built manifesto of National Socialist ideology – outweigh all other artistic expressions, so that it went from one extreme to the other, with the motto: "Never again expression!"

Looking at the resurgence of German art provides a pointer: rather than suppressing and banning expression, as in architecture, it was precisely in coming to terms with history, individual as well as German history in general, that artists found their way to independent, unmistakable narrative forms and vital expressiveness. So if it is not only a problem that is specific to a generation but also one that is specific to architecture – that "the main thing, for other reasons than professional, inherently aesthetic ones, can no longer be expressed,"[12] – how do we get out of this cul-de-sac? What requirements have to be met to make us capable of expression again, so that ultimately we can tell of our own time, our own experience, our own everyday life again?

On Hoffmann-Axthelm's count, the young architects seventeen years ago represent the fourth "generation that tries to come to terms with the NS-trauma," from the "Constructivists" such as Ingenhoven, Kauffmann/Theilig, Schneider/Schumacher via the "Tectonicists" such as Mäckler, Dudler, Albers to the Berlin counter-faction such as Sauerbruch/Hutton, Léon/Wohlhage, Grüntuch/Ernst, who were already trying to liberate themselves from this ossified German front-line position between constructive dissolution and tectonic petrification of architecture. Both the technical optimization and the "working away of material" of the Behnisch school and also the counter-movement in the form of the serial monumentality of the late Ungers school, coupled with Italian-style stereometric rationalism (à la "Berlinische Architektur") were pursuing the common goal of killing off any expressive quality. Whether it is by getting rid of everything that is a physical presence while at the same time concentrating on technical-functional aspects or by condensing the physical presence while withdrawing anything remotely individual. The outcome is the same: "an intellectualism that certainly offers protection against temptation, but blocks all emotional access. Both types of architecture are at the same time starved of emotion, autistic and cold in their effect."[13] One could also say flippantly: operation successful, patient dead.

The idealism of these two dominant development strands of post-war German architecture comes to a tragic end in both cases. But it is well known that a decent pinch of realism helps against so much idealism, even better, "dirty realism." In retrospect, this perhaps explains German enthusiasm about the Dutch school in the nineteen-nineties. Ultimately, after a short deconstructivist phase that ended in the cul-de-sac of pompous formalism à la Libeskind, the Dutch approach identified the possibility and the tools for coming to terms with the reality that was commonly viewed as ugly that lay beyond the sedate contextualism of the nineteen-eighties.

But once again it was a catching-up movement and the language it spoke was not German but Dutch or rather SuperDutch.[14] ARCH+ was not least among those striving to translate this movement to the German context, flanked by practicing protagonist such as b&k+. But the German response always remained ambivalent. On the one hand people were fascinated by the carefree quality and radicalism of this development, on the other hand profoundly disturbed by its latent cynicism. At the start of the new millennium the euphoria of the nineteen-nineties gave way to severe disillusionment and finally led to an unstable incubation phase. First of all, what had been learned had to be digested if the aim was to develop an idiom of one's own. Then a difficult search began for independent themes and viewpoints, tools, and practice modes that frequently led away "off" and away from building practice.

ARCH+ finally presented the results of this orientation phase, which is easily confused with a phase of complete lack of orientation, in 2003, in other words exactly ten years after the "Young Architects in Germany" issue, in two editions called "Off Architecture".[15] The "off" space turned out in retrospect to be an incubation space in which new ways of thinking and working and a new understanding OF and a new relationship WITH architecture could be developed, in order to find a way back to the "main thing," to architecture. But this was not just linked with a new search for the "essence" of architecture. Instead of asking, as had so frequently happened before in architectural history: "What is architecture?" – and thus restricting the field for architecture – the question this time was: "What could architecture be?" The diversity and carefree quality of the answers to this were refreshingly un-German and had a liberating effect.

One important insight in this context was the fact that the new generation no longer defines its expressive ability stylistically, but acquires it above all in the act of coming to terms with the existing architectural-urban structure – and that in its material and historical totality, and not as an idealized entity (keyword: European city). Exploring the potentiality of the city, the city as a way of life, leads to new forms of "reflective, situative practice."[16] Its characteristic feature is an illusion-free realism that, if it does not fall into the trap of naïve pragmatism opens the eye to the potential of situations "that often instigate further thought, further planning, progress."[17] A situative realism that takes reality in all its beauty and inadequacy, potentiality and limitations, as a starting-point for the pursuit of expressive form. A form that is intended neither abstractly nor symbolically, but that tells a story of inherently architectural, urban or social bonds. So this generation is finding its way into the freedom of normality by taking the path of valuing what is already there, the everyday and the trivial, whether it is an urban situation, a programmatic or a historical lead. But this also opens up other ways of engaging productively with one's own broken history.

It is only in this context that it becomes clear why it is possible to identify something like a new awareness of history in the young generation. But not an idealizing awareness, a situative one that aims to take things "as found," as Alison and Peter Smithson put it, and to respect them in their own right – as an anchor and point of reference for one's own actions. This is precisely what makes the "as found" principle of the Smithsons' so significant for the German problem: it helps to rationalize the existing structures. To emphasize the positive side of the ordinary, of what has already been there, and thus to set up a new background, a new horizon, in front of which new insights, forms and modes of expression can be found.[18]

ARCH+ finally examined this method of constructing reality under the heading "Situative Urbanism,"[19] thus confirming a shift in planning practice that had already emerged in the two "Off-Architecture" editions. This shift could be defined briefly as a movement away from static planning and working methods to intricately individual and openly performative strategies. This leads to independent forms of knowledge and new expressive possibilities that often deliberately come along in the guise of an unassuming but very carefully thought-out, non-attention-seeking aesthetic of "Everyday Urbanism."[20] But looking at it the other way round, for some time now one can also observe a neo-conservative or stylistically speaking neo-historical shift in the form of so-called retro-architecture, which can be interpreted as a desperate attempt to find expressiveness again in the opposite way, by using formal borrowing from an allegedly unpolluted past – just as though it were possible to reverse history in doing so.[21]

However one views these developments, the fifth "generation that tries to come to terms with the NS-trauma" seems to have found ways for getting over the German trauma in a variety of directions. Does this mean that they have also broken the behavioral pattern that made sure that until ten, fifteen years ago, with a very few exceptions, contemporary German architecture emitted very few perceptible signals? The structural deficits have so far not been mentioned: the well-established professional mechanisms, the waning building boom, the disastrous starting conditions and the lack of encouragement for young architects, the overburdened colleges, the excess of architects and the lack of courage and readiness to take risks by both architects and clients, which strangles every experiment at birth. It is therefore hardly surprising that exceptional buildings such as the Wall House (Chile, 2007) by FAR are scarcely conceivable in Germany as first projects by young architecture practices.

The list of inadequacies could be continued at will. But that lament would only draw attention away from the actual problem, namely that we have to learn to express ourselves again before architectural questions are once more open to discussion. Hitherto architects have all too frequently been all too ready to resort to the technical level of practical constraints and necessities.[22] On the architectural level, projects such as Arno Brandlhuber's gallery building in Berlin show that a niche for experiments is coming into being, and at some time this will make an impact in the mainstream. Ultimately it is not the average that is the problem in Germany. On the contrary, that is technically good and sound in terms of craftsmanship. The question is much more why there has for so long not been anything outstanding when the average is so good? On the contrary, it must be easy to promote outstanding talent on the basis of the good average? That is the actual paradox of German architecture: it does not exist BECAUSE it is German, that is to say thorough, professional and tending towards the boring. In this respect the claim for a specific German architecture would entail: be less German! __

1 Dieter Hoffmann-Axthelm: "Warum ist die deutsche Architektur so subaltern?" In: ARCH+ 118. Aachen 1993, p. 92ff.
2 Ibid., p. 92.
3 Among them we can certainly count the enormous impact made by Frei Otto's experiments or Hans Scharoun's formal strength as well, though this was late in gaining international recognition (by Frank Gehry, among others), and not least the willful Ludwig Leo, who operated almost in secret, and who has been seen as the insider tip for decades.
4 Ibid., p. 93.
5 For this see Rem Koolhaas: "Berliner Geschichte(n)." In: ARCH+ 181/182. LERNEN VON O. M. UNGERS. Aachen 2006, p. 68f.
6 Ibid., p. 68.
7 "Léon Krier in conversation with Christopher Pierce and Thomas Weaver," in: AA FILES NR. 60, London 2010, p. 68ff, here. p. 71. It must also be mentioned that Meyer-Christian's father, Wolf Meyer Christian senior, was a "loyal fighter for the movement," and was appointed director of the Reich Press School in Berlin from November 1934. For this see the Online-Lexikon: http://www.luise-berlin.de/personen/m/meyer_christian_wolf.htm, last hit 30.7.2010.
8 Rem Koolhaas, Ibid., p. 68.
9 Dieter Hoffmann-Axthelm, Ibid., p. 92.
10 Ibid., p. 92.
11 Ibid., p. 93.
12 Ibid., p. 96.
13 Ibid., p. 94.
14 Bart Lootsma: SUPERDUTCH. London/New York/Berlin 2000.
15 ARCH+ 166. OFF-ARCHITEKTUR 1 "SZENEN" and ARCH+ 167. OFF-ARCHITEKTUR 2 "NETZWERKE." Aachen 2003.
16 Wilfried Kühn: "Situationen, Modelle." In: ARCH+ 167. OFF-ARCHITEKTUR 2 "NETZWERKE." Aachen 2003, p. 60.
17 Urs Füssler: "Das Carambole-Prinzip." In: ARCH+ 166. OFF-ARCHITEKTUR 1 "SZENEN." Aachen 2003, p. 19.
18 Examples of this range from temporary use of an empty building (Zwischen Palast Nutzung/Urban Catalyst), temporary use of derelict land (Kubik-Berlin/modulorbeat), reprogramming a stigmatized place (Eichbaumoper/raumlabor) to attempts to rehabilitate unpopular post-war Modernism (Liebe Deine Stadt, Schauspielhaus Köln/Merlin Bauer, BeL et al.).
19 ARCH+ 183. "SITUATIVER URBANISMUS." Aachen 2007.
20 Among the outstanding examples are raumlabor Berlin's temporary interventions or cooperative building projects (for example by BAR Architekten).
21 The digital design methods that have become increasingly important in recent years indicate a completely different possibility for achieving a starkly formal expressive quality without having to argue for it architectonically. Ultimately, digital processes offer the promise of relieving architects from the burden of being the originators of the form themselves, for which the program or the parameters would always be responsible.
22 The seemingly mandatory character of ecological solutions is certainly one of the reasons German architects are leaders in this field, because they have so much practice in arguing in technical context. But it is also true here: the aim for the future would be ecological architecture that is CAPABLE OF NARRATIVE and goes beyond the usual technical clarity.

Anh-Linh Ngo, architect, editor and curator, has been editor of ARCH+ magazine since 2001. He has made a major contribution to the magazine's further development by introducing project-based working structure, and has thus extended ARCH+'s reach beyond the medium of a magazine. He co-curated and conceived the exhibition and events series "The Making of Your Magazine" as part of ARCH+'s contribution to the Documenta 12 magazine project (2007), the relaunch of ARCH+ (2008), and lastly the "Post-Oil City" exhibition.

NACH DEM BOOM
JUNGE ARCHITEKTEN IN DEN NIEDERLANDEN

After the Boom – Young Architects in Holland

Anneke Bokern

„Das Ende einer Ära" hieß ein Artikel, den der niederländische Architekturkritiker Hans Ibelings im Mai in der Zeitschrift A10 veröffentlichte.[1] Wie der Titel schon verrät, handelt es sich um einen Abgesang auf den Architekturboom in den Niederlanden. Dank der Wirtschaftskrise sind die Zeiten, in denen die Niederlande als architektonische Avantgarde-Nation gelten konnten, endgültig vorbei, so die Botschaft. An die Stelle der Hypermoderne sei eine neue Bescheidenheit getreten: „SuperHumble" statt „SuperDutch".

Zugegeben, die Stimmung unter niederländischen Architekten ist trübe, und die Fakten sprechen für sich: Seit 2007 ist das Auftragsvolumen niederländischer Architekturbüros um 68 Prozent gesunken. 40 Prozent der angestellten Architekten haben im letzten Jahr ihren Job verloren, und manch ein renommiertes Büro ist von 120 auf 20 Mitarbeiter geschrumpft. Als Rijksbouwmeester Liesbeth van der Pol im Juli 2009 ein Programm startete, bei dem Gruppen arbeitsloser junger Architekten unbezahlt an Raumplanungsaufgaben arbeiten dürfen, fanden sich mühelos mehr als genug Teilnehmer. Die einen prophezeien deshalb bereits das Entstehen einer „verlorenen Generation" niederländischer Architekten. Die anderen bezeichnen die Krise als Auszeit, die der überhitzte niederländische Architekturmarkt dringend benötige.

Dabei liegt die wirklich heiße Phase schon über zehn Jahre zurück. Ihr medialer Höhepunkt lässt sich am Erscheinen des – vom Autor Bart Lootsma nur widerwillig so betitelten – Buches SuperDutch im September 2000 festmachen. Die darin veröffentlichten Projekte von Büros wie UNStudio, Neutelings Riedijk, OMA und West 8 haben das Image der neuen niederländischen Architektur geprägt und sie weltweit als jung, rotzig, überdreht und vielleicht auch ein bisschen pubertär bekannt gemacht. „Was ist niederländische Architektur?", fragte der Architekturkritiker Paul Shepheard noch vor drei Jahren in einem Artikel bei Building Design Online, um die Frage gleich selbst zu beantworten: „Sie wissen schon: Sie ist groß, sie ist clever. Sie hat schräge Wände und unmögliche Auskragungen. Sie landet auf dem Grundstück, als käme sie aus dem Weltraum, zischt dabei hämisch und überzieht ihre Kritiker mit beißendem Spott."[2]

Fragmentierung und neue Bescheidenheit

Wenn solche Beobachtungen eines beweisen, dann vor allem, dass der Hype sich bereits lange vor dem Einsetzen der Wirtschaftskrise selbst aufgefressen hatte. Aber obwohl der Medienrummel sich gelegt und die Generation SuperDutch einen Bauchansatz bekommen hat, sind junge niederländische Architekten noch immer recht gut auf ihre Vorgänger zu sprechen. „Der Hype öffnet uns auch jetzt noch Türen“, sagt etwa Marijn Schenk von NEXT Architects. „Er hat die niederländische Architektur international berühmt gemacht. Darum können wir jetzt zum Beispiel in China bauen.“ Und Marcel van der Lubbe von ANA architecten meint: „Etwas Positives, das vom Boom übrig geblieben ist, ist auf jeden Fall die große Aufmerksamkeit für Architektur in den Niederlanden.“ Womit er recht haben dürfte, denn in Tageszeitungen und Fernsehsendungen ist Architektur in den Niederlanden deutlich häufiger ein Thema als in den meisten anderen Ländern.

Was genau charakterisiert aber die niederländische Architektur der Gegenwart? War die Architektur der 90er Jahre bereits mehr in ihrer Herangehensweise als in ihrem Stilverständnis kohärent und SuperDutch vor allem ein medienwirksamer Hilfsterminus, so scheint es nun noch schwieriger, die jungen Büros und ihre Arbeit unter einen Hut zu bringen. Dabei gibt es durchaus eine neue Generation niederländischer Architekten. Aber wie üblich nach einem Boom, der große Namen hervorgebracht hat, stehen sie etwas im Schatten ihrer Vorgänger. Auf jeden Fall frönen sie nicht mehr so sehr dem Extremen und Überdrehten. Manche Gebäude aus den letzten Jahren – als jüngstes Beispiel das unglaubliche Inntel Hotel in Zaandam von WAM architecten, das einem riesigen Stapel historischer Holzhäuser gleicht – haben nur allzu deutlich gezeigt, dass Hypermoderne und Neotraditionalismus in den Niederlanden nie weit voneinander entfernt lagen und oft nur noch unterschiedliche Phänotypen des Populismus sind.

Dem setzen viele Architekten der neuen Generation – freiwillig oder unfreiwillig – das gegenüber, was Ibelings als SUPERHUMBLE bezeichnet, also einen neuen Minimalismus der Ausdrucksformen oder der Mittel. Das ist natürlich auf den ersten Blick nicht so saftig und nicht so leicht als typisch niederländisch vermittelbar wie die Ikonenarchitektur der 90er Jahre. Hinzu kommt, dass die junge Architekturszene der Niederlande stark fragmentiert ist. Gab es früher eine Handvoll bekannter Namen à la Rem Koolhaas, Winy Maas und Ben van Berkel, so gibt es nun eine fast unüberschaubare Vielzahl kleiner Büros, die einzelne, interessante Gebäude realisieren. Dass das oft kleinmaßstäbliche Projekte sind, von Einfamilienhäusern bis hin zu Cafépavillons, ist auf die ökonomische Situation zurückzuführen – ebenso wie die Tatsache, dass ein Folgeauftrag häufig auf sich warten lässt. Insgesamt ist die junge niederländische Architektur deshalb deutlich unspektakulärer geworden, was wiederum dazu führt, dass sie schwieriger als nationales Phänomen zu „branden“ ist. Vielleicht ist es aber genau das, was sie interessant macht.

Ausschreibungsregeln als Stolperstein

Diversifiziert ist die Architekturszene auch, weil trotz des Endes des Booms viele Ausländer zu ihren Protagonisten gehören. Die Gründer von Atelier Kempe Thill und Pasel.Künzel stammen aus Deutschland, die Büros S.T.A.R. und casanova+hernandez werden von Spaniern geleitet, Ana Rocha von Rocha Tombal ist Portugiesin, Naoko Hikami von na-ma ist Japanerin, Igor Kebel von Elastik ist Slowene. Sie alle kamen in den 90er Jahren anlässlich des Booms in die Niederlande und brachten ihren nicht-niederländischen Hintergrund mit. Gute Fördermöglichkeiten und verhältnismäßig große Offenheit der Auftraggeber gegenüber jungen und ausländischen Architekten ermöglichten ihnen den Bürostart. Manche ausländische Architekten werden sogar gerade für ihre Andersartigkeit geschätzt – wie etwa André Kempe und Oliver Thill, die sich einen Namen gemacht haben, indem sie die niedrigen niederländischen Baubudgets mit unniederländisch hoher Detailqualität zu kombinieren wissen.

Auf ganz andere Weise von sich Reden machte das Büro, als es 2007 mit einer (vom staatlichen STIMULERINGSFONDS VOOR ARCHITECTUUR finanzierten) Studie an die Öffentlichkeit trat, in der es gegen die niederländische Auslegung der 2004 erlassenen europäischen Ausschreibungsregeln protestierte. Wie Kempe und Thill darlegten, werden die Anforderungen an Referenzprojekte und Umsatz in den Niederlanden viel strikter gehandhabt als in den Nachbarländern, wodurch es jungen Büros beinahe unmöglich gemacht wird, an Ausschreibungsverfahren teilzunehmen. Hier liegt ein weiterer Grund, weshalb junge Architekten sich nun mit kleineren Gebäuden oder Studienaufträgen begnügen müssen: Von einem ikonenhaften Großprojekt wie der Erasmusbrücke in Rotterdam, das 1998 für Ben van Berkels noch unbekanntes UNStudio einer der ersten Aufträge war, darf heute nur noch träumen, wer ein paar Hunderttausende Umsatz und diverse bereits realisierte Brückenprojekte vorweisen kann. Ausgerechnet die Niederlande, in deren informeller Baukultur immer vieles Verhandlungssache und weniges festgeschrieben war, gebärden sich bei der Anwendung der EU-Richtlinien päpstlicher als der Papst.

Make no Little Plans

Dem steht gegenüber, dass die Fördermöglichkeiten für Architektur in den Niederlanden noch immer überdurchschnittlich gut sind. Allein der STIMULERINGSFONDS VOOR ARCHITECTUUR hat ein jährliches Budget von 4,5 Millionen Euro – davon träumen junge Architekten in anderen Ländern. Hinzu kommen weitere Fördereinrichtungen wie der FONDS VOOR BEELDENDE KUNST, VORMGEVING EN BOUWKUNST, der beispielsweise Bürostarts mit bis zu 18.000 Euro pro Jahr subventioniert. Allerdings stehen solche Subventionsregelungen schon seit einigen Jahren unter Beschuss und manch ein Politiker würde sie lieber heute als morgen abschaffen. Ohnehin ist festzustellen, dass der niederländische Staat sich immer weiter aus der Architekturwelt zurückzieht und das Feld kommerziellen Parteien überlässt. Waren die Niederlande früher berühmt für staatlich koordinierten Städtebau und eine starke Rolle des Staates in der Raumplanung, so geht der Trend nun zu Public Private Partnerships und Investorenwettbewerben. Das bringt eine Kommerzialisierung mit sich, die für den Stellenwert der niederländischen Architektur im internationalen Vergleich nicht gerade förderlich ist.

Dank der weniger strikten Wohnungsbauregie des Staates gibt es aber auch immer mehr Baugruppen und private Bauherren, die jungen Architekten ein neues – wenngleich viel kleinmaßstäblicheres – Betätigungsfeld eröffnet haben. Was in den Nachbarländern schon immer gang und gäbe war, trifft jetzt auch auf niederländische Architekten zu: Der erste Auftrag ist immer öfter ein privates Eigenheim. Gleichzeitig warnen viele Architekten und Planer vor der völligen Kommerzialisierung und vor einer Verramschung des knapp bemessenen Raums in den Niederlanden. Zuletzt illustrierte das im Mai 2010 ein 25 Meter hohes Bühnengerüst, aufgestellt vom Rotterdamer Architekturbüro Monadnock beim FESTIVAL AAN DE WERF in Utrecht: „Make no little plans“ verkündete es in riesigen Lettern. Ganz im Sinne seines Urhebers Daniël Burnham, verwies der Schriftzug damit sowohl auf den Maßstab als auch auf die Ambitionen von Plänen.[3]

Dass das eine jedoch nicht immer das andere bedingt, zeigen sowohl Projekte wie die „Villa 1“ von Powerhouse Company, in deren Entwurf die alten SuperDutch-Qualitäten auf die Dimension eines (zugegebenermaßen luxuriösen) Einfamilienhauses übertragen werden, als auch kleine, aber fein detaillierte Eigenheime wie die Wohnhäuser von Pasel.Künzel auf einem früheren Schlachthofgelände in Leiden. Angesichts der Krise entwickeln junge Architekten in den Niederlanden unterschiedliche Überlebensstrategien. Manche spezialisieren sich, wie 2012Architecten mit ihrem Upcycling-Thema, andere arbeiten interdisziplinär und weniger auf eine Realisierung gerichtet wie Anne Holtrop oder Artgineering.

Subtilität oder Richtungslosigkeit?

Kann man diese unterschiedlichen Ansätze alle als SUPERHUMBLE kategorisieren und von einer allgemeinen neuen Bescheidenheit sprechen? Letztlich sind Pragmatismus und Sparsamkeit schon immer Teil der niederländischen Baukultur gewesen. Es lässt sich kaum leugnen, dass ein Großteil der niederländischen Bauproduktion sich derzeit durch Normalität bis hin zur gähnenden Langeweile auszeichnet, denn in Krisenzeiten gehen Auftraggeber gerne auf Nummer sicher. Allerdings entstanden auch zu SuperDutch-Zeiten viel mehr uninteressante Bauten, als man meinen würde, denn die Legende vom Land voller hypermoderner Spektakelbauten beruhte vor allem auf der selektiven Wahrnehmung der Medien.

Jenseits der Krise scheint die neue Subtilität durchaus auch architektonische Gründe zu haben. Zwar erweisen sich einige der SuperDutch-Strategien im Schlepptau von Pragmatismus und Sparsamkeit noch als quietschfidel, allen voran das Erheben von Beschränkungen zum Konzept sowie der Spaßfaktor. Des Spiels mit Künstlichkeit und Natürlichkeit, das in den 90er Jahren mit Begeisterung gespielt wurde, ist man hingegen offenbar müde geworden. Dafür hat sich ein neues Thema eingeschlichen: Dauerhaftigkeit. An die Stelle der berüchtigten „shoot and run-Architektur", die sich in Boomzeiten mir nichts, dir nichts amortisiert hatte und dann ruhig wieder in ihre Bestandteile zerfallen durfte, ist bei vielen jungen Büros eine neue Aufmerksamkeit für Ausführungsqualität getreten. „Im niederländischen Baubetrieb muss ein Bewusstsein dafür entstehen, dass auch Detaillierung und Dauerhaftigkeit Teil des Konzepts sein können", sagt Miguel Loos von LOOS ARCHITECTS. Und Marc Koehler macht deutlich, dass es dabei auch um eine bewusste Abgrenzung von der übermächtigen Vorgänger-Generation geht: „Koolhaas Aussprüche ‚fuck the context' und ‚no money no details' gelten für mich eher nicht mehr."

Das Klima ist für junge Architekten in den Niederlanden in den letzten Jahren spürbar rauer geworden. Obwohl manches den Bürostart in den Niederlanden noch immer einfacher macht als in den Nachbarländern und das Entstehen guter Architektur begünstigt, wird das Land konservativer, das Geld knapper und die großen Aufträge seltener. Obendrein hat SuperDutch sich totgelaufen und die Frage zurückgelassen, was als Nächstes kommt. Selbstverständlich kann man sagen, dass die niederländische Architektur seither unspektakulärer und richtungsloser geworden ist. Man kann aber auch sagen, dass sie an Subtilität und Bandbreite gewonnen hat. NeoDutch oder SuperHumble? Eins steht jedenfalls fest: Wie jede Krise, ist dies ein spannender Moment. __

1 Hans Ibelings: „The End of an Era". In: A10 MAGAZINE #33, Mai 2010.

2 „What is Dutch architecture? You know it – it's big, it's clever. It has canted walls and impossible cantilevers. It lands on site from outer space, hissing sardonically and scorching its critics with ridicule." Paul Shepheard: „A brick is a brick for Dutch practice Wingender Hovenier". In: BD ONLINE, 31.8.2007.

3 Das gesamte Zitat, das an den Seitenwänden der Bühne zu lesen ist, lautet: „Make no little plans. They have no magic to stir men's blood and probably themselves will not be realized. Make big plans; aim high in hope and work, remembering that a noble, logical diagram once recorded will never die, but long after we are gone will be a living thing, asserting itself with ever-growing insistency. Remember that our sons and grandsons are going to do things that would stagger us. Let your watchword be order and your beacon beauty. Think big." In: Charles Moore: DANIEL H. BURNHAM, ARCHITECT, PLANNER OF CITIES. Volume 2, Boston 1921.

Anneke Bokern, 1971 in Frankfurt am Main geboren, hat in Berlin Kunstgeschichte studiert. Seit 2000 lebt sie als freie Architektur- und Designjournalistin in Amsterdam. Ihre Artikel erscheinen unter anderem in DB, BAUWELT, BAUMEISTER, METAMORPHOSE, DESIGN REPORT, FRAME MAGAZINE, MARK MAGAZINE und DAMN° MAGAZINE.

An article published by the Dutch architecture critic Hans Ibelings in the May issue of A10 magazine was entitled "The End of an Era." [1] *As the title implies, it is a farewell to the Dutch architecture boom. The main thrust of the article is that thanks to the economic crisis, Holland's reign as an avant-garde architecture nation is finally over. Hypermodern architecture has been replaced with a new modesty: "SuperHumble" instead of "SuperDutch."*

It is true that the mood among Dutch architects is solemn, and the facts speak for themselves: the volume of commissions received by Dutch architecture firms has fallen by 68 percent since 2007; 40 percent of employed architects have lost their jobs in the past year; and well-known firms have shrunk from 120 employees to twenty. In July 2009, when RIJKSBOUWMEESTER Liesbeth van der Pol announced an initiative for unemployed young architects to work unpaid on urban planning assignments, she had no trouble finding takers. Some are already prophesying a "lost generation" of Dutch architects. Others describe the crisis as "time out," and exactly what Holland's overheated architecture market needs.

The really "hot" phase actually ended ten years ago. The media exposure reached its height with the publication of the book SUPERDUTCH (a title accepted only reluctantly by the author, Bart Lootsma) in September 2000. The projects it featured by firms like UNStudio, Neutelings Riedijk, OMA, and West 8 had a crucial impact on young Dutch architecture's image, portraying it on the international stage as youthful, impudent, hyped, and a little immature. Three years ago, in an article for BUILDING DESIGN ONLINE, the architecture critic Paul Shepheard asked, "What is Dutch architecture?" and answered his own question: "What is Dutch architecture? You know it – it's big, it's clever. It has canted walls and impossible cantilevers. It lands on site from outer space, hissing sardonically and scorching its critics with ridicule." [2]

Fragmentation and the New Modesty

If these observations prove anything, it is that the hype had already begun to burn itself out before the arrival of the economic crisis. But although the media circus has settled down and the SuperDutch generation has started to get flabby, young Dutch architects still have positive things to say about their predecessors. For instance, Marijn Schenk of NEXT Architects says that, "The hype still opens doors for us. It made Dutch architecture internationally famous. That's why, for instance, we are building in China now." And Marcel van der Lubbe of ANA architecten comments that: "One positive thing that has survived from the boom is the attention still commanded by Dutch architecture." He may be right – architecture is more frequently discussed in the daily papers and television programs in Holland than in most countries.

But what exactly characterizes present-day Dutch architecture? Was the architecture of the nineteen-nineties always unified more by its approach than its style? Was "SuperDutch" primarily a media buzzword? In hindsight, it seems more difficult to find a common identity for these young firms and their work. There certainly is a new generation of Dutch architects. But, as one might expect after a boom that has produced big names, they are overshadowed by their predecessors. In any case, extremes and hype are no longer so influential. Some structures built in the past few years – the most recent example being the improbable Inntel Hotel in Zaandam by WAM architecten, which looks like a huge stack of historic wooden houses – have made it very clear that hypermodernism and neo-traditionalism have never lain far apart in the Netherlands and are often simply different phenotypes of populism.

Many of the new generation of architects respond to this, willingly or unwillingly, with what Ibelings describes as the SUPERHUMBLE style – a new minimalism of expression and method. At first glance, this is not as striking and not as easy to characterize as quintessentially Dutch as the iconic architecture of the nineteen-nineties. Holland's young architecture scene is also highly fragmented. Where there were once a handful of well-known names à la Rem Koolhaas, Winy Maas, and Ben van Berkel, there are now an almost bewildering number of small firms creating isolated interesting buildings. The fact that these are often small-scale projects, from family homes to café pavilions, is due to the economic situation – and the fact that there is often a subsequent commission to think about. All in all, young Dutch architecture has become significantly less spectacular, making it harder to "brand" as a natural phenomenon. But perhaps it is precisely this that makes it interesting.

Tendering Rules – a Stumbling Block

The architecture scene has also become more diverse because, although the boom has come to an end now, many non-Dutch architects were closely involved in it. The founders of the studios Kempe Thill and Pasel.Künzel are from Germany, the firms S.T.A.R. and casanova+hernandez are under Spanish leadership, Ana Rocha of Rocha Tombal is Portuguese, Naoko Hikami of na-ma is Japanese, and Igor Kebel of Elastik is Slovenian. The boom brought them to the Netherlands in the nineteen-nineties, and they brought their non-Dutch backgrounds with them. Holland's good financial support and clients who were relatively open to young and foreign architects helped them in starting up their own firms. Some foreign architects' different approach was actually a competitive advantage – André Kempe and Oliver Thill for instance, made a name by combining low Dutch construction budgets with a high quality in the details unusual in Holland.

In 2007, the firm attracted a different kind of attention. In a study released to the public (financed by the STIMULERINGSFONDS VOOR ARCHITECTUUR), it protested against the Dutch interpretation of the European tendering rules enacted in 2004. Kempe and Thill argued that the requirements for reference projects and volume were much more strictly implemented in the Netherlands than in neighboring countries, making it almost impossible for young firms to enter the tendering process. This is another reason young architects presently have to be content with smaller buildings or study assignments. Anyone aspiring to a major iconic project like the Erasmus bridge in Rotterdam, which was one of the first commissions to be completed by Ben van Berkel's then unknown UNStudio in 1998, had better be able to show several hundred thousand euros in profit and an assortment of previous bridge projects. It is ironic that the Netherlands, a country whose informal architectural culture has always been largely open to negotiation and not set in stone, has been holier than the Pope in applying these EU directives.

Make no Little Plans

On the other hand, financial support in the Netherlands is still better than average. The STIMULERINGSFONDS VOOR ARCHITECTUUR alone has an annual budget of 4.5 million euros – something young architects in other countries can only dream of. And then there are other funds such as the FONDS VOOR BEELDENDE KUNST, VORMGEVING EN BOUWKUNST, which provides up to 18,000 euros per year for the start-up of firms. Admittedly, the funding provisions have been under fire for some years, and some politicians want them abolished as soon as possible. Moreover, it is clear that the Dutch state is increasingly withdrawing from architectural matters, leaving the field to commercial concerns. While the Netherlands were previously famous for state-coordinated urban planning, with the state taking a major role in spatial planning, the fashion is now for public-private partnerships and investor competition. The commercialism this has brought with it has not done the status of Dutch architecture on the international stage any good.

Thanks to the state's less strict housing construction rules, there are an increasing number of construction groups and private clients. These have opened up a new – albeit much smaller – field of activity for young architects. What has long been commonplace in neighboring countries has become the new reality for Dutch architects: their first commission is often a private home. At the same time, many architects and planners have been warning against wholesale commercialization and a sell-off of Holland's scant land. This was recently illustrated by a stage structure twenty-five meters high set up by the Rotterdam architecture firm Monadnock at the FESTIVAL AAN DE WERF in Utrecht in May 2010: "Make no little plans" it declares in giant letters. Typically for its originator, Daniël Burnham, the line of text refers both to the scale and to the ambition of plans.[3]

Projects like the "Villa 1" by the Powerhouse Company, in whose design the old SuperDutch qualities are applied to the dimensions of an (admittedly luxurious) family home, and the small, finely detailed individual homes like the Pasel.Künzel accommodation on a former abattoir site in Leiden show that this does not necessarily follow. In the face of the present crisis, young architects in the Netherlands have developed various survival strategies. Some specialize (as with 2012Architecten and their "upcycling") while others become more interdisciplinary and less focused on implementation, like Anne Holtrop and Artgineering.

Subtlety or Directionlessness?

Can one categorize all these different approaches as SUPERHUMBLE and talk about a new modesty? Ultimately, pragmatism and economy have always been part of the Dutch construction culture. It cannot be denied that the greater part of Dutch architectural production is presently characterized by mediocrity shading into boredom, as clients prefer to play it safe during times of crisis. However, far more uninteresting buildings were built during the SuperDutch period than one might think – the legend of a country full of hyper-modern, spectacular buildings was based mainly on the media's selective perception.

Aside from the crisis, there are more architectonic reasons for the new subtlety. Admittedly, some of the SuperDutch strategies are still alive and well in this climate of pragmatism and savings – above all the removal of restrictions on the concept and the fun factor. People have clearly become tired of the enthusiastic play with artificiality and naturalness of the nineteen-nineties. A new theme has replaced it: durability. For many young firms, the notorious "shoot and run architecture," which served its purpose in a flash during the boom period and was then left to fall apart into its components, has been replaced by a new attention to the quality of the finished product. "The Dutch construction sector needs to become more aware that details and durability can also be part of the concept," says Miguel Loos of LOOS ARCHITECTS. Marc Koehler also makes it clear that escaping from the overbearing previous generation is also part of this: "Koolhaas' statements 'fuck the context' and 'no money no details' don't really apply for me any more."

The climate has become perceptibly harsher for young architects in the Netherlands over the past few years. Although some factors still make starting a firm in the Netherlands easier than in neighboring countries and favor the creation of good architecture, the country as a whole is more conservative, money is in short supply, and major commissions are thin on the ground. Additionally, SuperDutch has fizzled out, leaving it uncertain what will come next. One could of course say that Dutch architecture has become less spectacular and more directionless. But one could also say that it has gained in subtlety and range. NeoDutch or SuperHumble? But one thing is certain: like any crisis, this is an exciting time. —

1 Hans Ibelings: "The End of an Era." In: A10 MAGAZINE #33, May 2010.

2 "What is Dutch architecture? You know it—it's big, it's clever. It has canted walls and impossible cantilevers. It lands on site from outer space, hissing sardonically and scorching its critics with ridicule." Paul Shepheard: "A brick is a brick for Dutch practice Wingender Hovenier." In: BD ONLINE, 31.8.2007.

3 The whole quotation, which can be read on the side walls of the stage, runs: "Make no little plans. They have no magic to stir men's blood and probably themselves will not be realized. Make big plans; aim high in hope and work, remembering that a noble, logical diagram once recorded will never die, but long after we are gone will be a living thing, asserting itself with ever-growing insistency. Remember that our sons and grandsons are going to do things that would stagger us. Let your watchword be order and your beacon beauty. Think big." In: Charles Moore: DANIEL H. BURNHAM, ARCHITECT, PLANNER OF CITIES. Volume 2, Boston 1921.

Anneke Bokern was born in Frankfurt am Main in 1971 and studied art history in Berlin. She has been working as a freelance architecture and design journalist in Amsterdam since 2000. Her articles have been published in DB, BAUWELT, BAUMEISTER, METAMORPHOSE, DESIGN REPORT, FRAME MAGAZINE, MARK MAGAZINE, and DAMN° MAGAZINE, among others.

SINGULÄRE OBJEKTE
DIE ARCHITEKTURSZENE IN BELGIEN

Singular Objects – The Belgian Architecture Scene

Christophe Van Gerrewey

Seit der Jahrhundertwende scheint es nicht länger möglich zu sein, über die belgische Architektur in Belgien selbst nachzudenken, zu sprechen oder zu schreiben. Man kann die Architektur Belgiens inzwischen kaum noch als „belgisch“ bezeichnen. Das gilt aber auch für andere „Erzeugnisse“ unseres Landes. Kulturressorts, -abteilungen und -institutionen geben sich die größte Mühe, zu verhindern, dass auch nur ein Wort oder ein Euro auf ein Kulturprodukt verschwendet wird, das nicht 100-prozentig „flämisch“ ist. Beide Adjektive sind mit Assoziationen und Implikationen derart überfrachtete heiße Eisen, dass sie heute kaum noch angefasst werden können. Das wird auf lange Zeit auch so bleiben. Die letzte Konsequenz aus dieser absurden Situation wird am deutlichsten dadurch belegt, dass Belgien innerhalb seiner Staatsgrenzen gar nicht mehr zu existieren scheint. Belgien besitzt kein „Landesinnere“. Es wird nur „von außen“ (oder, so die Behauptung, aus dem Zentrum heraus – nämlich Brüssel) als Entität wahrgenommen. Deshalb muss, wer die zeitgenössische Architektur in Belgien untersuchen will, ins Ausland gehen. In diesem Zusammenhang fallen einem zunächst die der belgischen Architektur gewidmeten Sonderhefte der angesehenen japanischen Architekturzeitschrift A+U von 2003 und 2010 ein. Die Ausstellung WEST ARCH in Aachen, Deutschland, bietet nun eine weitere Chance, die Existenz der belgischen Architektur – angefangen mit den Arbeiten belgischer Architekten – rational und ohne konservative, progressive oder hitzige Argumente zu diskutieren.

Es gibt keine belgische Architektur

Eins sollte von Anfang an klar sein: Es gibt keine belgische Architektur. Ebenso wenig gibt es irgendwo auf der Welt einen zeitgenössischen „nationalen“ Architekturstil. Die Architektur ist eine Disziplin, die kein Land braucht – kein Belgien, kein Flandern, kein Wallonien und auch kein Europa. Das heißt nicht, dass es keine Versuche gegeben hat, alle Architekturströmungen in Belgien unter denselben nationalen oder regionalen Hut zu bringen. Die Suche nach den Unterschieden wird weitergehen. Erst vor Kurzem hat der Architekturkritiker Koen Van Synghel in der A+U geschrieben, Flandern sei „stärker von der experimentellen niederländischen Architektur beeinflusst, während in Wallonien bedeutende Architekten wie Charles Vandenhove die traditionelle Architektur am Leben halten und mit zeitgenössischer Kunst düngen“. Diese Aussage spart viele der „traditionell“ arbeitenden Büros junger flämischer Architekten aus, die sich einerseits deutlich sichtbar von der robusten, gezielt „unspektakulären“ Architektur Bob van Reeths und andererseits von Stéphane Beels klassisch-modernen Bauten haben anregen lassen. In Brüssel und in Wallonien arbeiten etliche Büros im Geiste der „Super-Dutch"-Tradition und distanzieren sich von Vandenhoves strengem, fast schon archaischem Stil. Im Jahr 2008 veröffentlichte die flämische Zeitung DE STANDAARD eine Buchreihe mit dem Titel 1000 YEARS OF ARCHITECTURE IN BELGIUM. Aus diesem Anlass brachte Architekturhistoriker Francis Strauven erneut den Begriff „neue Einfachheit" ins Spiel, den er 1996 anlässlich einer Ausstellung zur flämischen Architektur geprägt hatte. Laut Strauven reagierten in den 1980er Jahren viele junge Architekten nicht nur in Belgien auf die Exzesse der Postmoderne, indem sie „wieder mit den einfachen Gewissheiten starten". Strauven schrieb: „Sie entdeckten und definierten die grundlegenden Komponenten der Architektur." Man könnte fragen, wo die Einfachheit oder der fundamentale Charakter innerhalb der Architektur eines Xaveer De Geyter liegt: Sein einflussreiches architektonisches Werk wirkt urban und eklektisch, fast schon surrealistisch, er ist an zahlreichen bedeutenden Projekten von OMA/Rem Koolhaas beteiligt. Die Architektur von Paul Robbrecht, ebenfalls ein Verfechter der „neuen Einfachheit", ist so mit der Logik und der Struktur der bildenden Kunst verwoben, dass seine Bauten eine ganz besondere Aura ausstrahlen, die man in der zeitgenössischen Architektur selten antrifft.

Faule Tricks und Konformismus in Belgiens Hinterzimmer

Etliche Architekturkritiker und -theoretiker meinten, lokale Unterschiede und Gemeinsamkeiten in kulturellen statt architektonischen Phänomenen zu entdecken. 1997 veröffentlichte Pieter Uyttenhove einen kontroversen Artikel über „Das belgische Hinterzimmer" – übrigens in der niederländischen Zeitschrift ARCHIS. Die belgische Architektur, so behauptete er, zeichnet sich durch eine merkwürdige Mischung aus faulen Tricks und Konformismus aus, durch ein Zurechtbiegen von Regeln oder Auflagen und durch schillernde Reden und Gerüchte, die hinter den Kulissen – eben im Hinterzimmer des typischen belgischen Wohnhauses – geschehen. Geert Bekaert, der wohl bedeutendste und produktivste belgische Architekturkritiker Belgiens nach dem Zweiten Weltkrieg, erwiderte darauf: „Ja wenn es nur ein belgisches Hinterzimmer gäbe!" 1987 beschrieb er die belgische Architektur als „Poesie des Gewöhnlichen" und wiederholte dies später in seinem 1995 erschienenen Buch CONTEMPORARY ARCHITECTURE IN BELGIUM, einem Standardwerk, das bis heute ohne Nachfolger geblieben ist. Diese Beschreibung bezeichnet zum Teil einen kulturellen Aspekt: Eine poetische, zugleich aber auch langweilige, klischeehafte Architektur kann sehr wohl in einem Land gedeihen, das nicht wirklich zu existieren scheint und auf keinerlei nennenswerte eigene Bautradition oder Baukultur zurückblicken kann. Genau darin besteht das Paradoxe: Es scheint unmöglich, eine „belgische" Architektur zu definieren, da es keine Architekturschulen, keine -dogmen oder -strömungen gibt. Die belgische Architektur hat daher eher einen universelleren, globaleren architektonischen Ausdruck. Der singuläre Gegenstand der Architektur allein muss alles geben, um deren Alleinstellungsmerkmale, deren Sinn und Identität zu stiften.

Alle bereits erwähnten Architekturtheorien wurden in den 1990er oder den letzten zehn Jahren verfasst. Vieles hat sich in Belgien seitdem verändert. Wie oben beschrieben, wurden Adjektive wie „belgisch", „flämisch" oder „wallonisch" eigentlich nicht auf das architektonische Schaffen angewendet, da keine regionalen Baustile existierten. Heute werden diese auch nicht mehr im politischen Sinne verwendet, da die Bedeutung der Begriffe „Belgien" oder „Flandern" angesichts der aktuellen komplizierten Situation kaum zu definieren sind.

Bemerkenswert ist, dass die in Belgien entworfene und gebaute Architektur nicht mehr zu den Randerscheinungen des weltarchitektonischen Geschehens zählt. Es gibt sie nicht, die „Belgische" oder „Flämische" Architektur, aber sie ist paradoxerweise erfolgreich. Alle wollen sie haben, nicht nur die politischen Entscheider, die Gebäude als Marketinginstrumente für ihre Region oder Stadt nutzen wollen, sondern auch die Bürger. In Belgien – einem gespaltenen und lange Zeit überwiegend katholischen Land – hat sich die politische wie kulturelle Moderne nur langsam durchgesetzt. Im Bereich der Architektur und des Städtebaus hat in den 1960er und 1970er Jahren eine Generation von Architekten und Architekturtheoretikern ihre Tätigkeit aufgenommen, die dann in den 1980er Jahren die Architekturszene prägte und ebenso qualitätvolle Ergebnisse produzierte wie ihre ausländischen Kollegen. Dazu gehören nicht nur die von „guten" Architekten gebauten frei stehenden Einfamilienhäuser (Hauptelemente der baulichen Landesstruktur), sondern auch die Tatsache, dass die Architektur dieser Bauten sofort die verdiente Beachtung fand. Das wirkte sich ab den 1990er Jahren unter anderem auch auf die Gestaltung von Büchereien, Gerichtsgebäuden, Museen und Rathäusern aus. Die politischen Entscheidungsträger sahen endlich ein, dass das architektonische Design öffentlicher Bauten nicht den Planungsbürokraten oder konservativen ortsansässigen Architekten überlassen werden kann. 1999 wurden der Verband Vlaams Bouwmeester (Flämische Baumeister) und das VAi (Flämisches Architekturinstitut) gegründet, beide nach dem Vorbild der entsprechenden niederländischen Institutionen, wenn auch mit bescheideneren Zielsetzungen. Der Vlaams Bouwmeester soll – so das Ideal – bei der Vergabe und Durchführung öffentlicher Bauaufträge für hohe Entwurfsqualität sorgen – egal ob auf lokaler, regionaler oder staatlicher Ebene. Das Hauptinstrument der Qualitätskontrolle heißt OPEN OPROEP und ist ein Wettbewerb für öffentliche Bauten, der unter jeweils fünf Architekten (jungen und älteren, belgischen und ausländischen) ausgeschrieben wird. Einerseits hat sich die architektonische Qualität dieser Gebäude grundsätzlich verbessert, andererseits werden die wirklich inspirierenden und kühnen Entwürfe immer noch abgelehnt, da nach wie vor das letzte Wort bei der Regierung liegt.

Laut seiner Satzung will das VAi Architekten, Forscher, Medien und Regierungen sowie die breite Öffentlichkeit „für Architektur sensibilisieren". Um dies zu erreichen, veröffentlicht das Institut Architektur-Jahrbücher und organisiert alle zwei Jahre einen landesweiten „Tag der Architektur", wobei allerdings kontroverse oder progressive Projekte gerne ausgeklammert werden, um den Geschmack der breiten Masse zu treffen (die häufig wenig Interesse zeigt).

Als Nächstes soll ein Bouwmeester in Brüssel etabliert werden, während eine derartige Architekturinitiative in Wallonien noch nicht konkret ins Auge gefasst worden ist. Wie auch immer, in ganz Belgien gibt es aktive lokale Organisationen und Architekturklubs, und auch die Medien berücksichtigen alle Formen von Architektur und zwar häufig und ausführlich. Die belgische Architekturzeitschrift A+ zum Beispiel erscheint sechs Mal im Jahr mit einer zweisprachigen Ausgabe (Niederländisch und Französisch).

Von der Kultur aufgefressen?

In gewisser Weise hat sich die Situation der Architekturszene in Belgien aufgrund der bereits beschriebenen Entwicklungen seit den 1990er Jahren „umgekehrt". Während sich die Architektur im vorigen Jahrhundert in Ruhe und frei entfalten konnte, will heute jeder sein Stück Architektur und die Architektur wiederum scheint jeden zu wollen. Früher wurden Gebäude ohne große Begeisterung toleriert, solange sie nur niemanden störten. Deshalb konnten sich die Architekten damit beschäftigen, die Poesie im Gewöhnlichen und Alltäglichen zu suchen. Heute ist die Poesie der Architektur selbst zum Alltäglichen geworden, sie wird erwartet und respektiert. Und das bedeutet letzten Endes, dass – auch in Belgien –

die Architektur ein Teil der „Kulturindustrie" geworden ist, ebenso wie das Theater, die Literatur und die bildende Kunst.

Diese jungen und aufstrebenden Architekturbüros, die West Arch zeigt, müssen nicht wie ihre Vorgänger um Anerkennung kämpfen. Wovor sie sich am meisten fürchten müssten, ist der Erfolg kultureller und allgemeiner Natur, denn dieser hat eine Angepasstheit und Gleichgültigkeit bzw. ein sich Einrichten und Arrangieren mit einem Architekturstil bzw. Geschmack zur Folge. Architektur kann aber nur dann wirklich gedeihen, wenn sie sich von etwas unterscheiden oder abheben kann.

Eine spannende Auseinandersetzung mit diesen Themen bietet ein Gespräch zwischen Jean Nouvel und Jean Baudrillard Ende der 1990er Jahre, das in Buchform unter dem Titel The Singular Objects of Architecture veröffentlicht wurde. In der riesigen Fülle architektonischer „Produkte" suchten der Architekt und der Philosoph nach Unterschieden, nach neuen Klassifikationen, ohne auf nationale oder überholte Kategorien zurückzugreifen. „Heute", so Baudrillard, „ist es sehr schwer, in einem Gebäude das auszumachen, was zu seinem Geheimnis, seiner Einzigartigkeit gehört. In seiner Form mag es unzerstörbar sein, es wird aber zunehmend von der Kultur aufgefressen." Auch heute könnte die Situation in Belgien ideal als Testfeld dienen, wie die Architektur auf die gegenwärtigen kulturellen Bedingungen reagiert und was daraus entsteht. Die frischen und individuellen Arbeiten der jungen Architekturbüros, die bei West Arch präsentiert werden, ließen sich quasi als eine Art Probebohrung auffassen. „Ein Kunstwerk oder ein Bauwerk ist etwas Einzigartiges", sagt Baudrillard, „und alle diese Einmaligkeiten sind wie Löcher, Zwischen- oder Hohlräume in der ständig wuchernden Fülle einer Gesamtkultur." —

Christophe Van Gerrewey, 1982 geboren, lebt und arbeitet in Gent (Belgien). Er ist Forschungsassistent am Fachbereich Architektur und Städtebau der Universität Gent.

Since the turn of the century it seems no longer possible to think, speak, or write about Belgian architecture in Belgium itself. It has become very hard to use the epithet "Belgian" in the case of architecture, but in all other instances as well. Cultural departments, divisions, and institutions go to great lengths in order to see to it that not a single word or euro is spent on a cultural product that is not entirely "Flemish." In each case, both adjectives are so tainted with connotations and implications, that they are – and will remain for quite a long time – almost too hot to handle. The extreme consequence of this absurd situation is most clearly illustrated by the fact that Belgium no longer seems to exist inside of its own boundaries. Belgium has no "interior"; it is only visible as an exterior from a distance (or, one could argue, from the heart of the matter – Brussels). That is why, whoever wants to consider contemporary architecture in Belgium, needs to go abroad. One can think of the issues the renowned Japanese architecture magazine A+U devoted to Belgian architecture in 2003 and 2010. Now, the exhibition West Arch in Aachen, Germany, offers another possibility to rationally, without conservative, progressive, or heated arguments, consider the existence of Belgian architecture, beginning with the work of the architect itself.

There is no Belgian Architecture

From the outset, one thing should be clear: there is no such thing as Belgian architecture – as there is no such thing as a contemporary "national" form of architecture. Architecture is a discipline that has no need for a country – be it Belgium, Flanders, Wallonia, or Europe. This does not mean that there have been no attempts to reduce all the architectural fractions in Belgium to the same national or regional denominator. The search for difference will go on forever. Most recently, in the aforementioned issue of A+U from 2010, architecture critic Koen Van Synghel writes that "Flanders is more influenced by experimental Dutch architecture, whereas in Wallonia, important architects like Charles Vandenhove keep traditional architecture alive, fertilized with contemporary art." This distinction neglects many "traditional" young Flemish practices, which were clearly influenced by the robust and intentionally "unspectacular" work of Bob van Reeth on the one hand, or the more classically modernist work of Stéphane Beel, on the other. And there are a number of offices in Brussels or Wallonia that do work in the vein of the "SuperDutch" tradition, and that remain distanced from the almost archaic and severe tradition of Vandenhove.

In 2008, the Flemish newspaper De Standaard published a series of books entitled 1000 years of architecture in Belgium. On this occasion, architectural historian Francis Strauven recycled the notion of the "New Simplicity," which he had previously introduced in 1996 on the occasion of an exhibition of Flemish architecture. According to Strauven, a generation of architects emerged in the nineteen-eighties, in Belgium but also elsewhere, in reaction to the excesses of postmodernism. "The young people from the eighties," he writes, "recommenced with simple certainties, they rediscovered and redefined the fundamental components of architecture." One could question, however, the simplicity or the fundamentality of the work of for example Xaveer de Geyter: his influential practice borders on the surrealist, the metropolitan, and the eclectic, and he participated in many of the key projects of OMA/Rem Koolhaas. The architecture of another so-called disciple of this "New Simplicity," Paul Robbrecht, is intertwined with logics and structures from the visual arts to such a degree, that these buildings are laden with an extraordinary aura that is very rare in contemporary architecture.

Dirty Tricks and Conformism in the Belgian Back Room

Some critics or theoreticians have searched for local difference and sameness in cultural rather than architectural circumstances. In 1997, Pieter Uyttenhove wrote a much debated and contested article on the "Belgian back room" – nota bene in the Dutch magazine Archis. Belgian architecture, he argues, is defined by a strange mixture of dirty tricks and conformism, by the bending of rules and prescriptions and the multicolored talk and whispering that takes place – hidden and secretively – in the back room of the typical Belgian house. Geert Bekaert, arguably the most important and certainly the most productive Belgian architecture critic since the Second World War, reacted by saying: if only there were a Belgian back room! In that case, the definitions and the subdivisions would not be so hard to find. Bekaert himself wrote about Belgian architecture as "the poetry of the commonplace," first in 1987, and later on, in 1995, in his book Contemporary Architecture in Belgium – an overview that, to this day, remains without succession. This notion is partly cultural as well: the architecture that is poetical but boring and clichéd at the same time, can flourish very well in a country that firstly, is hard to define or that does not seem to exist, and that, secondly, has no architectural tradition or architectural culture whatsoever to speak of. And this is indeed the paradox: exactly because it is impossible to define Belgian architecture, because it has no schools or dogmas or movements, its existence and its appearance become valuable and exemplary for a more general and global approach to architecture. The singular object of architecture has to do all the work in order to create meaning, distinction, and difference.

The aforementioned theories are all written around the turn of the century, in the nineties or in the past decade. Quite some things have changed in Belgium. As described above, the national or regional adjectives already were quite unusable in an architectural sense (as there was no real general "Belgian" or "Flemish" architecture), but now they are unusable in a political sense as well (as Belgium or Flanders are, for the moment, undefinable notions in difficult discussions).

What is more important, however, is that the architecture that is built or produced on the Belgian territory, is no longer as marginal or peripheral as it used to be. Belgian or Flemish architecture does not exist but it is – another paradox – successful. Everybody wants it, not only the policymakers who think they can use it as sales talk for their region or their city, but the general public has a longing for architecture as well. In a very segregated and for a long-time catholic country like Belgium, modernization – be it politically or culturally – has installed itself very slowly. In the field of architecture and urbanism, a generation of architects and theoreticians who became active in the nineteen-sixties and nineteen-seventies, succeeded since the nineteen-eighties in developing a discipline that yielded results as qualitative as the work made by colleagues abroad. Not only individual freestanding houses – indeed the main cells of the Belgian spatial fabric – were built by "good" architects; but these realizations instantly got the attention they deserved, and, from the nineteen-nineties on, resulted in the construction of the public architecture of libraries, courthouses, museums, town halls, and so on. The government finally accepted that architecture was not something that should be left to bureaucratic planning departments or to local and traditional architects. In 1999, both the Vlaams Bouwmeester (the Flemish "Building Master") and the VAi (the Flemish Architecture Institute) were installed. These institutions were based on existing Dutch models, although they started with more modest ambitions. Ideally, the Vlaams Bouwmeester is responsible for guaranteeing the quality of the architecture every time the government commissions a building – be it at a municipal, federal, or regional scale. His main instrument is the so-called Open Oproep (Open Call), a design competition for public commissions, for which each time five architects (young and old, from Belgium or from abroad) are selected. This has certainly led to an improvement of the general quality of the architecture, but on the other hand the really inspiring or daring projects get rejected, because in the end it is still the government that decides.

The VAi, as its mission statement reads, "sensitizes professionals, researchers, media, and governments as well as a wider audience on architecture." In order to do so, its main activities are the publication of a yearbook and the organization of a biennial "architecture day." Here also, in trying to please the entire population (who is often not even interested), these initiatives avoid difficult or progressive projects.

As a next step, a Bouwmeester will be established in Brussels, while the architectural initiatives in Wallonia do not (yet) seem to be entirely visible. However, all over Belgium there are many active local organizations and architecture clubs, and the media pay a lot of attention to every form of architecture. A good example of this is the architectural magazine A+, which still appears six times per year in a Dutch and French version.

Consumed by Culture?

In a certain sense, and because of the aforementioned developments, the situation of the architectural scene in Belgium has reversed since the nineteen-nineties. Whereas in the previous century architecture was left alone and could simply do whatever it wanted, nowadays everybody wants architecture and architecture seems to want everything. Back then, architecture was tolerated without much enthusiasm as long as it did not stand in the way. That is why it could excel in finding poetry in the ordinary and in the commonplace. Nowadays, the poetry of architecture has become a commonplace in itself, and is expected and respected by everyone – which means, finally, that also in Belgium, architecture has become a part of the cultural industry, just like the theater, the literature, and the visual arts.

The young and emerging architectural practices that are shown in West Arch no longer need to fight for their own recognition as their ancestors did. On the contrary: what young architects need to fear the most is the general and cultural success of architecture, because it entails conformism, consensus and a "bourgeois" installation and acceptance of architectural style and taste. Architecture can only really flourish when there is something to be distinguished from.

Enlightening remarks on these matters can be found in an important and elongated discussion that took place between Jean Nouvel and Jean Baudrillard at the end of the century, and was published in 2002 as The Singular Objects of Architecture. The philosopher and the architect are looking for difference, for classifications in the immense whole of the architecture production, without reverting to national or superseded categories. "Today," says Baudrillard, "it is very difficult to identify, in a given building, what belongs to this secret, this singularity that hasn't really disappeared. I think that as a form it is indestructible, but it is increasingly consumed by culture." The Belgian situation might still be the ideal test plot to view how architecture is doing under – and often in reaction to – the current cultural conditions. The fresh and individual oeuvres of the young architecture practices on show in West Arch, can then be like exploratory drillings. "A work of art or architecture," says Baudrillard, "is a singularity, and all these singularities can create holes, interstices, and voids in the metastatic fullness of culture."

—

Christophe Van Gerrewey, born 1982, lives and works in Ghent (Belgium). He is a research assistant at the Department of Architecture & Urbanism at Ghent University.

A NEW GENERATION
IN ARCHITECTURE

WEST ARCH

Amsterdam *nl*

Anne Holtrop
DUS Architects
NEXT Architects
Space & Matter

Rotterdam *nl*

2012Architecten
Artgineering
pasel.künzel architects
Powerhouse Company
STAR strategies+architecture
ZUS [Zones Urbaines Sensibles]

Münster *de*

modulorbeat

Antwerp *be*

low architecten

Ghent *be*

NU architectuuratelier

Brussels *be*

Anorak
LAb[au]
Office Kersten Geers David Van Severen
Rotor
URA
V+

Dusseldorf *de*

one fine day

Wuppertal *de*

lobomob

Cologne *de*

BeL
FAR Frohn & Rojas
KOMMA4 Architekten
Studyo Architects

Aachen

2012ARCHITECTEN Rotterdam

ANNE HOLTROP Amsterdam

ANORAK Brussels

ARTGINEERING Rotterdam

BEL Cologne

DUS ARCHITECTS Amsterdam

FAR FROHN&ROJAS Cologne, Santiago de Chile, Los Angeles

KOMMA4 ARCHITEKTEN Cologne

LAB[AU] Brussels

LOBOMOB Wuppertal

LOW ARCHITECTEN Antwerp

MODULORBEAT Münster

NEXT ARCHITECTS Amsterdam

NU ARCHITECTUURATELIER Ghent

OFFICE KERSTEN GEERS DAVID VAN SEVEREN Brussels

ONE FINE DAY Dusseldorf

PASEL.KÜNZEL ARCHITECTS Rotterdam

POWERHOUSE COMPANY Rotterdam

ROTOR Brussels

SPACE&MATTER Amsterdam

STAR STRATEGIES+ARCHITECTURE Rotterdam

STUDYO ARCHITECTS Cologne

URA Brussels

V+ Brussels

ZUS [ZONES URBAINES SENSIBLES] Rotterdam

2012ARCHITECTEN

nl

Villa Welpeloo

Sitz; *Location* ROTTERDAM, NL **Gegründet;** *Founded* 1997

Partner; *Partners* JAN JONGERT *1971 in Amsterdam, NL, graduated from TU Delft, NL, 2003

CÉSARE PEEREN *1968 in The Hague, NL, graduated from TU Delft, NL, 1997

JEROEN BERGSMA *1970, graduated from TU Delft, NL, 1996

Komplexität macht die Idee ja so interessant. Die verschiedenen Schichten müssen bei jedem Projekt erst einmal erfasst werden, um dann nach Verbindungen und Synergien zu forschen. Sogar die Arbeit in unserem Büro ist inzwischen wie ein Kreislauf mit drei Phasen: Wir forschen die ganze Zeit nach neuen, gefundenen Materialien, die neue Nutzungsmöglichkeiten bieten. Diese probieren wir dann experimentell aus; wie die Spülen bei den Recyclops, die wir erst als kleinen Pavillon im Außenbereich getestet haben, um zu sehen, wie sie auf die Wetterbedingungen reagieren würden. Jetzt benutzen wir sie als Fassadenteile. Re-Search, Re-Design und schließlich Re-Built. Und dann alles wieder von vorne."

Ernte; *Harvest*

Schon seit 1997 haben sich Jan Jongert und Césare Peeren an der TU Delft mit Recycling beschäftigt. Sie entwickelten das „Superuse"-Konzept: Dabei sollten für gebrauchte Objekte neue Funktionen und andere Bedeutungen gefunden werden, ohne sie einschmelzen zu müssen. Ein Konzept, das auch Spaß machen soll, indem es die Menschen dazu anregt, über einen anderen Gebrauch der Objekte ihrer Umgebung nachzudenken. Seit 1997 haben sie Superuse-Installationen und Inneneinrichtungen gebaut: Ladenausstattungen aus alten Windschutzscheiben oder Autoreifen. Straßenpfosten aus alten Lkw-Achsen. Eine Espressobar aus Waschmaschinenteilen. Das Konzept reifte und wurde durch die Internetseite www.superuse.org, die 2012Architecten als offene Plattform betreiben, auf der jeder seine Projekte präsentieren kann, immer größer und bekannter. Aus den experimentellen, abenteuerlichen künstlerischen Versuchen wuchs eine immer systematischere Methodik. Mit der Gründung von 2012Architecten wollten sie testen, wie weit sich Superuse auch in der Architektur anwenden lässt.

Mit der Villa Welpeloo konnten sie mit mutigen Bauherren ein Meisterwerk des Superuse realisieren. Die Bauherren sind Kunstsammler und beauftragten 2012Architecten direkt, weil sie deren Arbeiten kannten. Sie wussten auch, dass sie sich auf ein Experiment einlassen würden. Denn Superuse bedeutet, dass die Architekten erst einmal die Umgebung einer Baustelle erkunden, um geeignete Materialien zu erfassen. „Wir nennen das unsere ‚Ernte-Karten', denn wir ernten ja die Materialien der Umgebung", erklärt Jeroen Bergsma am Tresen des ehemaligen italienischen Restaurants La Gondola, in dem die Architekten temporär ihr Büro eingerichtet haben. „Aus den Entdeckungen entwickeln wir die ersten Entwurfsideen, danach können wir die Umgebung noch einmal gezielter absuchen, um fehlende Teile zu ergänzen. Materialien finden, Materialien suchen und der Entwurf beeinflussen sich gegenseitig." Die drei Architekten sind überzeugt, dass Superuse weit darüber hinaus geht, Ideen für eine nachhaltigere Architektur zu liefern, sondern dass daraus eine ganz neue Gestaltungsphilosophie mit eigener Ästhetik wachsen kann. Sie sind auch überzeugt, dass sie die Vielzahl an Möglichkeiten von Superuse noch gar nicht erfassen können.

„Für uns ist der Entwurf nicht der Beginn eines linearen Prozesses, der direkt zum fertigen Objekt führt. Der Entwurf ist vielmehr eine Phase in einem fortwährenden Kreislauf von Herstellung und Wiederherstellung, von Verwendung und Wiederverwendung." Dabei beziehen sie Stoffkreisläufe von Materialien ebenso in ihre Konzepte ein wie Energie-, Wasser- und Transportkreisläufe sowie die schonende Verwendung von Nahrung und menschlicher Arbeitskraft. „Diese

Jan Jongert and Césare Peeren have been working on recycling at the TU Delft since 1997. They developed the superuse concept: the finding of new functions and new meanings for used objects without having to reprocess them. This idea is also intended to be fun – encouraging people to think about other ways in which the objects around them could be used. Since 1997, they have built installations and interior facilities using the "Superuse" concept, including shop fittings made from old windscreens and car tires, bollards made from old truck axles and an espresso bar made from washing machine components. The concept has matured over time, gaining more adherents and becoming better known through the website www.superuse.org, which was set up by 2012Architecten as an open platform on which anyone could post their project. These experimental, adventurous artistic endeavors gradually became more systematic and methodical. 2012Architecten was founded to test the extent to which Superuse could be applied to architecture.

The Villa Welpeloo was a masterpiece of Superuse, made possible by courageous clients – art collectors who directly commissioned 2012Architecten because they knew their work. They also knew that they would have to be prepared for an experimental result. Superuse involves the architects assessing the area around the building site and listing any suitable materials. "We call these our 'harvest maps,' because we harvest our materials from the surrounding area," Jeroen Bergsma explains, at the bar of the former Italian restaurant La Gondola, in which the architects have temporarily set up their office. "Based on what we discover, we come up with the first design ideas, after which we can search the area more purposefully, to find missing things we need. The business of finding materials and the design influence each other." The three architects are convinced that Superuse goes far beyond producing ideas for sustainable architecture – it has the potential to become a whole new design philosophy with its own aesthetic. They are also convinced that they have not come close to charting the many possibilities opened up by Superuse.

"For us, the design is not the starting point of a linear process that leads directly to a completed object. Instead, design is a phase in a continuous cycle of constitution and reconstitution, use and reuse." They incorporate the cycling of materials into their concepts – and also energy, water, and transport cycling and the sparing use of food and man-hours. "This complexity is what makes the idea so interesting. For each project, the various levels have to be assessed, so that connections and synergies can be mapped out. Even the work in our offices at present is like a cycle with three phases. All the time, we are researching new found materials and finding potential new uses for them. We then test these out experimentally. For instance, we trialed the sinks from the Recyclops as an outdoor element in a small pavilion, to see how they would react to weather conditions. Now we use them as façade components. It is a question of re-search, re-design and, finally, re-building. And then we start all over again." __fh

„Der Entwurf ist nur eine Phase in einem fortwährenden Kreislauf von Herstellung und Wiederherstellung, von Verwendung und Wiederverwendung."

"The design is only one phase in a continuous circulation of constitution and reconstitution, use and reuse."

La Gondola
Umnutzung des italienischen Restaurants „La Gondola"; *Superuse of the Italian restaurant "La Gondola"*
Kruiskade 6, Rotterdam, NL / Seit; *Since:* 2007

La Gondola

Als Büro nutzen 2012Architecten die Räume des ehemaligen italienischen Restaurants La Gondola im Stadtzentrum von Rotterdam. Das Restaurant war schon Jahre zuvor geschlossen worden, das gesamte Gebäude sollte abgerissen und durch ein Hochhaus ersetzt werden. „Wir haben vieles behalten: die große Küche, die Bar und die Tische und Stühle im Erdgeschoss zum Beispiel, hier ist jetzt unsere Kantine und unser Pausen- und Besprechungszimmer. Manchmal laden wir zu einem ‚Recycled Food'-Abendessen ein; ein Essen, für das wir übrig gebliebenes Obst und Gemüse vom Markt ‚ernten', welches die Händler sonst wegwerfen. Im Obergeschoss haben wir große, runde Öffnungen in die Wände geschnitten, um einen großen Raum zu haben. Unsere Tische haben wir aus den alten Werbeschildern von ‚La Gondola' gemacht. Und im Keller lagern wir Materialien, die wir ‚geerntet' haben, bis wir einen neuen Nutzen für sie finden."

Seit die Architekten hier ihr Büro aufgeschlagen haben, haben sie kontinuierlich kleine Verbesserungen vorgenommen, zuletzt haben sie einen Sonnenschutz aus alten CDs im Fenster installiert und das kleine Vordach begrünt.

The office of 2012Architecten is set up in the spaces of the former italian restaurant "La Gondola" in the very center of Rotterdam. The restaurant closed many years ago as a new high-rise is to replace the entire building. "We kept the big kitchen, the bar and the seating on the ground floor, which is now our canteen for lunch break or meetings. Every once in a while we organize a dinner based on our 'recycled food concept'. Recycled food means that we harvest leftover vegatables and fruits from the local market and cook ourselves a meal. In the office upstairs we have cut large round openings in the walls. Our desks are made out of the old 'La Gondola' advertisement boards for the restaurant. The cellar is our workshop where we store various materials that we have 'harvested' until we find a use for them."

Since 2012Architecten moved into the restaurant, they have made small improvements continuously – like a sunscreen of old CDs in the window and a green roof.

Miele Space Station

„Unser erstes experimentelles Projekt mit 20 Waschmaschinen tauften wir Miele Space Station (MSS). Der Pavillon konnte wie ein Wohnwagen auf einen Lkw-Anhänger gebaut werden, Breite und Höhe richteten sich nach den niederländischen Verkehrsregeln. Durch Hinzufügen weiterer Elemente – zum Beispiel Solarpaneele, Kühlschranktüren, Autoreifen, Segel oder leichte Türen – ließ sich die MSS in verschiedenen Größen und Kombinationen realisieren. In vier Jahren war sie Pizzarestaurant, Bar, Musikladen, Architekturbüro, Laufsteg einer Modenschau und Pressezentrum eines Musikfestivals. Zum Schluss war sie eine beliebte Espresso Bar an der Architekturfakultät der Universität Delft, leider ist sie 2008 zusammen mit dem Gebäude abgebrannt."

Neben den whitegoods wastestream experimentierten 2012Architecten auch mit Küchenspülen. Die Recyclops sind ein temporärer Pavillon, entworfen und gebaut in drei verschiedenen Formen mit unterschiedlichen Funktionen.

„Wir führen die Idee jetzt fort und bauen eine Fassade aus Spülen unterschiedlichster Größen für einen Neubau in Almere. Durch die Recyclops haben wir genug Erfahrungen mit dem Material gesammelt und wissen nun, dass die Spülen den äußeren Witterungsbedingungen gewachsen sind."

"Our first experiment with twenty washing machines was baptized the Miele Space Station (MSS). For transport, it could be mounted on a trailer and used as a caravan. Width and height were determined by Dutch traffic regulations. By adding other elements between the modules – solar panels, fridge doors, car tires, sails – the MSS could be built in different sizes and configurations. Within four years, MSS has operated as a pizza restaurant, bar, music store, architecture office, as stage for a fashion show, and media center for a music festival. It was finally transformed into a popular espresso bar at the Faculty of Architecture in Delft, until the building burned down."

Besides the whitegoods wastestream 2012Architecten also experimented with kitchensinks. The Recyclops is a temporary pavilion, designed and built in three different shapes with different functions.

"We continue with the idea now for a new building in Almere where we will clad the façade with found sinks of various sizes. With the Rcyclops we have gained experience with this material. Now we know that the sinks can withstand the climate conditions of being put outside a building."

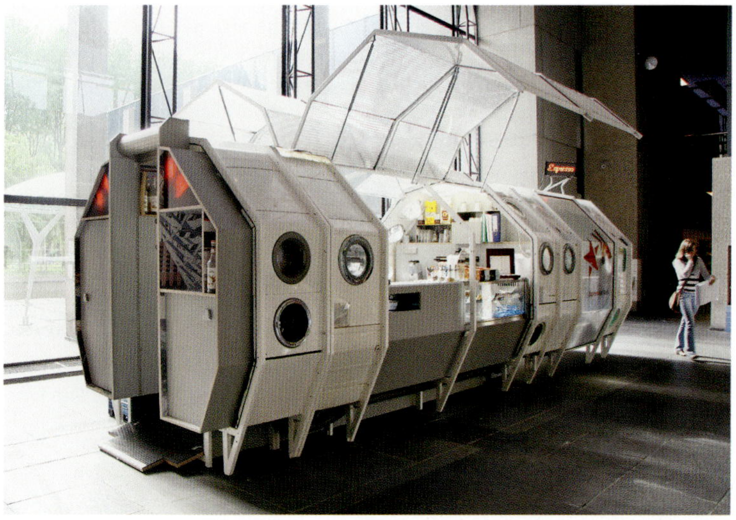

Wikado
Kinderspielplatz aus Windturbinen-Rotorblättern;
Children's Playground from Wind Turbines Wings
Meidoornstraat, Rotterdam, NL / 2008

Team: 2012Architecten – Césare Peeren, Jeroen Bergsma, Jos de Krieger / **Auftraggeber;** *Client:* Stichting Kinderparadijs de Meidoorn / **Projektpartner;** *Project Partners:* Gebr. Kraaijeveld, Barendrecht / **Fläche;** *Area:* 1,200 m²

Miele Space Station (Abb. unten links; *picture below left*)
Pavillon aus Teilen von Waschmaschinen;
Temporary Pavilion from Washing Machine Parts
Mehrere Orte in den Niederlanden und Belgien; *Several places in the Netherlands and Belgium* / 2003–2008

Team: 2012Architecten – Jan Jongert, Césare Peeren, Freya Van Dien, Bart Steenweg / **Projektpartner;** *Project Partners:* Denis Oudendijk, Jan Korbes, Jens Brückner

Sinkskin (Abb. unten; *picture below*)
Fassade aus Edelstahlspülbecken;
Façade of Stainless Steel Sinks
Olympia Kwartier, Almere, NL / Seit; *Since:* 2010

Team: 2012Architecten – Jeroen Bergsma, Frank Feder, Marco Zaccara, Jos de Krieger, Piero Medici, Loes Glandorff, Louisa Vermoere / **Auftraggeber;** *Client:* Housing Corporation Stadgenoot **Projektpartner;** *Project Partners:* MVRDV, Rotterdam

Wikado

So wie Laubbäume jedes Jahr ihre Blätter verlieren, so verlieren auch Windturbinen weltweit etwa 8000 (Rotor) Blätter jährlich, weil sie defekt sind oder weil eine neue, leistungsstärkere Generation auf den Markt gekommen ist. Wohin mit den alten Rotorblättern? Da sie wind- und wetterfest sind, geben sie ausgezeichnete Stadtmöbel ab. Sie sind groß genug, um darauf zu klettern, zu laufen oder zu sitzen, und außerdem hohl, sodass man hineinkriechen kann. Auf dem Wikado-Spielplatz wurden fünf Rotorblätter um vorhandene Bäume herum angeordnet, sie sind jetzt die Spieltürme. Kletternetze sind an ihnen aufgehängt und in der Mitte können die Kinder auf einem Boden aus recycelten Turnschuhen Fußball spielen. Dieser Spielplatz-Prototyp kostete genauso viel wie ein üblicher Spielplatz, sein „ökologischer Fußabdruck" ist aber 50 Mal kleiner. Das macht das Wikado-Modell zu einer realistischen und inspirierenden Alternative für Spielplatzanlagen.

Just as trees lose their leaves every year, wind turbines lose about eight thousand blades each year worldwide; they have to be replaced because they are damaged, or a new, more efficient generation appears. What to do with all that garbage? As they are wind- and weatherproof, the blades make excellent building material for urban furniture. They are big enough to climb, run, and sit on, and they are hollow so you can go inside. The Wikado playground is designed with five windmill blades around the existing trees. A climbing net is attached to the towers and there is a panna cage in the middle where the kids can play football on a floor made of recycled football shoes. This prototype playground was built for the same the budget as a standard play area, and has a global footprint fifty times smaller. This makes Wikado a realistic and inspiring alternative for play spaces.

Villa Welpeloo

Einfamilienhaus aus 60% recycelten Baustoffen;

Single-Family Home Made from 60% Recycled Materials

Bamhoevelaan 49, Enschede, NL / 2005–2009

Team: 2012Architecten – Jan Jongert, Jeroen Bergsma, John Bosma, Frank Feder, Tanja Lina, Wojtek Witek, Carolien Karamann / **Innenarchitektur;** *Interior Architecture:* Iris de Kievith, Petra Jutten / **Auftraggeber;** *Client:* Tjibbe Knol, Ingrid Blans / **Nutzfläche;** *Usable Area:* 400 m² / **Kosten;** *Costs:* 900,000 Euro

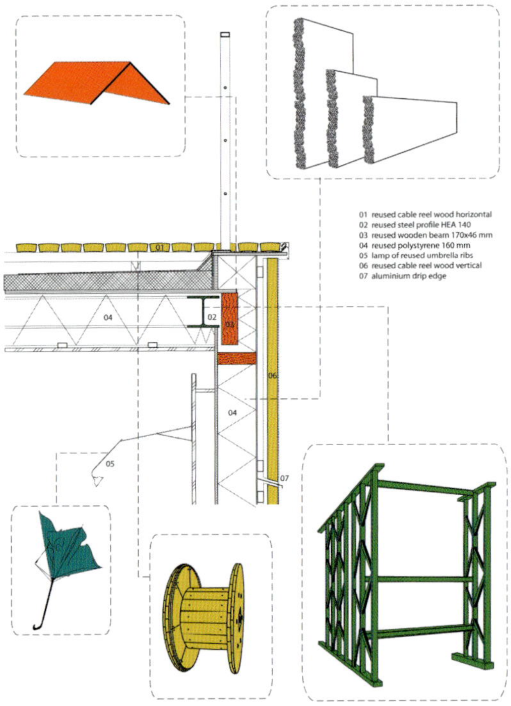

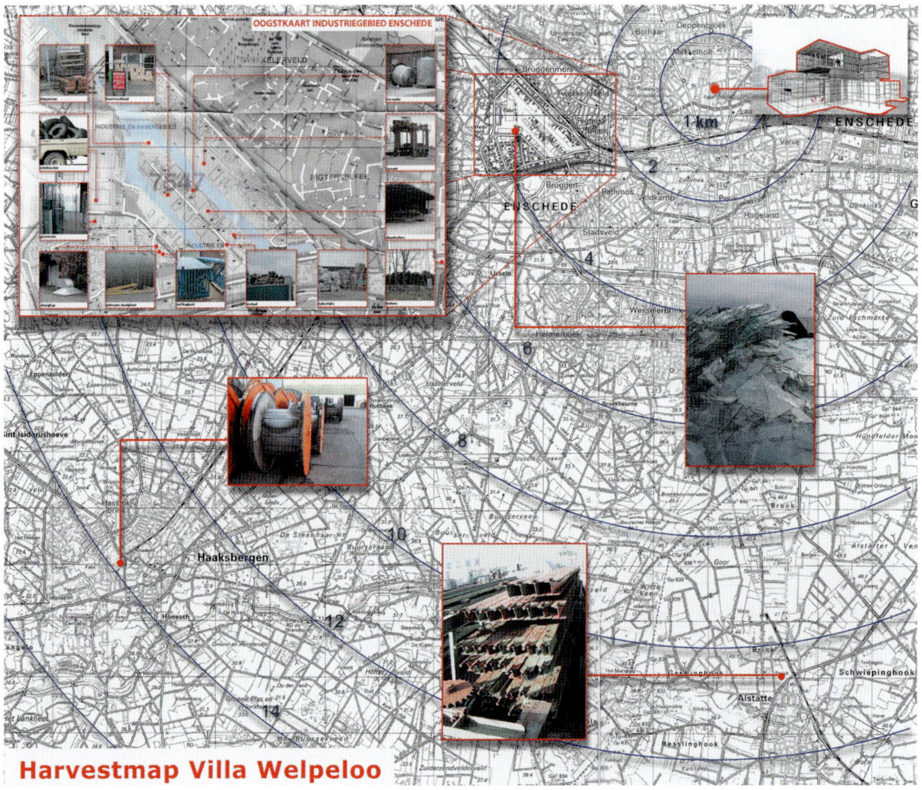

Villa Welpeloo

Die Villa Welpeloo war der erste umfassende Bauauftrag für eine Villa, der die Gestaltung des Gebäudes und des Innenraumes umfasste. Ihre vorigen Kunst-Installationen hatten ihnen die Aufmerksamkeit der beiden Kunstsammler Tjibbe Knol und Ingrid Blans gebracht, die sich ein Haus in Enschede bauen wollten. Die Architekten gaben sich selbst die Vorgabe, alle Materialien für das Haus in einem Radius von 15 Kilometern um die Baustelle zu finden – fast wie eine Wette. Das „Superuse"-Konzept sollte nicht durch lange Transportwege der Materialien konterkariert werden.

Ganz gelungen ist das nicht, aber letztlich wurde das Haus zu 60 Prozent aus wiedergewonnenem Material errichtet. Für die Stahlkonstruktion konnten Teile einer alten „Paternostermaschine" aus einer leer stehenden Textilfabrik genutzt werden. Die Verglasung stammt teilweise aus den Produktionsabfällen einer Glasfabrik. Die Dämmung wurde aus überzähligen Polystyrenplatten einer nahen Wohnwagenfabrik geschnitten und die Holzbretter der Fassade konnten aus etwa 1000 alten Kabeltrommeln hergestellt werden. Je nach deren Größe kann man pro Trommel bis zu 30 Bretter gewinnen, und die Kabelfabrik war dazu noch froh, als 2012Architecten die Trommeln abholen kam, denn sie hätten sonst für deren Entsorgung bezahlen müssen. Die unterschiedlichen Längen der gewonnenen Bretter haben 2012Architecten als Grundlage für die Gestaltung der Fassade genommen.

Wie die Beschäftigung mit den Spülen bei der Miele Space Station derzeit eine Fortsetzung in der Fassade eines Neubaus finden, so werden auch die Erfahrungen bei der Villa Welpeloo fortgeführt: Gerade entwickeln 2012Architecten eine Fassade aus Kabeltrommelbrettern für einen Neubau in Almere. Während die Villa Welpeloo noch einen ganz gradlinigen Entwurf darstellt, werden die leicht geschwungenen Bretter der Kabeltrommel in Almere für eine wesentlich schwungvollere Fassade genutzt: „Aus den Beschaffenheiten des Materials entwickelt sich eine grazile architektonische Geste", so die Architekten.

The Villa Welpeloo was the first assignment for a complete residence, exterior as well as interior. Their previous art installations got 2012Architecten the attention of art collectors Tjibbe Knol and Ingrid Blans, who wished to build a house in Enschede. The architects set themselves a challenge to use only materials from within a fifteen kilometer radius of the site. The idea was to avoid invalidating the "Superuse" concept by transporting the materials long distances.

They did not entirely succeed; but the house was built from 60 % reused materials. Parts of an old "paternoster" from a derelict textile factory were used for the steel elements. The glazing comes partly from a glass factory's production waste. Surplus polystyrene panels from a nearby caravan factory were used for insulation, and the wooden boards for the façade were created from about 1,000 old cable drums. Depending on size, an individual drum could provide up to thirty boards, and the cable factory was glad to give the drums to 2012Architecten – otherwise they would have had to pay for their disposal. 2012Architecten based their façade design on the varying lengths of the boards.

The Miele Space Station basins principle is presently being applied to the façades of a new building, and the techniques used for the Villa Welpeloo have also been revisited: 2012Architecten is presently developing a façade made from cable drums for a new building in Almere. While the Villa Welpeloo adhered to the straight-line design principle, the slightly curved boards of the cable drums were allowed to create a significantly more curved façade in Almere. According to the architects, "the nature of the materials creates a graceful architectonic gesture."

Wooden Façade

Fassade aus Kabeltrommelbrettern;

Façade of Cable Drum Boards

Olympia Kwartier, Almere, NL / Seit; *Since:* 2010

Team: 2012Architecten – Jeroen Bergsma, Frank Feder, Marco Zaccara, Jos de Krieger, Piero Medici, Loes Glandorff, Louisa Vermoere / **Auftraggeber;** *Client:* Housing Corporation Stadgenoot **Projektpartner;** *Project Partners:* MVRDV, Rotterdam

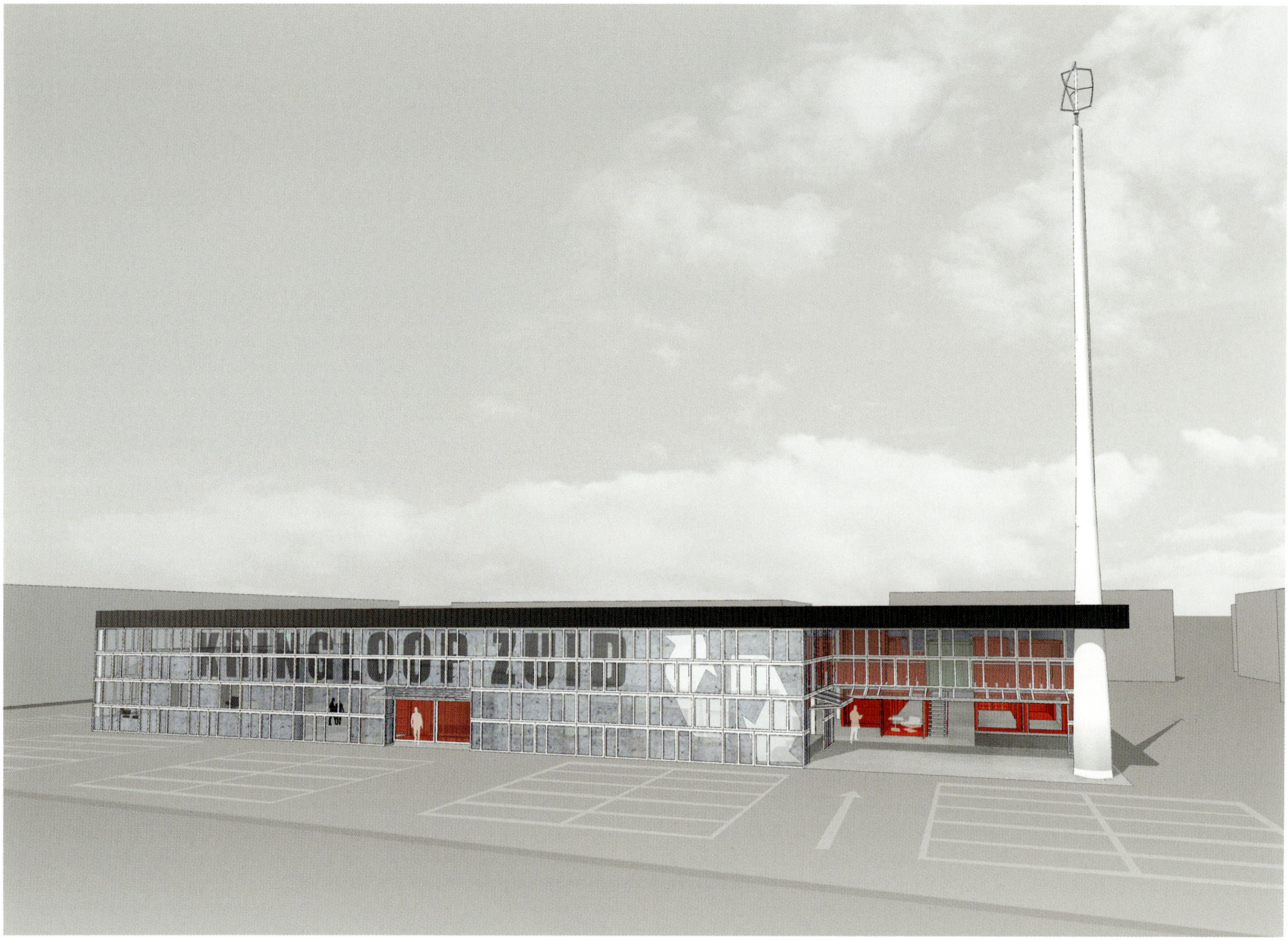

Kringloop Zuid

Recycling Center

Maastricht, NL / 2008–2011

Team: 2012Architecten – Jeroen Bergsma, Marco Zaccara, Jan Jongert, Frank Feder, Césare Peeren, Pascal Hentschel / **Auftraggeber;** *Client:* Kringloop Zuid / **Projektpartner;** *Project Partners:* Romaes Vastgoedontwikkeling, Process BBFM **Grundfläche;** *Built Area:* 2,400 m^2 / **Kosten;** *Costs:* 2.1 million Euro

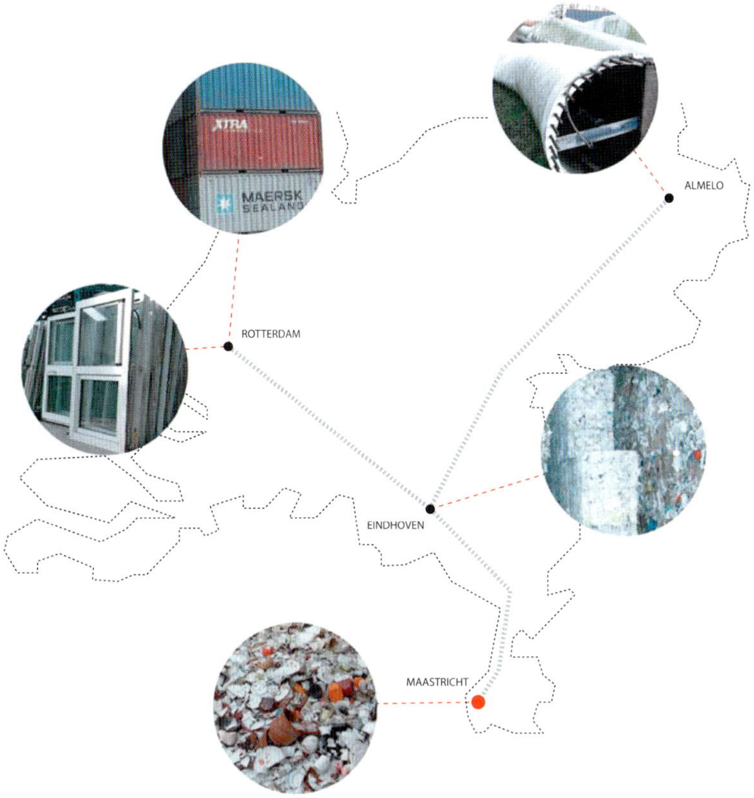

Kringloop Zuid

„Kringloop Zuid" („Kreislauf Zuid") ist eine Firma, die sich auf ein Tauschsystem für nicht mehr benötigte Materialien und Objekte spezialisiert hat. Diese werden gespendet und können dann von anderen Menschen in den „Kringloop"-Läden abgeholt werden. Eine Firma, die also genau das System verkörpert, das von 2012Architecten auf die Architektur angewendet wird – zwei Partner, die zusammenfinden mussten.

Das in Enschede erprobte „Superuse"-Konzept kommt wieder zum Einsatz: Der Neubau wird hauptsächlich aus alten Schiffscontainern errichtet, dazwischen werden Stahlträger und alte Fensterrahmen eingefügt. Die Sonnenkollektoren auf dem Dach werden den gesamten Energiebedarf decken. Wände aus wiederverwendeten Verbundplatten von einem abgerissenen Lebensmittellager sorgen in den unbeheizten Räumen für eine gewisse Wärmespeicherung. Weithin sichtbares Zeichen für das Gebäude wird ein senkrecht aufgestelltes Rotorblatt eines Windrades, in dem Regenwasser gesammelt wird. Die Architektur sorgt so für eine perfekt passende, symbolische und beispielgebende Hülle aus umgenutzten Materialien für die Funktion des Gebäudes.

Kringloop Zuid (Circulation South) is a firm that specializes in the exchange of unneeded materials and objects. These are donated and can be then be obtained from the Kringloop shops. This is a firm that mirrors 2012Architecten's architectural methods – two partners who somehow had get together.

The "Superuse" concept trialed in Enschede was used again. The new building is made of old shipping containers, with steel girders and old window frames fitted between. On the roof are solar collectors which supply all the building's energy needs. Walls made from reused sandwich panels from a freshfood storage which is to be demolished, help to conserve heat in the unheated spaces. Another highly visible feature of the building is the sail of a windmill, mounted horizontally as a rainwater collector. This shell of reused materials is perfect for the building's function – appropriate, symbolic, and exemplary.

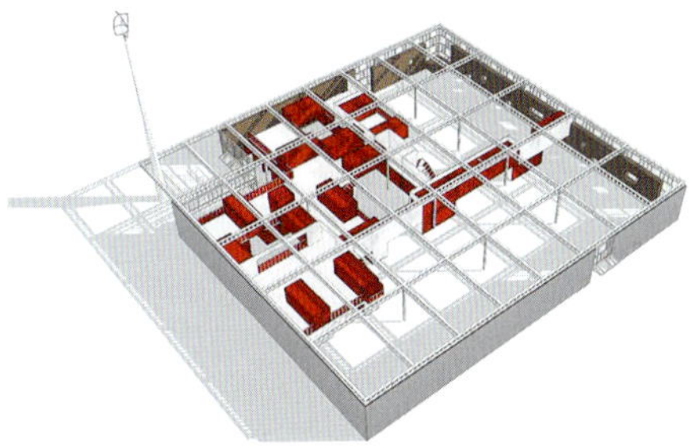

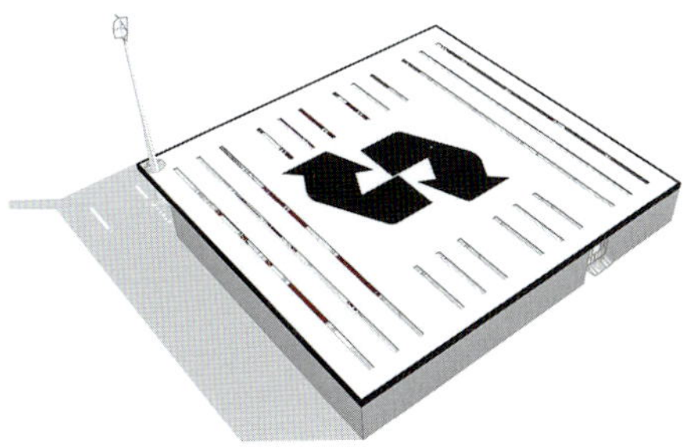

ANNE HOLTROP

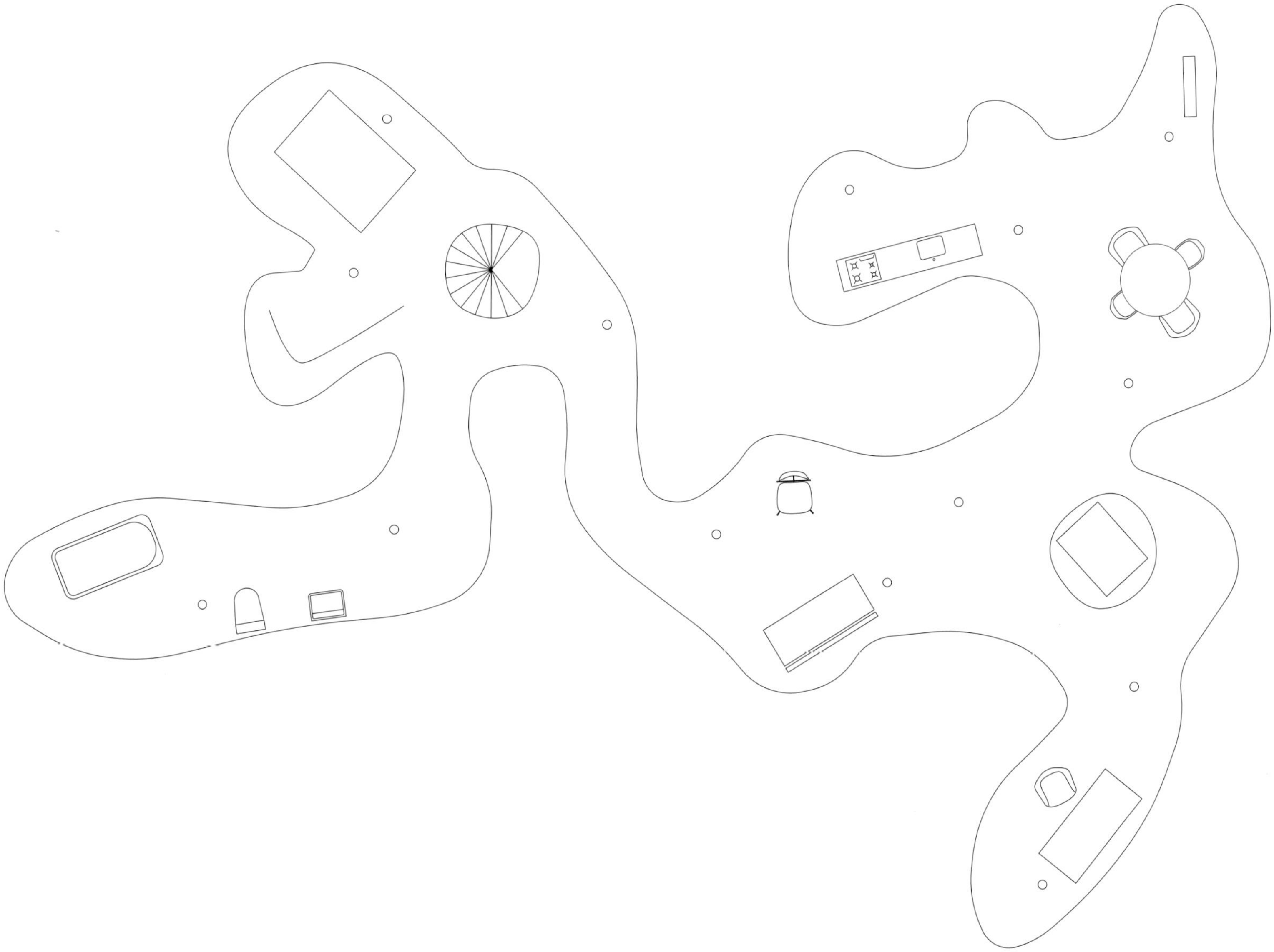

A Tower

Sitz; *Location* AMSTERDAM, NL **Gegründet;** *Founded* 2005

Partner; *Partner* ANNE HOLTROP *1977, NL, graduated from Amsterdam Academy of Architecture, NL, 2005

Freiheit; *Freedom*

Eigentlich wollte Anne Holtrop gar kein Architekt werden, sondern Künstler. Aber als er nach dem Schulabschluss wählen musste, entschied er sich für die sicherere Option: Architektur. „Ich war 17 Jahre alt und der Schritt, ein freier Künstler zu werden, erschien mir einfach zu groß. Während des Studiums merkte ich aber, dass ich auch als Architekt einen Weg gehen kann, der mir eine gewisse Freiheit lässt. Man muss allerdings anfangen, sich gegen die Vorgaben zu wehren, die im Architekturstudium gegeben werden: Architekten werden programmiert, Lösungen zu finden und Antworten zu produzieren. Aber ich glaube nicht an Lösungen. Und ich finde die Spannung der Frage und die Vielzahl an Möglichkeiten viel interessanter als nur eine Antwort. Ich musste lernen, dem Zwang des Architekten zu entkommen, unbedingt etwas bauen zu müssen."

Ein Architekt, der als Künstler arbeitet, ist meist beiden Seiten suspekt. Anne Holtrop hatte das Glück, in den Niederlanden zweimal staatliche Förderung und 2008 den Charlotte-Köhler-Preis der Prinz-Bernhard-Stiftung zu bekommen. „Dadurch hatte ich Zeit, um meine Arbeitsweise zu finden." Seine Nähe zu den Arbeitsweisen eines Künstlers zeigt sich heute in jedem Detail: Die Architekturen, die Anne Holtrop entwickelt, sind physische und mentale Räume. Er kreiert sie aus Ideen, die er aus Fotos, Literatur und Fundstücken entwickelt und die meistens sehr stark mit dem Kontext des jeweiligen Ortes verbunden sind. Es sind immer Räume, die Möglichkeiten öffnen und Lösungen hinterfragen. Die künftigen Nutzer werden aufgefordert, sich mit den Räumen auseinanderzusetzen und sie aktiv in Besitz zu nehmen.

„In meiner Arbeit begreife ich Architektur als eine Landschaft, in der scheinbar zusammenhangslose Objekte miteinander koexistieren. In manchen Entwürfen verwende ich Formationen, die echten Landschaften nachempfunden sind, in anderen ist die Landschaft eine Metapher. Landschaft ist für mich eine Umgebung, in der unterschiedliche Nutzungen, soziale Beziehungen, politische Ansichten und räumliche Gliederungen gleichzeitig passieren und existieren können.

Ich versuche zusammen zu bringen, was eigentlich überhaupt nicht zusammen passt. Die daraus erzeugte Spannung verleiht meinen Bauten – physisch wie mental – eine taktile, fassbare Qualität. Aus dieser Spannung können, glaube ich, neue Möglichkeiten entstehen. In meinen Bauten werden sich Nutzer und Besucher wie Pioniere fühlen. Kurz, es geht mir um die Koexistenz des Inkohärenten."

In fact Anne Holtrop wanted to be an artist, not an architect. But when he had to make a choice on leaving school he went for the safe option: architecture. "I was seventeen years old, and the step towards becoming a free-lance artist simply seemed too large to me. But while at college I noticed that I can also follow a path that leaves me a certain amount of freedom as an architect. But you have to start resisting the rules prescribed by architecture courses: architects are programmed to find solutions and to produce answers. But I do not believe in solutions. And I find the excitement generated by the question and the wide range of possibilities more interesting than just a single answer. I had to learn to escape from the architect's compulsion to build something whatever happens."

An architect who works as an artist is usually suspect for both sides. Anne Holtrop had the good fortune to acquire state funding twice and to win the Prinz Bernhard Foundation's Charlotte Köhler Prize in 2008. "This gave me time to find my own approach." Every detail of his work today shows how close he is to an artist's approach: the pieces of architecture that Anne Holtrop devises are physical and mental spaces. He develops them from ideas based on photographs, literature, and found items, most of which are closely connected to the context of the particular location. They are always spaces that open up possibilities and question solutions. Future users are required to come to terms with the spaces and to take active possession of them.

"In my work I like to see architecture as a landscape where non-coherent things co-exist together. I use the landscape in some projects quite literally, in others more as a metaphor. A landscape is for me an environment where different aspects of uses, social relations, political point of views, and spatial organizations can happen at the same time.

What I try to do is to bring things into contact, which are not coherent at all. The tensions it creates makes my designs very tactile both physically and mentally. Within these tensions I believe new possibilities can emerge. Users will feel like pioneers in it. In short said, my work is about the coexistence of non coexistent things." __fh

„Ich fasse Architektur gerne als Landschaft auf, in der Unzusammenhängendes koexistiert."

"I like to see architecture as a landscape where non-coherent things co-exist."

A Tower

Modell eines Wohnturms mit zwölf Apartments, Einzelausstellung; *Model for a Tower with Twelve Apartments, Solo Exhibition*

Egbert Gortertstraat, Almelo, NL / 2009

Auftraggeber; *Client:* Stichting het Torentje / **Geschossfläche;** *Floor Space:* 1,200 m² / **Grundfläche;** *Built Area:* 100 m²

A Tower

„Mies van der Rohes Entwurf eines Hochhauses aus Glas mit seinen Fassadenvor- und -rücksprüngen hat mich schon immer fasziniert. Ich stellte mir vor, dass die Etagengrundrisse alle fließend wären, und zwar so, dass man quasi aus dem Turm heraustreten und von außen in einen anderen Bereich der eigenen Wohnung zurückschauen könnte. Gleichzeitig zog ich die Umrisse einer Vielzahl verschiedener Formen nach, die ich während meines Tokio-Aufenthalts dort entdeckte. Mich faszinierten die Zwischenräume zwischen Objekten, Gebäuden und Menschen. In Japan nennt man den an ein oder mehrere Objekte gebundenen Zwischenraum MA. Beim Nachzeichnen der Umrisse solcher Räume versuchte ich nicht nur deren Innenbereiche zu fassen, sondern auch deren Umgebungen. Einen meiner Umrisse – eine Art Tintenklecks – verwendete ich als Grundriss für das Projekt dieses Turms, der bis zu einem gewissen Grad dem Mies'schen Glashochhaus ähnelt. Die zwölf Etagen des Turms enthalten je eine Wohnung. Fast von jeder Stelle in jedem Stockwerk aus blickt man durch die Glasscheiben in einen anderen Teil der Wohnung – und interessanterweise natürlich auch in die jeweils obere oder untere Wohnung der Mitbewohner."

"Mies van der Rohe's design for a glass skyscraper with all its curvatures of the façade, going in and out of its shape, has fascinated me for a long time. I imagine it in such a way that the plan of each floor could be a fluid one. Where you could somehow step outside of the tower and look back inside another part of it. At the same time I was tracing the outlines of all kinds of shapes I found during my residency in Tokyo. I was fascinated by the interstitial space between objects, buildings, and people. They call the interstitial space that is bound with its object: MA. It can exist in everything. Tracing these outlines I was searching for not only the space it encircles, but also the space it creates outside of it. One of these tracings – a kind of inkblot – I used as the plan for A tower, which in a way resembles the glass skyscraper by Mies. It is a model where each floor contains one apartment, twelve in total. From almost every position in each apartment, you look through the outside into another part of the house. And, interestingly, up and down of course into your neighbor's house."

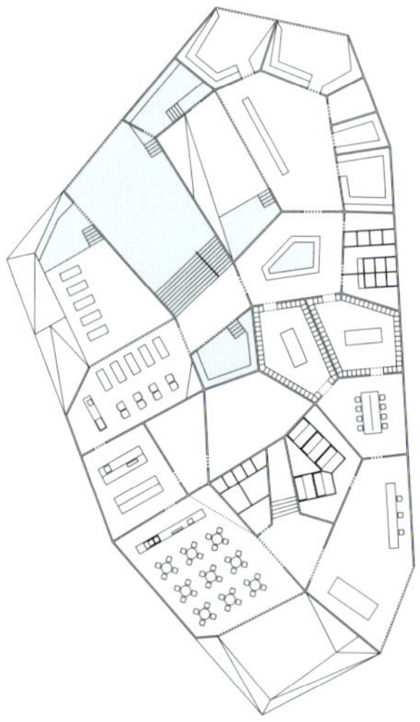

Floating Garden (Spa)
Schwimmende künstliche Insel mit Wellnesszentrum;
Artificial Floating Island with Wellness Center
Bert Haanstrakade, on the water in Ijburg,
Amsterdam, NL / 2009–2012

Mit; *With:* Roderik van der Weijden / **Kosten;** *Costs:* 5 million Euro / **Auftraggeber;** *Client:* Studio Noach / **Nutzfläche;** *Usable Area:* 2,000 m^2

Floating Garden (Spa)

„Wenn Architektur eine Landschaft voller inkohärenter, aber miteinander existierender Widersprüche wäre, die eher betont als angeglichen würden, dann würden ganz neue Möglichkeiten entstehen. Dieses Projekt spielt mit den Widersprüchen: Bauen auf Wasser, Architektur als Landschaft, private und öffentliche Nutzungen." Floating Gardens ist ein schwimmendes Spa, das bis 2012 vor dem neuen Wohngebiet Ijburg östlich von Amsterdam gebaut wird. Für ein solches Bauvorhaben gibt es bislang keine Vorbilder. Als Inspiration für die äußere Form wählte Holtrop die Skulptur eines Steines von Alberto Giacometti – eine technisch abstrahierte Nachbildung natürlicher Formen, was für dieses Projekt einer künstlichen Insel angemessen erschien. Er entwickelte daraus ein Gebäude wie eine künstliche, technische Reproduktion von natürlichen Formen als Verlängerung der künstlichen Landschaft Ijburgs. Die Trennung von Innen- und Außenraum wird durch die Vielzahl von Außenterrassen und -bädern gebrochen.

"If architecture were a landscape full of incoherent but coexisting contradictions, which are emphasized rather than smoothed out, it would open up a whole host of new possibilities. This project plays with these contradictions: building on water, architecture as a landscape, private and public functions."

Floating Gardens is a floating spa complex built near the new Ijburg residential area on the eastern edge of the Amsterdam district, to be completed by 2012. Anne Holtrop chose the sculpture of a stone by Alberto Giacometti – a technically abstracted imitation of natural forms – as the inspiration for the shape of this unprecedented building project. The result was a structure that looked like an artistic, technical reproduction of natural shapes – an extension of the artificial landscape of Ijburg. The interior and exterior are separated by a large number of outside terraces and pools.

Temporary Museum (lake)

Das Kunstfestival „Schone Schijn" lädt Künstler nach Heemskerk ein, um die „Grenzen zwischen ‚Kunst' und ‚Echt' zu suchen". Dafür wird 2010 in dem Landschaftsreservat der nord-holländischen Dünen ein temporäres Museum errichtet, an der Kreuzung zweier Dünen-Pfade mit Kunstwerken im Innen- und Außenraum. Der Entwurf von Anne Holtrop kann dabei getrost als eines der Kunstwerke gelten, er ist Hülle und Bühne für andere Kunstwerke und gleichzeitig das größte Objekt der Ausstellung.

The art festival Schone Schijn brings artists to Heemskerk to "explore the boundaries between 'art' and 'the real thing.'" In 2010, a temporary museum was erected in the north Netherlands dune landscape reservation – at the crossing between two dune paths, with artworks inside and outside. Anne Holtrop's design is certainly an artwork. It is both an outer shell and a stage for other artworks, and the largest object in the exhibition.

Embassy (Retreat I)
Idee für eine niederländische Botschaft;
Idea for a Dutch Embassy
Spui, The Hague, NL / Seit; *Since:* 2010

Mit; *With:* Akira Negishi / **Auftraggeber**; *Client:* Atelier Rijksbouwmeester & NcTB

Temporary Museum (lake)
Temporäres Museum in den Dünen;
Temporary museum in the dunes
In der Nähe von; *Near:* Kruisberg, Heemskerk, NL /
Sommer 2010; *Summer of 2010*

Mit; *With:* Akira Negishi / **Kosten**; *Costs:* 30,000 Euro / **Auftraggeber**; *Client:* Stichting Beeldende Kunst Manifestatie Heemskerk / **Nutzfläche**; *Usable Area:* 50 m^2

Embassy (Retreat I)

„Dies ist eines von zwei Modellen für Botschaftsgebäude, sie heißen RETREAT I & RETREAT II. Bei dem Entwurf geht es um Sicherheit, um ein ‚qualitätvolles' Zurückziehen (RETREAT) hinter mehrere äußere Schichten. Dabei versuche ich zwei unterschiedliche Vorstellungen umzusetzen, um eine umfassendere Sicht auf das Sicherheitsproblem zu geben. Zum einen bedeutet Rückzug, dass man sich gegen mögliche Angreifer verteidigt und Abstand zu ihnen schafft. Zum anderen hat das englische Wort RETREAT auch eine positive Bedeutung im Sinne meditativer Einkehr oder eines Ortes für Einkehrtage. Daher geht es beim ‚Rückzug in die Sicherheit' um die Qualität des Zufluchtsortes. Diese Doppelbedeutung bildet die Grundlage des Entwurfs."

"This is one of two models for future embassies. The design of both deals with the issues of security; retreating behind layers in a quality kind of way. What I tried to do is to develop two ideas in two different models to give a broader insight in this security questions: one way to defend yourself is to retreat, to create a distance. That's why the work is named TWO MODELS FOR EMBASSIES (RETREAT I & RETREAT II). But a retreat also has a very positive meaning, like a retraite. In that way, a retreat is about the quality of space. This double interpretation is part of the work."

Trail House

„Das Trail House ist ein Einfamilienhaus, dessen Grundriss ich aus Teilen des bestehenden Netzes von Trampelpfaden (TRAILS), die über das Gelände führen, entwickelt habe. Ein Haus, das sich wie ein Trampelpfad biegt, verzweigt und durch die Landschaft kurvt. Der Grundriss ist geformt wie ein OBJET TROUVÉ, ein Fragment der vorhandenen Landschaft. Seine Merkmale haben sich aus dieser Landschaft entwickelt, ohne von der Funktion geformt zu sein. Eine Kurve, eine Sackgasse, eine Abzweigung – besondere Orte mit besonderen Beziehungen."

"Trail House is a single house with a fragment of the existing paths (or trails) as the plan for the house. A house with the same curvature as a path; a house that curls, bends, and splits through the landscape. The plan as an OBJET TROUVÉ of a landscape element, has defined characteristics without being formed by its architectural function. A curvature, a dead end, a bifurcation – all are special spaces with its relations."

Aus einem Interview mit Saskia Van Stein; *From an Interview with Saskia Van Stein*

Trail House
Temporäres Haus im öffentlichen Raum für die Ausstellung „Unknown Territory 2009";
Temporary Housing in Public Space, Part of the Exhibition "Unknown Territory 2009"
Odeonstraat, Almere, NL / 2009

Kosten; *Costs:* 75,000 Euro / **Auftraggeber;** *Client:* Museum de Paviljoens / **Nutzfläche;** *Usable Area:* 100 m²

ANORAK

be

A-CROSS

Sitz; *Location* BRUSSELS, BE **Gegründet;** *Founded* 2004

Partner; *Partners* CÉCILE CHANVILLARD *1977 in Mans, FR, graduated from Ingénieur civil architecte UCL (Université Catholique de Louvain-la-neuve), BE, 2001, DEA sciences appliquées UCL, BE, 2007

CÉDRIC LIBERT *1973 in Liège, BE, graduated from ISALL (Institut Supérieur d'Architecture Lambert Lombard), Liège, BE, 1998, postgraduate degree from AA DRL, London, UK, 2001

VINCENT PIROUX *1977 in La Louvière, BE, graduated from UCL (Université Catholique de Louvain-la-neuve), BE, 2001

GILLES VANDERSTOCKEN *1974 in Namur, BE, worked as projectmanager of Fonds Belval au Luxembourg, LU, 2002–2006

Gearbeitet bei; *Worked at* Zaha Hadid Architects (London)

Zusammenarbeit mit; *Collaboration with* l'Escaut Architecture (Brussels), Ir Wiel Arets Architect & Associates (Maastricht), l'atelier d'architecture Philippe Gerard, François Lemaire & Associés (Liège)

Styrodur

2004 gründen Cécile Chanvillard, Cédric Libert und Vincent Piroux Anorak. Der Standort des Büros wechselt, was bleibt ist der urbane Kontext. Sie entwerfen im Schaufenster eines heruntergekommenen Shoppingcenters oder lassen sich vom modernistischen Geist der 60er Jahre eines sanierten Bürogebäudes inspirieren – immer aber im Zentrum Brüssels.

In ihrem Büro sehen wir Unmengen von Styrodurplatten, die nur darauf warten, sich in Arbeitsmodelle zu verwandeln. Fertige Modelle, Pläne und Plakate schmücken Wände und Tische des Arbeitsraums. Cédric Libert erläutert anhand dieser Ansätze die Arbeitsweise von Anorak; während des Besuches stellt er uns die Projekte im Einzelnen vor.

Cécile Chanvillard und Vincent Piroux haben in Louvain-la-Neuve an der Katholischen Universität studiert, Cédric Libert erst in Liège und dann an der AA bei Patrick Schumacher, gearbeitet hat er für Zaha Hadid. Die Formensprache zeitgenössischer Stararchitektur spiegeln die Projekte von Anorak jedoch kaum wider. Das Büro distanziert sich von diesen Einflüssen und sieht sich eher in der Tradition der aktuellen schweizer Architekur-Strömungen. Anorak brechen ihre grundsätzlich sehr klare, klassisch moderne, strenge und reduzierte Architektur immer wieder mit objekthaften Interventionen auf. Sie beziehen sich architektonisch nicht nur auf die Moderne, sondern zitieren wie Olgiati oder Bearth & Deplazes alte Baumeister, es werden wieder Kuppeln konstruiert.

Das belgische Büro nutzt die offene Wettbewerbskultur der Schweiz, unterstützt wurden sie in dem Vorhaben durch einige ehemalige Mitarbeiter aus der Alpenrepublik. In Belgien sahen sie keine Möglichkeit an Wettbewerben teilzunehmen. Grundsätzlich schätzen sie die aktuelle Situation für junge Architekten in Belgien weniger optimistisch ein als ihre flämischen Kollegen.

Neben ihrer Projektarbeit sucht Anorak immer wieder die Herausforderung im interdisziplinären Bereich sowie in der Lehre. Sie halten Vorträge und kuratieren Ausstellungen in Belgien, den Niederlanden, China, Frankreich, Großbritannien und Italien.

Cécile Chanvillard, Cédric Libert, and Vincent Piroux founded Anorak in 2004. The practice location changes, what remains is the urban context. They design in a shop window in a dilapidated shopping center or draw inspiration from the modernistic spirit of the nineteen-sixties in a refurbished office building – but always in central Brussels.

We see huge quantities of Styrodur sheets in their office, simply waiting to be transformed into working models. Completed models, plans, and posters decorate the walls and desks in their workspace. Cédric Libert uses these initial ideas to explain how Anorak work; he introduces the projects in detail during the visit.

Cécile Chanvillard and Vincent Piroux studied at the Catholic University in Louvain-la-Neuve, Cédric Libert first in Liège and then at the AA under Patrick Schumacher; he has worked for Zaha Hadid. But Anorak's projects scarcely reflect the formal language of contemporary star architecture. The practice distances itself from such influences, preferring to see itself in the tradition of current trends in Swiss architecture. Anorak regularly break up their fundamentally very clear, classically modern, austere, and reduced architecture with object-like interventions. They do not relate solely to Modernism with their architecture, but like Olgiati or Bearth & Deplazes cite older master builders: domes are being built again.

This Belgian practice use the open Swiss competition structure, supported in their projects by some former colleagues from Switzerland. They saw no possibility for entering competitions in Belgium. They are fundamentally less optimistic about the current situation for young architects in Belgium than their Flemish colleagues.

Anorak are always looking for new challenges in interdisciplinary fields and in teaching. They give lectures and curate exhibitions in Belgium, Holland, China, France, Great Britain, and Italy. __an

A-CROSS

Die im Maßstab der Galerie und der Stadt konfigurierte Installation steht im Spannungsfeld zwischen Abstraktion und Erzählung. Die vier beteiligten Disziplinen – Architektur, Kunst, Design und Grafikdesign – werden nach ihrer Substanz und Anwendung im öffentlichen Raum untersucht und zwar mithilfe eines gemeinsamen, neutralen, exemplarischen und abstrakten Zeichens: einem 5,88 Meter breiten weißen Kreuz, das in vier archetypischen Stellungen gezeigt wird. Stehend bildet es einen Gewölbebogen, liegend erinnert es an eine Bank, an der Wand hängend ist es eine bemalte Fläche und vor der Galerie wird es zur „urbanen Landmarke".

Set up at the scale of the art gallery and of the city, the intervention is inscribed in a tension between abstraction and narrative. The four convened disciplines – architecture, art, design, and graphism – are interrogated in their substance and application within the public realm through the use of a common language, neutral, generic, and abstract: a 588-centimeter-wide white cross. The white cross is erected in four archetypal situations: raised up it is an arch, laid down it recalls a bench, on the wall it is a painted surface, and outside the gallery space it becomes an urban sign.

A-CROSS
Ausstellung, Vierteilige Installation zu den Themen Architektur, Produktdesign, Kunst und Grafikdesign; *Exhibition, Four-Piece Installation Related to the Fields of Architecture, Product Design, Art, and Graphic Design*
Paris, FR / 2009

Mit; *With:* Big Game, Xavier Mary, PleaseLetMeDesign

Gollion Housing Blocks

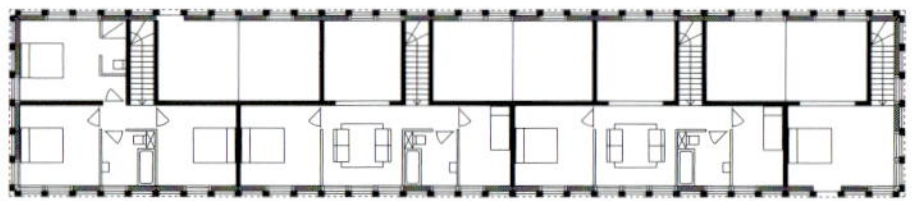

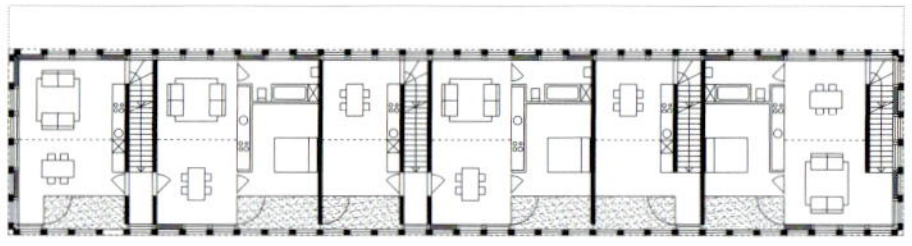

Die Wohnanlage besteht aus 55 Wohneinheiten, welche in sechs Gebäuden untergebracht sind. Diese befinden sich parallel zum Hang und bieten Ausblicke auf die Alpen und nach Süden. Die Geometrie der Dachflächen ist mal an die eingeschossigen, mal an die Maisonette-Wohnungen angepasst und lässt in einigen Wohnungen Raum für eine doppelte Geschosshöhe. In seiner rohen Struktur verkörpert der Komplex die Idee einer „nackten Architektur“.

Six volumes contain the fifty-five housing units. Arranged parallel to the slope, they open to the Alps mountains and the south. The roof geometry articulates simplex or duplex apartments and provides double-high ceilings for the inhabitants. As a rough structure, it embodies an idea of naked architecture.

Gollion Housing Blocks
Wohnanlage in Gollion
Offener Wettbewerb; *Open Competition*
Gollion, CH / 2009

Auftraggeber; *Client:* Commune de Gollion / **Kosten;** *Costs:* 25 million Euro / **Nutzfläche;** *Usable Area:* 5,200 m² / **Mit;** *With:* Landinzicht Bjorn Gielen (landscape), Amstein + Walthert (technical engineering), Bureau d'Etude Greisch (structural engineering)

Navez
Geladener Wettbewerb; *Invited Competition*
Brussels, BE / 2009

Auftraggeber; *Client:* Commune de Schaerbeek / **Mit;** *With:* Bureau d'Etude Greisch (structural and technical engineering) / **Nutzfläche;** *Usable Area:* 540 m²

Lenzburg Kindergarten & Elementary School

Die Tragstruktur dieser Schule in Lenzburg besteht aus gestapelten Wänden, die vom Erdgeschoss bis zum fünften Obergeschoss übereinander gesetzt sind. Aus dieser Struktur ergeben sich variable Klassenzimmer an den Seiten sowie Verkehrsflächen und Pausenhöfe in der Mitte des Gebäudes. Einerseits bilden die konstruktiven Bauteile den Rahmen für ein entsprechendes Raumprogramm, andererseits fördern sie die Auseinandersetzung der Nutzer mit der sie umgebenden Landschaft.

The structure of the school in Lenzburg consists of stacked walls, from the ground floor to the fifth, organizing flexible teaching spaces on the sides; circulation and casual play areas in the center. Alternatively framing the context, the structural elements organizes the program as much as they underline a cognitive relationship with the surrounding landscape.

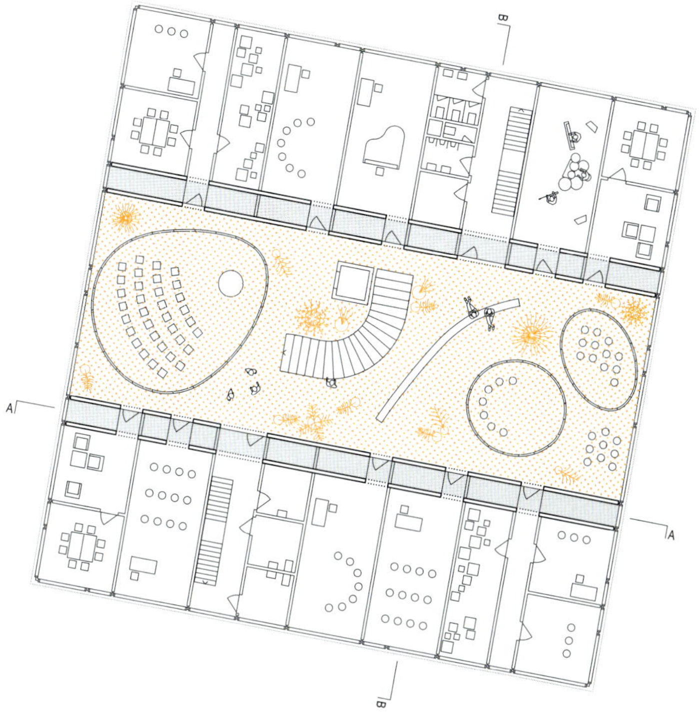

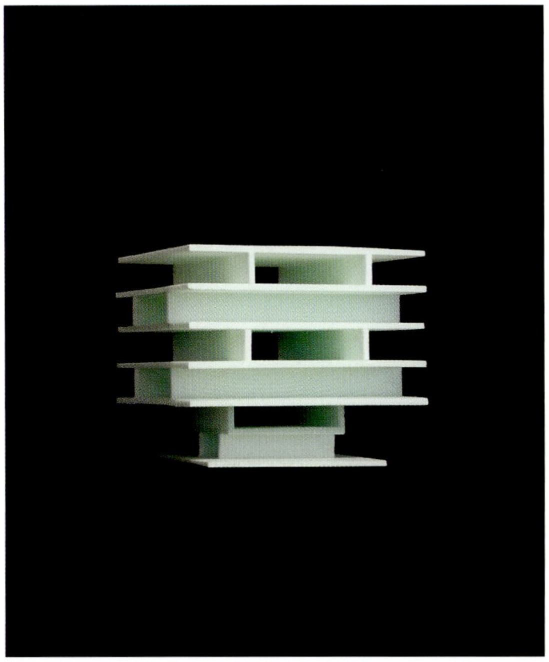

Lenzburg Kindergarten & Elementary School
Kindergarten und Primarschule in Lenzburg, Bildungseinrichtung, offener Wettbewerb; *Education Facilities, Open Competition*
Lenzburg, CH / 2009

Auftraggeber; *Client:* Stadt Lenzburg / **Mit**; *With:* Conti & Associés Ingénieurs S.A. / **Nutzfläche**; *Usable Area:* 4,830 m², Klassenzimmer, Büros; *Classrooms, Offices*

Navez

Der Entwurf sieht für die Rückseite eines Gemeinde-Zentrums in Brüssel eine 8 x 32 Meter große Erweiterung vor. Die Fläche wird, abgesehen von einem Innenhof, komplett von einer wabenförmigen Struktur bedeckt. Diese einheitliche Intervention – in Form einer Deckenstruktur als architektonischem Mittel – vermittelt Klarheit und ein direktes Verständnis für den Raum, so vielfältig er auch in seinen Nutzungsmöglichkeiten sein mag. Eingehängte Glaswände teilen Bereiche in der Dicke einer Schrankwand ab und können unterschiedlich angeordnet werden.

For a community center in Brussels, at the back of an existing house, an 8x32-meter honeycombed structure covers the entirety of the plot, with the exception of an inserted patio. The unitary intervention – as a ceiling-structure architectonic device – gives clarity and direct understanding of the space as much as it allows for various activities to take place. Hanging glass-wall partitions are stored in the thickness of a furniture-wall and meant to be displayed according to a series of configurations.

ARTGINEERING

nl

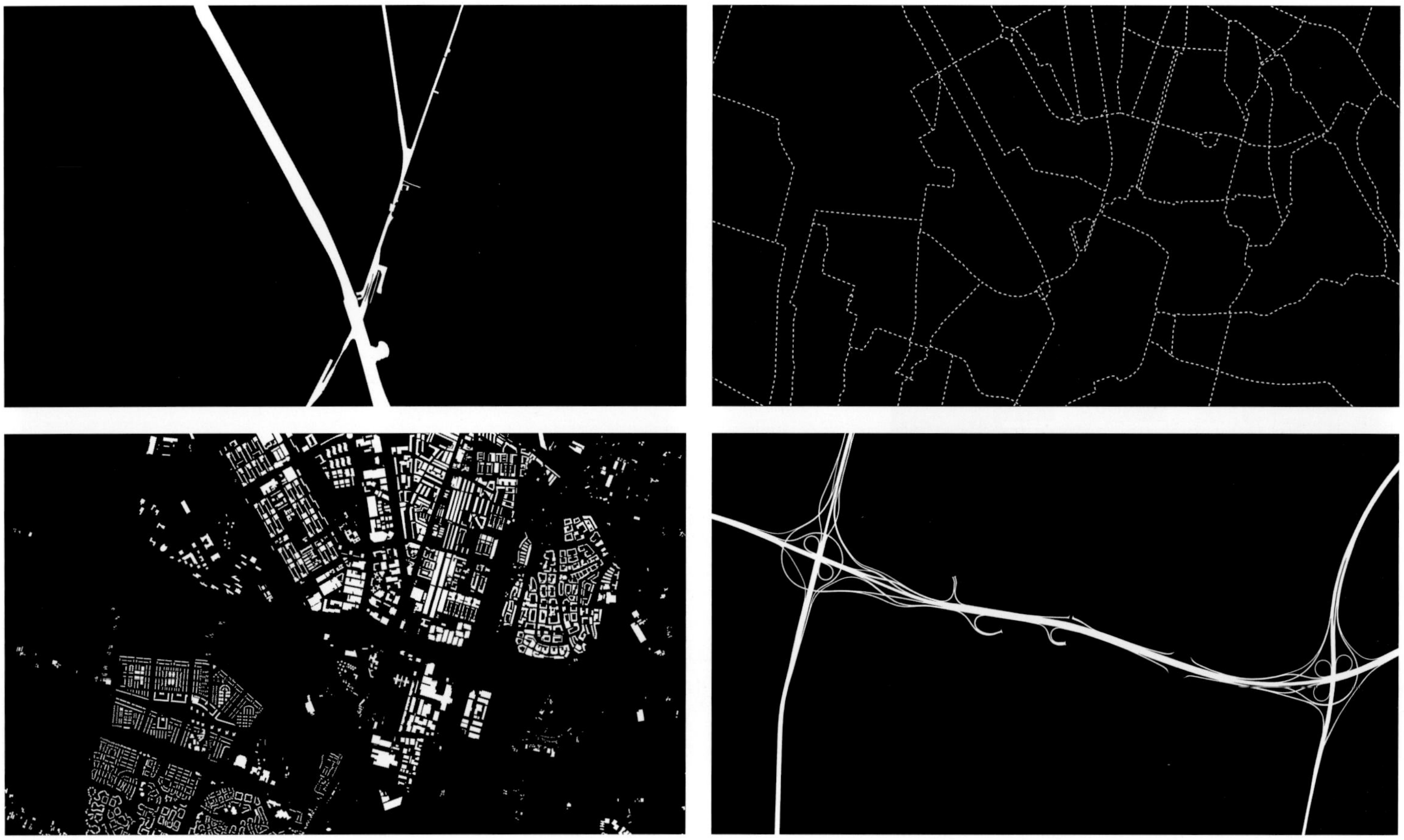

A12NU!

Sitz; *Location* ROTTERDAM, NL Gegründet; *Founded* 2001

Partner; *Partners* AGLAÉE DEGROS *1972 in Leuven, BE, graduated from St. Luc Arch Brussels, BE

STEFAN BENDIKS *1971 in Kulmbach, DE, graduated from TU Karlsruhe, DE

Gearbeitet bei; *Worked at* Buro Schie (Rotterdam), One Architecture (Amsterdam), Marc Mack (Venice, Ca.), OMA (Rotterdam), VHP (Rotterdam), Marx Steketee (Eindhoven), Dirrix (Eindhoven)

Import/Export

Die Belgierin Aglaée Degros und der Deutsche Stefan Bendiks haben einiges probiert, bevor sie schließlich Artgineering in Rotterdam gründeten. Man könnte sagen, sie haben einen europäischen Lebenslauf und Arbeitserfahrungen in Deutschland, in den Niederlanden und den USA. In den Niederlanden fanden sie aber die günstigsten Bedingungen für die Gründung eines eigenen Büros. Neben den finanziellen Fördermöglichkeiten gehörten dazu vor allem eine offene, interdisziplinäre Arbeitsweise, bei der jedem Vorschlag eine genaue Analyse und eine präzise Konzeption vorausgehen. „Architekten wollen immer sehr schnell bauen", erzählt Bendiks und Degros führt den Gedanken fort: „Wir glauben, dass eine gute Strategie aus sehr viel mehr bestehen kann als nur aus Gebäuden."

Sie hatten in den niederländischen Büros entdeckt, dass ihnen das Arbeiten an den Grenzen der Architektur zu den benachbarten Disziplinen Kunst, Stadt- und Verkehrsplanung gut liegt – und das es dafür einen Bedarf gibt. „Zwischen den überregionalen Planungen und der Architektur gibt es viel zu wenig Austausch. Meistens wird ein großer Plan Schritt für Schritt weiter ausformuliert, ohne noch einmal eine Rückkopplung zu geben. Wir betreiben im Grunde ein Import-Export-Geschäft, denn wir vermitteln zwischen all diesen Disziplinen. Wir transportieren das Wissen aus den verschiedenen Disziplinen in die jeweils andere."

Weil das noch immer eine eher ungewöhnliche Arbeitsweise ist, initiieren Artgineering ihre Projekte oft selbst, so wie die Studie über die Autobahn N4 oder die Stiftung, die sie jüngst für die zusammenhängende Raumplanung entlang der A12 gegründet haben. Sie entwickeln Strategien für das, was sie „komplexe (zwischen-)urbane Räume" nennen. Ihre Analysen integrieren politische, soziale, kulturelle und räumliche Aspekte. „Vielleicht fällt uns das leichter als anderen, weil wir beide aus verschiedenen Ländern kommen. Wir sprechen unterschiedliche Sprachen und in unserem Büro arbeiten Architekten mit Landschafts- und Stadtplanern. Alle sollen an einen Tisch kommen und ihre Wünsche und Ideen auf einen Haufen legen."

„Das Schöne an dieser Arbeitsweise ist, dass wir immer wieder große Überraschungen erleben, wie die Leute die Räume empfinden, welche Stärken und Potenziale sie dort sehen. Das gilt insbesondere für die Räume entlang von Autobahnen, die von Planern und Politikern oft schnell als ‚Un-Orte' klassifiziert werden. Wir müssen immer wieder neu lernen, bei einer Analyse so unvoreingenommen wie möglich an die Räume heranzugehen. Je mehr ein Ort mit Vorurteilen belastet ist, desto neugieriger, aufgeschlossener und unvoreingenommener muss die Analyse sein, um die bestehenden Qualitäten zu entdecken. Neugierde ist dabei sehr hilfreich – und wir sind äußerst neugierig. Interdisziplinäres und interkulturelles Arbeiten hilft einem dabei, neugierig und wach zu bleiben." Geben und nehmen, suchen und finden – Import und Export.

Aglaée Degros from Belgium and Stefan Bendiks from Germany had tried a number of things before they finally founded Artgineering in Rotterdam. They have quite an European curriculum vitae, and they have worked in Germany, the Netherlands and the USA. But the Netherlands offered the most favorable conditions for founding their own firm. Aside from financial support, factors included an open, interdisciplinary working method, in which every proposal is preceded by a painstaking analysis and a precise concept. "Architects always want to build quickly," Bendiks explains, and Degros continues the thought: "We believe that a good strategy can consist of much more than just buildings."

They discovered that their work in the areas where architecture blends into the neighboring disciplines – art, urban, and traffic planning – was well received by the Dutch firms, and that there was a demand. "There is much too little exchange between interregional planning and architecture. Usually a major plan is developed step by step, without any responsiveness. We are essentially an import-export business, bringing together knowledge from different disciplines. We transport knowledge from one discipline to the other."

Because this is still a rather unusual way of working, Artgineering often initiate projects themselves, such as the study of the motorway N4 in Belgium or the recently created foundation for unified spatial planning along the A12 in the Netherlands. They develop strategies for what they call "complex (inter-)urban spaces." Their analyses incorporate political, social, cultural, and spatial aspects. "Perhaps we find this easier than other firms, because the two of us come from different countries. We speak different languages, and architects, landscape planners, and urban planners work together in our firm. We try to bring the wishes, regulations, ideas, and demands from everyone on the table."

"The good thing about this way of working is that we are continually being surprised by how different people experience spaces and the different strengths and potentials they see in them. This is particularly true of the areas around motorways, often hastily classified as 'non-locations' by planners and politicians. Time and again, we learn to analyze spaces with as few preconceptions as possible. The more prejudices there are about a location, the more open, inquisitive and unprejudiced an analysis must be if it is to uncover its positive features. Curiosity helps – and we're very curious. Working in an interdisciplinary and intercultural way helps us to remain inquisitive and open to possibilities." Giving and taking, searching and finding – import and export.

__fh

„Das Schöne an dieser Arbeitsweise ist, dass wir immer wieder große Überraschungen erleben."

"The good thing about this way of working is that we are continually being surprised."

A12NU!

Die Gelände beidseits der A12 sind typische, infrastrukturelle Neben- und Restflächen, die vielfach „Klein-Belgien" genannt werden. Von Stadtplanern vernachlässigt, vom Volk aber eifrig genutzt, bilden sie Orte, an denen sich mit der Zeit spontan zeitgenössisches urbanes Leben entwickelt hat: IKEA und McDonalds nutzen das Potenzial dieser Räume schon lange. Hier ist alles möglich: urbane Vitalität und Dynamik durch automobile Erreichbarkeit. Die Räume an der A12 bei Utrecht gehören zu den verkehrstechnisch am besten erschlossenen Standorten in den Niederlanden.

Allerdings scheinen die zuständigen Planer nicht über die geeigneten Instrumente zu verfügen, um diese Areale zu entwickeln und zu gestalten. Häufig bleiben diese ihrer eigenen Dynamik überlassen, nachhaltige und zusammenhängende Entwicklungschancen werden verpasst. Die Studie A12NU hat bestehende Vorhaben und Potenziale ermittelt und untersucht in welchem Maße diese verbessert werden könnten. Interdisziplinäre Workshops mit Architekten, Stadtplanern, anderen Fachleuten, betroffenen Bürgern und Behördenvertretern ergaben schematische Entwürfe für drei Projekte. Die Projekte nutzen die jeweiligen spezifischen Potenziale des Gebiets, bieten aber auch eine Zukunftsperspektive für das gesamte Gebiet um die A12 von Utrecht über Nieuwegein bis Houten. Die Kombination eines Top-down-Ansatzes mit Bottom-up-Ideen für das gesamte Areal bietet die Möglichkeit, lokale Initiativen auszuweiten. A12NU stellt somit eine Fallstudie dar, die als Grundlage für die Entwicklung alternativer Strategien des Umbaus verstädterter Areale im Umfeld von Autobahnen dienen könnte.

The area alongside the A12 highway is a typical "highway area," a "drosscape," an "inter-space," often called "Little Belgium." Neglected by city planners but eagerly used by the populace, there is a self-evident contemporary form of urbanity evolving. Ikea and McDonald's have been using the potential of these areas for a long time. Anything could happen there: urban vitality triggered by car accessibility. The A12 area in Utrecht is one of the best accessible regions in the Netherlands.

However, it seems that spatial disciplines lack appropriate instruments to deal with these areas, which are then often left to their own dynamics; possibilities are wasted. The A12NU research explores existing ambitions and possibilities and examines to what extent the found possibilities and qualities can be improved. Interdisciplinary workshops resulted in schematic designs for three projects. In each workshop, designers, researchers, experts, local stakeholders, and representatives of all relevant authorities were brought together. The projects refer to the specific potential of each local situation, but also offer a perspective for the A12 zone as a whole. Bringing together this "bottom-up" approach and the "top-down" vision on the entire area allows for an upscaling of local initiatives. By doing so, visionary plans can be connected to local initiatives and vice versa. A12NU thus provides a case-study basis for developing alternative strategies for the transformation of urbanized highway areas.

A12NU!
Selbstinitiierte Studie und Stiftung;
Self-Initiated Research Project and Foundation
Entlang der A12 zwischen Utrecht, Nieuwegein und Houten, NL; *Along the A12 highway Utrecht, Nieuwegein, Houten, NL* / Seit; *Since:* 2007
www.a12nu.nl

Team: Stefan Bendiks, Aglaée Degos, Lilith van Assem, Laurens Boodt, Guerino d'Onofrio / **Auftraggeber;** *Clients:* Städte Utrecht, Houten und Nieuwegein, Provinz Utrecht, Bestuur Regio Utrecht, Steunpunt Routeontwerp, Rijkswaterstaat, Laagraven Investment, Woonboulevard Utrecht, Stimuleringsfonds voor Architectuur / **Projektpartner;** *Project Partners:* Henri van der Vegt (Metroplex), De Ontwerpers, Maurer United, Shift architecture, Atelier Kempe Thill

Park Belle Vue +

Park Belle Vue + ergänzt den neugestalteten Park hinter dem Bahnhof „Leuven Central Station" um einen regionalen Fahrradweg entlang des Bahndammes. Der Park und die Fahrradstrecke fungieren dabei als Bindeglied zwischen dem Fahrradnetz der Stadt und ihrer Umgebung. Der „Park Belle Vue +" verbindet das Stadtzentrum, das Bahnhofsviertel und den Bezirk Kessel-Lo mit Schulen, Freizeiteinrichtungen und Geschäftsvierteln unmittelbar vor der Stadt. In der Tradition des amerikanischen Stadtplaners Robert Moses kombiniert das Projekt das konstruktiv Funktionale und die infrastrukturellen Komponenten mit Landschaftsarchitektur und Parkdesign.

Park Belle Vue + extends a new to be built park behind Leuven Central Station with a regional bicycle route embedded in the railway embankment. The park and the bicycle route provide a so far missing link in the bicycle network of the city and its surroundings. The "Park Belle Vue +" connects the city centre, the station area and the neighbourhood Kessel-Lo to schools, recreational and business areas just outside the city. In tradition of Robert Moses's parkways the project combines the construction of functional and recreational infrastructure with landscape development and park design.

Park Belle Vue +
Radwegverbindung zwischen Park Belle Vue und Abdij van't Park; *Bicycle Connection between Park Belle Vue and Abdij van't Park*
Leuven, BE / 2008–2009

Team: Stefan Bendiks, Aglaée Degos, Laurens Boodt, Frank van Wijngaarden / **Auftraggeber;** *Client:* City Leuven / **Projektpartner;** *Project Partner:* H+N+S Landscape Architects, ARA / **Kosten;** *Costs:* 3.5 million Euro

LEARNING FROM LA NATIONALE 4

Lebenswerte Infrastrukturen; *Towards a Living Infrastructure*

Über Jahrhunderte war die Nationalstraße N4 (La Nationale 4) eine wichtige, dynamische, effiziente und viel befahrene Straßenverbindung zwischen Brüssel und Luxemburg. Seit dem Bau einer neuen, parallel verlaufenden Autobahn ist sie weitgehend in Vergessenheit geraten.
La Nationale 4, linking Brussels to Luxembourg, was for centuries an important road – dynamic, efficient, high-performance. With the construction of a new parallel highway, it changed into an odd, old infrastructure.

Dank zahlreicher Merkmale, die sie zu einer territorialen Besonderheit machen, hat sie jedoch bis heute Bestand.
The now secondary road fell into oblivion. Paradoxically, the N4 survived, due to numerous characteristics that make it a peculiar territorial condition.

Unser Gutachten über die N4 eröffnet neue Perspektiven für das unterschätzte Potenzial dieser Verkehrsfläche als außergewöhnlicher öffentlicher Raum, geprägt von dem Pragmatismus, mit dem er von Anwohnern und Bürgern in Besitz genommen wurde.
Our study about the N4 puts into perspective the underestimated potential of traffic space: a genuine public space, defined by pragmatic use, open for appropriation by the residents and users.

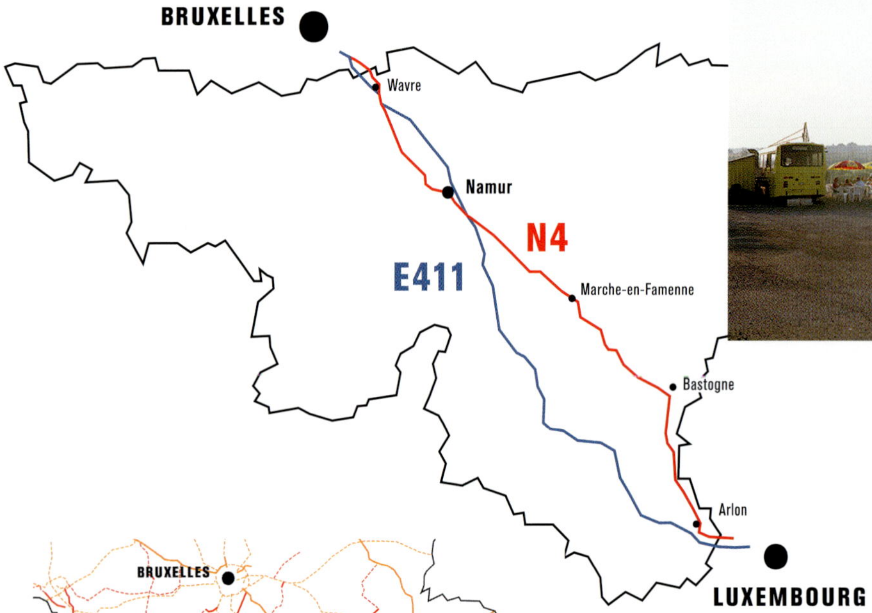

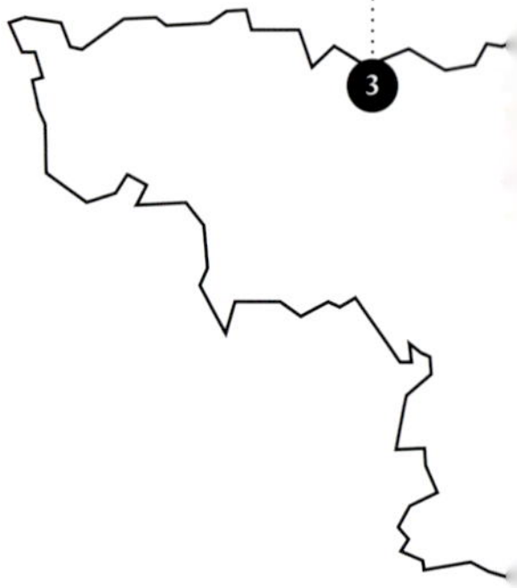

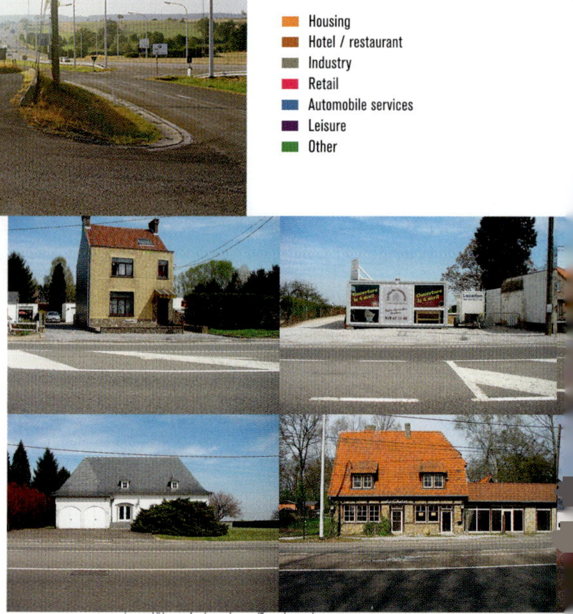

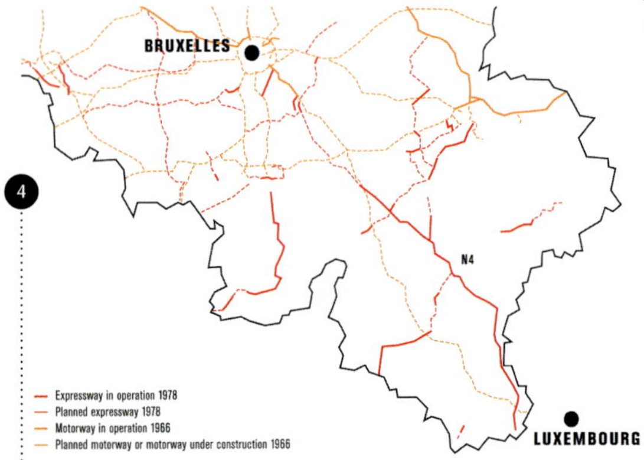

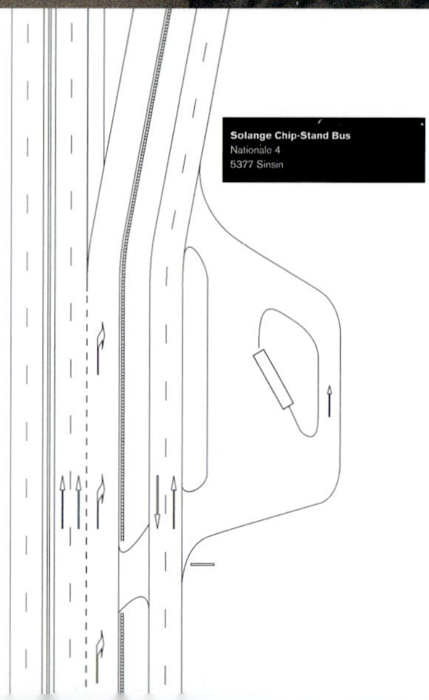

Bei Straßen- und Autobahnplanungen dominierte in den letzten Jahrzehnten der technokratische Ansatz. Andere Funktionen und Bedeutungen dieser Infrastrukturen wurden davon abgekoppelt und anderswo geplant.
Over the last decades, the technocratic approach of automobile infrastructure was predominant. Other functions and meanings of infrastructure were dissociated and "planned" elsewhere.

8

Die Anwohner haben die Straße nach ihren eigenen Bedürfnissen und sehr pragmatisch „umgenutzt". Sie wurde so sukzessiv immer stärker mit ihrer physischen und mentalen Umgebung verknüpft.
Driven by pragmatism and their own individual interests, people have effected a gradual transformation, interweaving the road more and more with its physical and mental surroundings.

Die Anwohner der N4 haben bereits begonnen, die Straße „umzubauen“. Schon allein aus der Tatsache, dass Menschen in ihrem Umfeld leben, ergibt sich ein vielfältigerer Ansatz bei der Entwicklung dieser Verkehrsfläche.
Inhabitants have already started to adapt the neglected N4. The simple fact that people, in a larger sense, live around the National 4, naturally gives rise to a more varied approach to the development of this traffic space.

Es waren nicht die Planer, sondern die Bewohner, Einzelhändler, Verkehrsteilnehmer und Angestellte, die es mit ihren eigenen bescheidenen Mitteln schafften, eine sehr gut verflochtene Infrastruktur aufzubauen.
Not the planners, but the residents, retailers, road users, and employees were the key protagonists in creating in their very own modest way, a highly integrated infrastructure.

7

Die Anwesenheit von Menschen und die Möglichkeit, dass sie adäquate Einrichtungen und Dienstleistungen entlang der Straße nutzen, sind für die nachhaltige Verbindung zwischen der Verkehrsfläche und ihrer Umgebung essenziell.
Human presence and the possibility to interact with adequate services and amenities along the road are essential to achieve genuine integration of infrastructure within its surroundings.

6

5

10

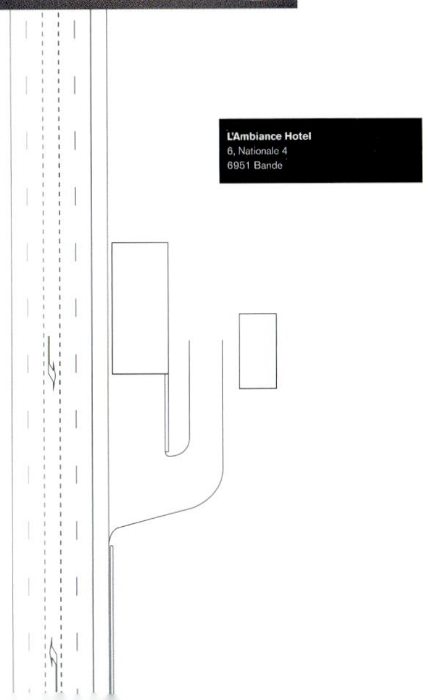

9

Mit gewissermaßem taktischem Einfallsreichtum und tatkräftigem Engagement trugen die Anwohner der N4 dazu bei, eine Verkehrsader mit hoher Akzeptanz durch die Bevölkerung zu schaffen.
Along the N4, people used a certain tactical ingenuity and actively participated in the creation of a high-capacity road infrastructure that was closely linked to the indigenous population.

Wenn infrastrukturelle Projekte wie üblich „von oben diktiert“ werden (top-down planning), sehen die Verkehrsplaner die betroffenen Anwohner eher als Teil des Problems, statt als Teil einer möglichen Lösung.
When designing infrastructure in the usual top-down way, residents are often seen more as part of the problem, than as part of a possible solution.

11

Ein Planen „von unten nach oben" dagegen ermöglicht es den Betroffenen, gemeinsam gestalterische Ideen zu entwickeln, sodass sie nicht später gegen Pläne kämpfen, die ihnen aufgezwungen wurden. Bei der Planung geht es darum, die Betroffenen vor der Entscheidungsfindung einzubeziehen – und nicht erst hinterher.
A bottom-up thinking instead allows the creation of ideas within the group of people concerned, rather than the imposition of something that they would subsequently always resist. This is about involving people before, not after decisions are taken.

Bei der Beurteilung von Infrastrukturen wird deutlich, dass die Kollektivität für unsere Umwelt und für die Art ihrer Nutzung immer noch relevant ist. Straßen werden für die Allgemeinheit gebaut. Selbst die zunehmende Vereinzelung der Menschen ändert nichts an dieser Tatsache.
If we look at infrastructure, the hypothesis that collectivity is still relevant to our physical environment and the way we use it becomes obvious. Roads are by definition created for collective use; a fact that even increasing individualization will not change.

12

Left Turn

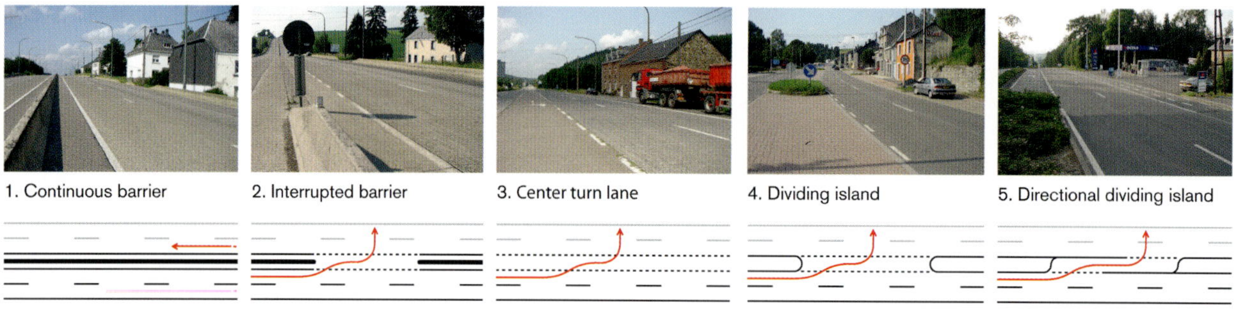

15

In Zeiten leerer Kassen, in denen noch dazu kein Bedarf an einschneidenden Planungen besteht, müssen Stadt- und Verkehrsplaner wesentlich subtiler an den Umbau der suboptimalen, aber einzigartigen räumlichen Verhältnisse um die N4 herangehen.
In times when there is no need and also no money for radical planning interventions, the transformation of suboptimal yet distinct conditions as the N4 requires a much more subtle approach on urban planning and traffic engineering.

Um flexibel auf den sozialen Kontext einzugehen, müssen alle Planungsprojekte mithilfe geeigneter Mitbestimmungsinstrumente und im konstanten Dialog mit Beteiligten und Betroffenen entwickelt werden.
In order to provide enough flexibility and reactivity to the social context, interventions should be based on a constant dialogue with the inhabitants and users through appropriate, innovative means of participation.

18

17

Ein ganzheitlicher städtebaulicher und infrastruktureller Planungsansatz ist nur möglich, wenn wir die Grenzen unserer Fachgebiete überschreiten. Jedes Projekt muss auf Dialog und Diskussion gegründet sein und damit weniger auf vorgefasste Meinungen und stärker auf den freien und offenen Austausch von Ideen.
A holistic approach to designing public space and infrastructure is only possible if we transgress the boundaries of our fields of expertise. Dialogue and discussion are essential to a project so that it is based less on predetermined ideas and more on the scope to exchange ideas.

N4 – Towards a Living Infrastructure
Entlang der Nationalstraße N4, Wallonien, BE;
Along the N4 Highway, Wallonia, BE / 2002–2006

Team: Stefan Bendiks, Aglaée Degros, Kris Schaasberg, Valerie Couillandeau, Olivier Azema, Lorenz Kirchner / **Auftraggeber;** *Client:* MET, Region Wallonien / **Mitarbeiter;** *Collaborators:* Mathieu Berger, Stefan Devoldere, Fransje Hooimeijer, Steve Jacob, Gery Leloutre, Frits Palmboom, Bas Princen / **Verlag;** *Publisher:* A16, 2007

Das Konzept des „Nachbarisierens" macht es erforderlich, neu zu definieren, was Menschen verschiedener gesellschaftlicher Gruppen darunter verstehen. Im Fall der N4 dient eine stark befahrene Durchfahrtsstraße als Referenzobjekt für ein gewisses Gemeinschaftsgefühl.
However, the idea of "neighborizing" calls for a redefinition of what a specific group of people can refer to. In the case of the N4, a heavy through road serves as a reference point for a certain collectivity.

Sie vermittelt dem Einzelnen das Gefühl, einer Ortsgemeinschaft oder einer Gruppe Gleichgesinnter anzugehören. „Nachbarisieren" bezeichnet eine Strategie der Entdeckung und Aktivierung verborgener Potenziale innerhalb einer Bevölkerungsgruppe und die Nutzung dieser Potenziale beim Entwurfsprozess.
It gives the individuals a sense of belonging to a physical or emotional community. To "neighborize" defines a strategy aimed at uncovering and activating the hidden potential of communities and make them a driving force in the design process.

13

14

Die Umstände erfordern und ermöglichen die präzise Analyse und das eingehende Verständnis der gegebenen Situation. Nur dann können spezifische, geeignete und wirksame städtebauliche Interventionen entworfen werden.
These circumstances require and allow for precise analysis and true understanding of the existing situation. Only then can specific, appropriate, and effective design interventions be developed for the given context.

Right Turn

16

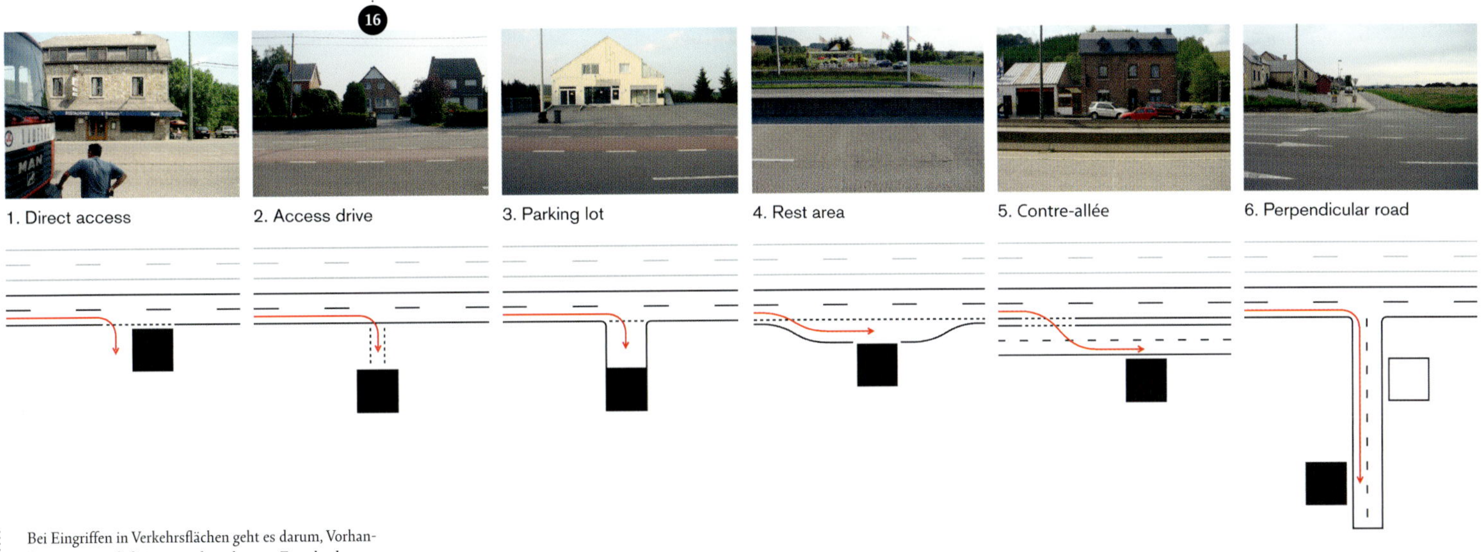

Bei Eingriffen in Verkehrsflächen geht es darum, Vorhandenes neu zu definieren und zu deuten. Es geht darum, ihre Regeln und Normen, ihre offensichtlichen Vorzüge oder Mängel auf kreative Weise zu hinterfragen.
Intervening within traffic space is about redefining and reinterpreting the given situation. It is about taking a creative view of its rules, norms, obvious qualities, or indeed constraints, whether explicit or not.

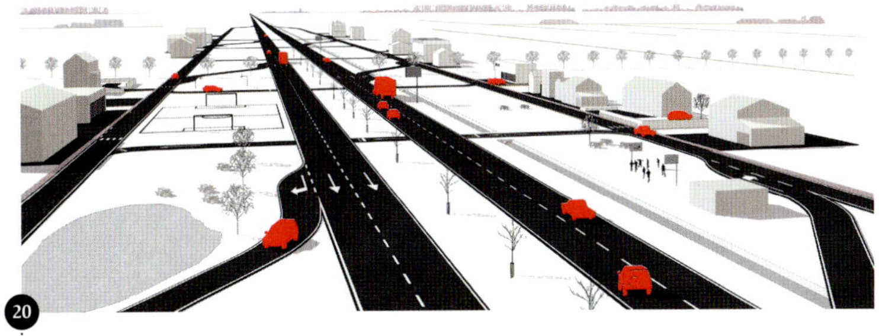

20

19

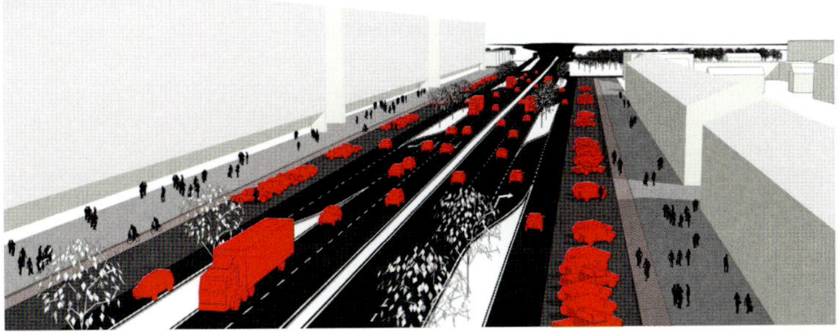

Es geht darum, bestehenden Verkehrsflächen und ihrem Umfeld ohne vorgefasste Konzepte neuen Sinn und Inhalt zu geben. In vielen Fällen resultiert die kreative Neuinterpretation realer Gegebenheiten in spezifischen, effektiven Planungslösungen.
It is to give new meaning to areas of territorial existence, without preconception. In many situations this creative reinterpretation of reality results in specific and effective design solutions with regard to the current conditions.

BEL

de

FRABA sp. z o.o

Fragen; *Questions*

Die Architekten Anne-Julchen Bernhardt und Jörg Leeser führen nicht nur ein gemeinsames Arbeitsleben, sondern sind auch privat ein Paar. Eine Geschosswohnung im Zentrum Kölns birgt ihren Lebens- und Arbeitsraum.

Bevor beide im Jahr 2000 in Köln ein gemeinsames Büro gründen, geht Anne-Julchen Bernhardt nach Berlin, Jörg Leeser zieht es nach New York. Aufmerksamkeit erlangt das Büro 2003 mit ihrem Projekt „Unter dem Pflaster der Strand“, mit dem es den Kölner Architekturpreis gewinnt. Das Projekt steht für die besondere Arbeitsweise des Büros: „BeL betrachtet Architektur als Hinterfragungsinstrument.“ Der „Rationator“ zum Beispiel ist zwar auf der einen Seite realer Entwurf eines Einfamilienhauses im Bergischen Land, untersucht aber auf der anderen Seite gleichzeitig klassische Marktmechanismen. BeL stellen sich innerhalb ihres Konzeptes die Frage: Was unterscheidet letztlich Massenfertigung von individueller Architektur?

Sitz; *Location* COLOGNE, DE **Gegründet;** *Founded* 2002

Partner; *Partners* ANNE-JULCHEN BERNHARDT *1971 in Cologne, DE, graduated from RWTH Aachen, DE, 1997, Visiting student at the Kunstakademie Düsseldorf under Elia Zenghelis

JÖRG LEESER *1967 in Essen, DE, graduated from RWTH Aachen, DE, 1997, Bartlett School of Architecture, London

Gearbeitet bei; *Worked at* Ortner + Ortner und Heide von Beckerath Alberts Architekten (beide Berlin; *both Berlin*)

Zusammenarbeit mit; *Collaboration with* b&k+ (Cologne)

Die Auseinandersetzung mit gesellschaftlich relevanten Fragestellungen, zum Beispiel nach den Voraussetzungen und der Zukunft des Wohnens, sind wichtiger Antriebsmotor des Büros. Sie hinterfragen in eigenen Texten die Aufgabe der Architektur und Funktion des Architekten. Sie stehen nicht für eine Baukunst für Eliten, sondern entwerfen Smart Price Houses, nicht nur im Auftrag der IBA Hamburg und der Arch+. Mit der Werkhalle für die Kölner Firma Fraba setzen sie ein architektonisches Markenzeichen für ein Unternehmen, das sich frei macht von internen Hierarchien und bemüht ist, eine möglichst arbeitnehmerfreundliche Umgebung zu schaffen. Des Weiteren engagieren sich BeL mit verschiedenen Vor-Ort-Aktionen für erhaltenswerte Gebäude der Kölner Nachkriegsmoderne.

Erst als wissenschaftliche Mitarbeiter, dann im Rahmen eines Lehrauftrags bzw. einer Professur sind beide an verschiedenen Hochschulen in NRW beschäftigt. Jörg Leeser ist seit Ende 2007 Vorstandsmitglied des BDA Köln.

Anne-Julchen Bernhardt and Jörg Leeser not only work together, but are also a couple in private. They live and work in a flat in central Cologne.

Before the two of them founded their joint practice in Cologne in the year 2000, Anne-Julchen Bernhardt went to Berlin and Jörg Leeser was drawn to New York. Their practice attracted attention in 2003 with their "Beach under the Pavement" project, which won the Cologne Architecture Prize. The project reflects the practice's particular way of working: "BeL sees architecture as an instrument for asking questions." The "Rationator," for example, is a real design for a detached house in the Bergisches Land, but also examines classical market mechanisms. Working within their concept, BeL ask themselves the question: what ultimately makes mass production different from individual architecture?

Addressing socially relevant questions, for example about requirements for and the future of housing, is an important driving force for the practice. They write essays examining the role of architecture and the function of the architect. They are not interested in elite architecture, but design Smart Price Houses, and not just as commissions for IBA Hamburg and Arch+. Their factory hall for the Cologne firm Fraba establishes an architectural trademark for a company that liberates itself from individual hierarchies and is concerned to create surroundings that are as employee-friendly as possible. BeL is also committed to various on-the-spot campaigns for post-war modernist buildings in Cologne that are worth preserving. Both architects work at various colleges in North-Rhine Westphalia, first as academic assistants, then with a teaching contract or chair. Jörg Leeser has been a member of the BDA Cologne board since late 2007. __an

FRABA sp. z o.o

Produktionshalle für Fraba; *Production Hall for Fraba*

Slubice, PL / 2005–2006

Mit; *With:* A.W. Polak, Gliwice, Arup Polen, Warschau / **Statik und Bauleitung**; *Statics and site management:* ARUP Warschau / **Auftraggeber**; *Client:* FRABA sp. z o.o, Slubice, Polen / **Nutzfläche**; *Usable Area:* 2,100 m²

FRABA sp. z o.o

Die Produktionshalle für die Kölner Firma Fraba, einem Hersteller von Sensoren für die Automatisierungsindustrie, stellt einen Prototyp für maximal 100 Mitarbeiter dar. Es ging neben dem Entwurf des Gebäudes auch darum, die Grundlagen des architektonischen Erscheinungsbildes der Firma zu definieren.

Das Entwurfskonzept setzt die Unternehmensprinzipien – Hierarchielosigkeit, Transparenz und Flexibilität – konsequent um. Der kreisförmige Grundriss und das dreieckige Stützenraster erlauben unterschiedliche Konfigurationen für die Montage, welche nur auf Tischen, Regalen und Rollwagen stattfindet. Über vorgefertigte Lichtkuppeln aus Polycarbonat, die 14 Prozent der Dachfläche ausmachen, wird die Halle gleichmäßig mit Tageslicht versorgt. Die einzigen Räume, die abgetrennt sein müssen – Duschen, WCs, Stillraum – sind als kleine Stahlzylinder eingestellt. Nur die Farbigkeit der Fassade, welche mit aluminiumkaschierten Bitumenbahnen verkleidet wurde, weicht von dem reinen Weiß des Innenraums ab.

This production hall in the Polish town of Slubice, commissioned by the Cologne firm Fraba, which makes sensors for the automation industry, conveys the building's design function as well as corporate principles such as freedom from hierarchy, transparency, and flexibility. The circular ground plan and triangular column grid permit different assembly principles on tables, shelves, and trolleys. Polycarbonate light domes admit even daylight. Individual spaces that have to be separated – showers, toilets, quiet room – are installed as small steel cylinders. Only the color of the façade, which was clad with aluminum-covered bitumen strips, deviates from the pure white of the interior.

Rationator

Overath ist eine Kleinstadt im Bergischen Land südwestlich von Köln, der „Rationator" ein Haus für eine fünfköpfige Familie. Es wurde auf einem lang gestreckten Grundstück am Ufer der Agger gebaut, im Auengebiet des Flusses, in dem das Wasser bei Überschwemmungen bis zu 2,5 Meter hoch stehen kann. Dieses Risiko berücksichtigte der Entwurf mit wasserundurchlässigen Baustoffen und flutsicheren Konstruktionen. Die Bauherren sind typische Vertreter der Mittelschicht mit einer Vorliebe für ortstypische Bauweisen. BeL haben für den Entwurf eingehende typologische Vorstudien betrieben, Referenzprojekte und Umgebungsfaktoren untersucht.

Overath is a small town on the edge of Cologne's suburbs. Rationator is a detached house for a family with three children. Sited on a stretched building plot along the bank of the Agger River, the house is threatened by floods up to 2.5 meters above ground level. Thus, the design anticipates possible flooding with a choice of flood resistant materials and construction techniques. The clients represent the quintessential middle-class family with an affinity to vernacular conceptions. Rationator acknowledges this generic predisposition with a choice of communication strategies and profound typological exercises.

Kaufhaus Breuer

Hellmuth Müllers viergeschossiges 50er-Jahre-Kaufhaus in Stahlskelettbauweise wurde nach über 30 Jahren Leerstand umgebaut und erhält neue Funktionen. Die neue Nutzung soll älteren Menschen die Vorzüge des urbanen Lebens näher bringen und sie zurück in die Stadt holen. Barrierefreies Wohnen, eine halböffentliche Einrichtung und Einzelhandel sollen dem Bauwerk wieder zu neuem Leben verhelfen. Im Erdgeschoss des Wohn- und Geschäftshauses gibt es wieder Einzelhandelsflächen, im ersten Obergeschoss liegt ein öffentlicher Aufenthaltsraum für die Betreuung von Kindern einkaufender Eltern durch Senioren, der auch als Büro- oder Praxisfläche umgenutzt werden kann. Die zwei Wohngeschosse sind auf die Bedürfnisse älterer und gehbehinderter Menschen abgestimmt, dort haben acht Wohnungen Platz, die als Wohngemeinschaft oder einzeln genutzt werden können.

Hellmuth Müller's four-story nineteen-fifties department store is a steel-frame structure, and was converted and acquired new functions after standing empty for over thirty years. The new use is intended to introduce elderly people to the advantages of urban life and tempt them back into town. Barrier-free living, semi-public and retail facilities aim to bring the building back to life. There are retail areas on the ground floor of this residential and commercial building once again, on the first floor is a public lounge where senior citizens look after children while their parents shop, and this can also be converted into an office or medical practice facility. The two residential floors are adapted to meet the needs of elderly and handicapped people; it provides eight flats that can be run as a flat-sharing community or individually.

Rationator

Einfamilienhaus; *Private Residence*

Overath, DE / 2003–2004

Mit; *With:* Sascha Glasl, Eveline Jürgens / **Statik;** *Statics:* Jürgen Bernhardt, Köln / **Auftraggeber;** *Client:* Jan und Beata Ruppert, Dortmund

Kaufhaus Breuer

Sanierung und Umbau; *Conversion and Refurbishment*

Grabenstraße 38 in Eschweiler, Aachen, DE /

2005 – 2006

Mit; *With:* Eveline Jürgens, Thomas Schneider + Ingenieure, Jürgen Bernhardt, Cologne, energieplan, Cologne / **Auftraggeber**; *Client:* Anna Maria + Andrea Breuer

Neue tschechische Nationalbibliothek, Prag

Der Entwurf für die neue tschechische Nationalbibliothek soll deren Nutzung vereinfachen und gleichzeitig eine öffentliche Präsenz schaffen. Während 60 Prozent der Fläche ausschließlich zur Lagerung genutzt werden, sind 20 Prozent der Öffentlichkeit zugänglich. Allein die Präsenz von zehn Millionen Büchern verleiht dem Bau eine monumentale Wirkung. Wie schon während des Barock sind Besucher und Angestellte komplett von Büchern umgeben. Mit einer Grundstruktur wird ähnlich wie bei Supermärkten ein Schema entwickelt, dass alle notwendigen Nutzungsbereiche und Abläufe vom separaten Magazinbereich bis zum öffentlichen Raum abbildet und außerdem das barocke Verständnis einer universellen Anwesenheit transportiert. Das Grundschema beruht auf einem fast zwanghaften räumlichen Raster. Sieben Geschosse befinden sich auf einer Grundfläche von 97 x 97 Meter. Tunnel verbinden jeden der öffentlichen Geschosse mit einer Höhe von 6,75 Meter zu einem Lagerzwischengeschoss von 2,30 Meter Höhe. Die Struktur wird getragen von perforierten Betonzylindern, die gleichzeitig eine vertikale Luftzirkulation und Lichtschächte beinhalten.

The New Czech National Library is a hybrid typology between utilitarian functionality and public grandeur. 60% of the floor area is solely used as storage, only 20% of the floor area is open to the public. The presence of ten million books creates monumentality by shear number. Similar to baroque libraries visitors and employees are completely surrounded by books. With generic typologies such as supermarkets as a model the scheme juxtaposes the programmatic necessities of separating magazine and public spaces with the baroque approach of universal presence. The scheme is an obsessive spatial matrix. Open in plan on a 97x97-meter square the building rises 7 floors. Voids connect each public floor of 6.75-meter height to a mezzanine storage floor of 2.30-meter height. The structure rests on perforated concrete cylinders that contain vertical circulation and light shafts.

Neue tschechische Nationalbibliothek, Prag

The New Czech National Library, Prague

Wettbewerb; *Competition* / 2006

Mit; *With:* Eveline Jürgens, Thomas Schneider, Lynn Kukelies, Jürgen Bernhardt, Cologne / **Nutzfläche**; *Usable Area:* 53,826 m^2 / **Auftraggeber**; *Client:* Tschechische Nationalbibliothek, Prag; *Czech National Library, Prague*

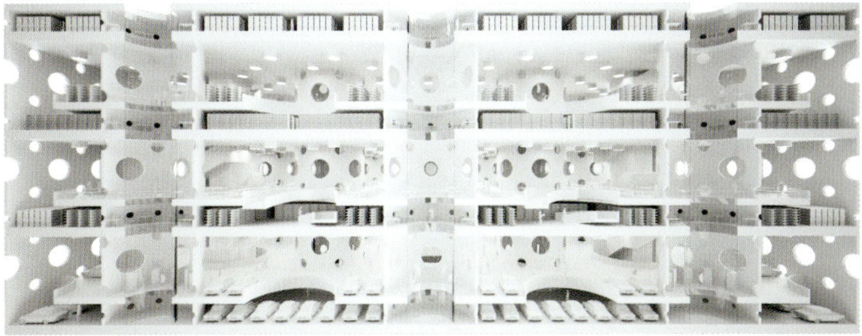

MOMENTARY MANIFESTO FOR PUBLIC ARCHITECTURE

Aktuelles Manifest der Architektur öffentlicher Bauten

1. DO

Während des Bauens zu gestalten, ist wie ein architektonischer Beta-Test. Man baut 1:1-Modelle im öffentlichen Raum, die unmittelbar als Geländegutachten, architektonische Proben und gesellschaftliche Kondensatoren fungieren. Setz Deine Praxis direkt in Theorie um. Tu das Undenkbare: Bau ein Manifest! Schreib ein Gebäude!

Design by doing is architectural beta-testing. Build 1:1 models in the public domain that function as immediate site analysis, architectural test case, and social condenser. Put your practice to theory. Do the unthinkable: build a manifest, write a building.

2. USE NEW OLD MATERIAL

Feier den Massenkonsum! Offenbare die Schönheit des Alltäglichen, indem Du alltägliche Dinge auf ungewöhnliche Weise verwendest. Schau dabei über den Tellerrand herkömmlicher Baustoffe, benutze alte Techniken mit neuen Materialien. Konstruiere gesellschaftlich Wertvolles aus wertlosem Zeug.

Celebrate mass consumption. Reveal the beauty of the everyday, by using ordinary objects in a different manner. Look beyond traditional construction materials, and re-introduce old crafts with new fabrics. Create social value from worthless stuff.

3. COOK

Lebensmittel sind soziale Baumaterialien. Essen verbindet die Menschen. Kocht, trinkt und esst gemeinsam. Ein einfacher Keks kann die Lösung für eine komplexe Aufgabe sein.

Food is social construction material. It unites people. Cook, drink, and dine together. A mere cookie can be the answer to a big brief.

4. CREATE A PUBLIC

Shakespeare sagt: „Die Welt ist eine Bühne." Architekten haben das größte Publikum der Welt. Finde heraus, für wen das Gebäude gestaltet werden soll und reagiere mit den geeigneten Maßnahmen auf diese RES PUBLICA. Öffentliche Bauten sind die Inszenierung aller Ereignisse des privaten und öffentlichen Lebens, und unsere Instrumente könnten die eines Bühnenkünstlers sein.

Shakespeare said it: "the world is a stage." Architects have the world's largest audience. Discover for whom you are designing and respond to the RES PUBLICA with the proper act. Public architecture is the staging of all events of life, and our tools can be those of performance artists.

5. MIND THE DETAILS

Jedes Detail trägt zur Atmosphäre eines Gebäudes bei. Wenn Du willst, dass die Menschen sich begegnen, binde die Flaschen zusammen und verteile sie paarweise. Auch ein Seil ist ein Stück Architektur.

All details contribute to the architectural atmosphere. If you want people to meet, tie the drinks together and hand them out in pairs. A piece of rope is architecture too.

6. ACT UNSOLICITED

Modifiziere den Auftrag, das Gebäude und den Berufsstand. Vielleicht ist es besser, leere Bürogebäude zu nutzen, anstatt neue zu entwerfen! Nutze Dein eigenes Büro rund um die Uhr, sieben Tage die Woche, und nutze es nachts als Klub. Nimm am Leben teil, anstatt an Wettbewerben.

Reprogram the brief, the building, and the profession. Consider reusing vacant office buildings rather than designing new ones. Use your own office 24/7 and program the space as club at night. Partake in society, rather than architecture competitions.

7. BE PERSONAL

Baue Beziehungen zu den Menschen auf. Sie sind die sozialen Baustoffe jeder Gesellschaft und ebenso wichtig wie Ziegel und Mörtel. Kommuniziere und erkläre Deinen Standpunkt. Bilde die Menschen fort: organisiere eine Exkursion zu unbekannten Beispielen. Geh hinaus auf die Straße und sprich mit denen, die in Deinen Gebäuden leben werden.

Establish human relationships. This social construction material is just as important as bricks and mortar. Communicate and educate. Host an excursion and exemplify the unknown. Step onto the street and speak the language of those who will live in your buildings.

8. PUT EVERYONE AROUND ONE TABLE

Unterschiedliche Menschen haben unterschiedliche Interessen. Hole die Bauherren, Projektmanager, Behördenvertreter, Bewohner und Nachbarn alle an einen Tisch, und sie werden miteinander reden. Jeder ist Amateur und Experte. Ein Amateur kann ein Experte in Sachen „Wohnen" sein, während ein kompetenter Bauherr vielleicht keine Ahnung von Architektur hat. Sorge dafür, dass über die Architektur diskutiert wird, dann wird die Diskussion zum Katalysator des Entwurfsprozesses. So schaffst Du tiefgehendes Verständnis und beschleunigst den Entwurfsprozess erheblich.

Different people have different agendas. Place the client, manager, municipality, resident, and neighbor around one table and they will communicate. Everyone is amateur and professional. An amateur can be a true expert at "residing," and a professional client may have no knowledge of architecture. Make the architecture at the table the subject of conversation and catalyst for the process. This creates mutual understanding and speeds up the design process remarkably.

9. DESIGN THE RULES AND THE GAME

Sei als Erster da. Entscheidungen über die Architektur werden schon bei der städtebaulichen Planung getroffen. Du musst schon bei diesem Prozess dabei sein, damit etwas Gutes dabei herauskommt.

Arrive early. Architectural decisions are made in the urban planning process. Design this process and ensure a great outcome.

10. PLAY THE CITY

Spiele die Stadt, statt sie zu planen. Städte wandeln sich. Beziehe die bestehenden Bürgerinitiativen in das Spiel mit ein und sorge dafür, dass deren Beiträge in die Entscheidungen „von oben" einfließen. Entwirf ein Skript, keine Blaupause. Sei der Regisseur. Lass Spielraum für Veränderungen und feier das Informelle.

Play the city, don't plan it. Cities are shifting. Incorporate existing bottom-up initiatives and let these inform the top-down. Design a script rather than a blueprint; be the director. Reserve space for change and celebrate the informal.

11. SHOW THE GENIUS OF THE LOCI

Zeige das Potenzial des Ortes mit einem über Nacht gebauten, temporären Gebäude. Schenke das Gebäude dann der Öffentlichkeit unter einer simplen Bedingung: Die Logis ist kostenlos für alle, die einen persönlichen Beitrag leisten. Die Qualitäten des Gebäudes werden sich dann vor Ort zeigen.

Reveal the potential of the place by building a temporary building overnight. Hand it over to the public, accompanied by one simple rule: a free stay in exchange for a personal contribution to the building. The qualities will show on site.

12. CONFUSE

Entwirf wandlungsfähige Bauten, die auf verschiedene Weise gelesen, verstanden und genutzt werden können. Die Menschen werden das entdecken und anfangen, selbst zu gestalten. Eine Architektur, die jedermanns Fantasie beflügelt, schafft Gelegenheiten zur Kommunikation zwischen privaten und öffentlichen Räumen – und zwischen Menschen.

Create architecture that is mutable and open to multiple interpretations. People will discover it and thereby make it their own. Architecture that confronts each person's imagination creates opportunities for communication between the private and public domain, and between individuals.

13. BE BIASED

Tritt entschieden auf. Beharre auf Deiner Meinung! Wer hört schon jemandem zu, der keine Ideen hat?

Carry a strong signature and be opinionated. Who wants to listen to someone with no ideas?

14. ABSTAIN FROM AUTHORSHIP

Huldige der Veränderung! Betrachte Architektur als frei zugängliche Quelle; als ein Geschenk, zu dem auch andere ihren Beitrag leisten sollen. Um durch Architektur menschliche Beziehungen entstehen zu lassen, muss man seine Urheberrechte freigeben.

Celebrate change. See architecture as an open source; a gift in which others are challenged to participate. In order to bring about social relationships through architecture, one has to give up copyright claims.

15. BE THE CURATOR

Der Stadterneuerung gehört die Zukunft. In bestehenden Stadtstrukturen bedeutet Architektur das Umprogrammieren von Räumen; es geht um soziale Planung, um Veranstaltungen, Sport, Bildung, Kunst und Medien. Finde geeignete Experten in diesen Bereichen und kuratiere die Stadtumgebung, in der diese Akteure zusammen wirken können.

Urban renewal is the future. Within extant city layouts, new architecture is about reprogramming; about social planning, temporary events, sports, education, art, and media. Find the right experts in these fields and curate the environment in which they can act together.

16. BE AN URBAN ARCHITECT

Auch dem öffentlichen Raum gehört die Zukunft. Die wahre Qualität der Architektur liegt meistens nicht im Gebäude, sondern im öffentlichen Raum um das Gebäude. Gestalte diesen Raum genauso sorgfältig wie eine Fassade.

The public domain is the future. Real architectural quality often does not lie in the building, but in the public domain. Design this domain as you would a façade.

17. BUILD MENTAL MONUMENTS

Es gibt immer einen Bedarf an Orten, wo Menschen zusammen kommen können. Bring Realität und Virtualität in „Pop-up-Gebäuden" zusammen, wie ein analoges Facebook oder ein reales Internetforum. Baue Monumente des Moments: Kurzlebige Veranstaltungen können in der kollektiven Erinnerung ihrer Besucher ein Leben lang lebendig bleiben.

There's always a need for places for people to gather. Combine the real with the virtual in pop-up buildings, like an analogue facebook or a physical webforum. Make momentary monuments: one-day events can last a lifetime in the collective memory of the visitor.

18. SMILE

Genieße, was Du tust und hab Spaß dabei.

Enjoy what you do and have fun.

„In unserer Vorstellung sind Architekten Spiele-Designer."

"As architects, we see ourselves as game designers."

Spieleentwickler; *Game Designer*

Die drei Architekten von DUS haben sich während ihres Studiums kennengelernt. An der TU Delft haben sie 2001 mit dem „Cocoon" ihr erstes Projekt realisiert: Eine Raumskulptur als attraktiver, irritierender „Gast", der sofort zu einem beliebten Treffpunkt wurde. Das Projekt war der Startschuss und kann heute noch als gebautes Manifest von DUS gelesen werden. Aus der spontanen Arbeitsweise hat sich inzwischen eine fröhlich-systematische Arbeitsweise entwickelt: „Unsere Architektur geht über das Bauen hinaus. Architektur hat eine signifikante soziale Verantwortung, also sind uns die Schlagworte Kommunikation, Partizipation und Diskussion wichtig. Wir suchen den direkten Austausch mit den Menschen – und das kann allen Spaß machen. Es kann wie ein Spiel oder eine Party sein. Und diese Party ist Teil der Architektur." DUS ist das Gegenteil des Architekten, der in seiner Kammer einen perfekten Plan austüftelt. Gebäude sind bei ihnen Resultate eines gemeinsamen Prozesses, sie kombinieren Architektur mit Aktionskunst und schaffen damit Treffpunkte, sie bringen die Menschen und ihre Ideen zusammen, moderieren den Prozess und modellieren daraus letztlich ihre Entwürfe.

Diese Arbeitsweise haben sie seit 2002 in einer Vielzahl von ebenso unterschiedlichen wie unterhaltsamen und durchdachten Projekten getestet und weiterentwickelt. Temporäre Installationen, Partyreihen in ihrem eigenen Büro, ein BMX-Parcours als Teil einer Ausstellung und Pavillons aus „Polentaschen", Regenschirmen oder Lüftungsschläuchen. Zu ihrem Aufgabenfeld gehören aber auch große Stadtplanungsprojekte, die sie mit derselben Leidenschaft und offenen Herangehensweise begleiten. In Workshops mit den Bewohnern werden die Ziele der Planung definiert – nicht umgekehrt. „In unserer Vorstellung sind Architekten Spiele-Designer. Wir bestimmen nicht das Resultat, sondern die Regeln des Spiels. Manchmal schummeln wir natürlich auch ein bisschen, wenn wir die Regeln aufstellen." DUS sind mit dieser Einstellung beispielhaft für eine neue Generation von Architekten, welche die Partizipation und den Prozess vor den Entwurf stellen.

The three architects involved in DUS got to know each other as students. They created their first project "Cocoon" at the TU Delft in 2001. This spatial sculpture was a kind of irresistible, provocative "parasite" that soon became a popular meeting place. This project was where it all began, and it can today still be seen as a built manifesto for DUS' strategy how to design space. A spontaneous working method has since developed into a cheerfully systematic working method: "There's more to our architecture than just building. Architecture has significant social responsibilities. Our key words are communication, participation, and discussion. We want a direct exchange with people – one that is fun for everyone. It can be like a game or a party. And this party is part of architecture." DUS is the polar opposite of those architects who sit in their offices and work out a perfect plan. For DUS, buildings are the results of a communal process, combining architecture with action art and creating meeting places, bringing the people and their ideas together, moderating the process and ultimately taking all this and modeling the design out of it.

Since 2002, they have carried out a large number of diverse, entertaining and well-thought-out projects, testing, and further developing this approach. Temporary installations, a series of parties in their own office, a BMX course as part of an exhibition and pavilions made from cheap plastic bags, umbrellas, and ventilation tubes. Their activities, however, also include large-scale urban planning projects, carried out with the same open approach and the same passion. Workshops with local residents are held before defining planning goals, not afterwards. "As architects, we see ourselves as game designers. We don't define the result, only the rules of the game. Of course, sometimes we cheat a bit with defining the rules." The game is then played – with as many participants as possible. This model makes DUS a pioneer for a new generation of architects who conduct the participation process before creating the design. __fh

Sitz; *Location* AMSTERDAM, NL **Gegründet;** *Founded* 2005

Partner; *Partners* MARTINE DE WIT *1977, NL, graduated from TU Delft, NL, 2003

HANS VERMEULEN *1977, graduated from TU Delft, NL, 2003

HEDWIG HEINSMAN *1980 graduated from TU Delft, NL, 2006

Gearbeitet bei; *Worked at* CEPT (Ahmedabad, India), Pekka Helin, NOW (Helsinki), NOX (Rotterdam), BNB, Wingerder Hovenier, Tekton (all Amsterdam)

Bardot Proviant Klub

Für eine Ausstellung über die Veränderungen der Natur und der Kultur in Grönland entwarfen DUS eine Installation, die ein wichtiges Ritual – ein gemeinsames Seehund-Essen – der Inuit inszeniert. Der Tisch ist 20 Quadratmeter groß und füllt den gesamten Raum aus, um ihn herum läuft eine Bank, auf der die Gäste dicht an dicht Platz nehmen, ähnlich wie in einem Iglu. Eine Art Schneise, wie in frisch gefallenem Schnee, führt zur Mitte des Tisches. Der Gastgeber schreitet hier zum mittig aufgebahrten Seehund, schneidet das Fleisch und verteilt es feierlich. Um Seehundfleisch anbieten zu dürfen, wurde der Bardot Proviant Klub gegründet, benannt nach der Umweltaktivistin Brigitte Bardot, Klubmitglieder durften dann an dem Ritual teilnehmen.

For an exhibition about the changing environment and traditions in Greenland, DUS designed an installation that was dedicated to an important ritual of the Inuit – a collective diner with seal meat. The table measures twenty square meters and fills the entire room. Along the walls is a long bench where the guests sit, a bit like in an igloo. A narrow aisle, like in freshly fallen snow maybe, leads to the middle of the table where the seal is presented. So the host can stand in the middle of the table, cutting and serving the seal to his guests. To be allowed to eat seal meat the Bardot Klub, named after the environmentalist Brigitte Bardot, was set up and only club members were allowed to participate in the ceremony.

Bardot Proviant Klub
Ausstellungsinstallation; *Exhibition installation*
Mediamatic Bank, Vijzelstraat 68, Amsterdam
16. Januar – 28. Februar 2010;
January, 16 – February 28, 2010

Kuratoren; *Curators:* Anya van Lit, Joost Bottema

COOK

The Prora Bakery

Für die Dauer des Internationalen Workshops installierten DUS in dem vier Kilometer langen Gebäude in Prora eine Bäckerei aus gefundenen Materialien und Gegenständen. So entstand ein Treffpunkt für die Teilnehmer des Workshops und für die Bewohner von Prora. In der Bäckerei wurden die „Prora-Kekse" kreiert, die das Gebäude im Maßstab 1:500 darstellen. Eine Bäckerei in Prora verkauft diese Kekse heute noch.

During a European workshop, DUS set up a bakery in the four-kilometer-long building of Prora with materials found on site, creating a meeting place for all artists, architects, and residents – and inventing the Prora cookies, depicting the building on a scale of 1:500. A local bakery still sells these cookies.

The Prora Bakery
Bäckerei zum Mitmachen; *Temporary, Participative Bakery*
KdF-Building, Prora auf Rügen, DE / August 2003

Im Rahmen des internationalen Workshops „Prora All Inclusive";
Part of the International workshop "Prora All Inclusive"
Projektpartner; *Project Partner:* Bäckerei Nils Peters / **Kuratoren;**
Curators: Mediamatic with Anya van Lit, Joost Bottema

Bucky Bar

Geodätische Kuppel aus roten Schirmen; *Geodesic Dome from Red Umbrellas*

Witte de Withstraat, Ecke Schiedamsevest, Rotterdam, NL / 19. Februar 2010; *February 19, 2010*

Auftraggeber; *Client:* Studio for Unsolicited Architecture (SUA), Netherlands Architecture Institute (NAI)

Bucky Bar

Eine Nacht lang bildete eine geodätische Kuppel aus roten Schirmen um eine Straßenlampe eine Bar – komplett mit DJ und Getränkeausschank. Etwa 300 Besucher tanzten zur Musik, bis die spontane Party um zwei Uhr nachts von der Polizei beendet wurde. Die Bucky Bar, der Name bezieht sich auf Buckminster Fullers ökologische Kuppeln, wurde zu dem, was DUS als „mentales Monument" bezeichnen – eine Erinnerung für die Menschen, die bei der Party waren. Also das 1:1-Modell einer sozial nachhaltigeren Zukunft.

A geodesic dome from red umbrellas, constructed around a lamppost, marked for one night the location of a bar fully equipped with a DJ and drinks. Approximately 300 visitors danced until the police ended the party at 2 am, as there was no permit. The Bucky Bar, referring to Buckminster Fullers environmentally sustainable domes, has become what DUS calls a "Mental Monument" in the memory of the people who joined the party – a 1:1 model of a socially more sustainable future.

CREATE A PUBLIC

Wedding Chapel

Die Villa Escamp ist ein temporäres, transparentes Gebäude aus Glas, das als Bezirksrathaus dient, während für dieses bis 2011 ein Neubau errichtet wird. DUS gestaltete die Hochzeitskapelle in diesem temporären Rathaus als Kuppel, die aus zwei Kilometern Lüftungsröhren „gehäkelt" wurde. Dadurch entstand eine sakrale Atmosphäre mit gedämpfter Akustik und wunderschöner Beleuchtung. Eine temporäre Lösung von der man sich wünschen würde, dass sie erhalten bleiben könnte.

Villa Escamp is a transparent glass building temporarily replacing the city hall until the new building will be finished in 2011. DUS designed the wedding chapel inside the villa as a dome crocheted with two kilometers of ventilation tubes, causing a sacral atmosphere with soft acoustics and beautiful lighting. We hope this temporary solution will last.

Cocoon
„Clubraum-Parasit"; *Lounge Parasite*
Bibliothek der TU Delft, NL;
Library of the TU Delft, NL / 2001

Auftraggeber; *Client:* TU Delft, Heleen van Heel

Cocoon

Der Fachbereich Architektur wollte einen temporären Aufenthaltsraum bauen. Drei Studenten entwarfen eine Art Kokon, der als „parasitärer Raum " in jedem vorhandenen Raum installiert werden kann. Die Außenhaut besteht aus drei Kilometern Fahrradschläuchen, die einzeln aufgeblasen werden können, sodass sich der Kokon in verschiedenen Größen und Oberflächenstrukturen aufblasen lässt und bis zu acht Personen Platz bieten kann. Es war das erste Projekt und somit die Geburtsstunde für „DUS Architects".

The Faculty of Architecture was looking for temporary social space. Three students proposed a "Cocoon," which can be installed as a parasitical space in any given location. Its skin is woven out of three kilometers of bicycle tubes that can be inflated separately, thus offering different skin patterns and accommodating up to eight people. During this project, the three students called themselves "DUS Architects."

Wedding Chapel
Standesamt, Raum für Trauungen; *Wedding Room*
Villa Escamp, Ersatzgebäude des Bezirksrathauses;
Temporary City Hall for Escamp District
The Hague, NL / 2009–2010

Auftraggeber; *Client:* RAAM, City of The Hague / **Mitarbeit;** *Collaborator:* Sandy de Lange (Häkeltechnik; *crochet expert*) / www.villaescamp.nl

Gecekondu Summerhouse Hotel

In der Türkei dürfen Häuser Marke Eigenbau nach geltendem Recht nicht abgerissen werden, wenn sie „in einer Nacht gebaut" (Gecekondu) wurden. Das Gecekondu Summerhouse Hotel von DUS entstand ebenfalls illegal über Nacht und stellt die offiziellen Planungsmethoden und inoffiziellen Nutzungen öffentlicher Räume in den Niederlanden infrage. Es besteht aus jenen großen, billigen Tragetaschen, die oft mit dem archetypischen Migranten und fliegenden Händler aus Osteuropa, Afrika oder Asien in Verbindung gebracht werden und daher von Ort zu Ort verschieden „China-Tasche", „Polen-Tasche" oder „Türken-Tasche" genannt werden. Für das Hotel wurden die Taschen mit Sand gefüllt und zu Wänden aufgestapelt. Jeder durfte gratis darin übernachten, wenn er irgendeinen Beitrag leistete: Garten- oder Putzarbeiten, Musikvorführungen, Kinderfeste, Open-Air-Kino, Ausstellungen. Offensichtlich beflügelte das Gecekondu die Fantasie von Anwohnern, Passanten, Gästen und Fans und wurde so zum Beweis für den Bedarf an informellen Orten, die allen offen stehen, um gestaltet zu werden. Das Gecekondu war in Almere, Amsterdam und Rotterdam zu Gast und jedes Mal wurde es zu einem Forum für dauerhafte menschliche Beziehungen, ein „materielles Facebook", so DUS, in dem Menschen sich begegnen, austauschen und anfreunden.

Turkish Gecekondus (built over night) are self-made buildings based on the rule that any house that is built in one night may not be torn down. DUS' Gecekondu Summerhouse Hotel was also built illegally overnight, provoking questions about formal and informal use of public space in the Netherlands. It is made of so-called China Bags, an archetypical nomadic accessory always associated with migrants, filled with sand and stacked. Guests could stay for free in the hotel if they contributed something – gardening, maintenance, music performances, plays, children's parties, outdoor cinema events, one-day exhibitions. The hotel obviously fostered the imagination of residents, passers-by, guests, and fans, and revealed a certain need for informal places that are open to contributions. It has visited Almere, Amsterdam, and Rotterdam and each time became a real temporary forum for lasting social relationships – a "physical facebook," as DUS calls it, where people meet, exchange ideas, and befriend each other.

Gecekondu Summerhouse Hotel
Hotelunterkunft aus recycelten Tragetaschen als „Zelt auf Zeit"; *Hotel of Recycled Bags as Temporary Pop-up Place*
Verschiedene Standorte in Almere, Amsterdam und Rotterdam, NL; *Various Locations in Almere, Amsterdam, Rotterdam, NL* / Seit; *Since:* 2009

BUILD MENTAL MONUMENTS

Karel Appel House

Das Karel Appel Haus bietet Künstlern die Möglichkeit, eines seiner Apartments elf Monate lang zu nutzen. Danach werden die in dieser Zeit entstandenen Werke einen Monat lang im Haus ausgestellt. DUS bauten die Zwei-Raum-Wohnungen zu Sechs-Raum-Ateliers um, indem sie fast papierdünne Stahlplatten als Zwischenwände einzogen. Von der Kunst Karel Appels inspiriert, ließen sie die Wände, Böden, Decken und Stahlwände in kräftigen Farben streichen. Mithilfe starker Industriemagnete werden die Stahlwände zu nützlichen Möbeln umfunktioniert. Jeder Künstler kann sie nach Bedarf und Belieben verwenden, und auch für die Bedürfnisse eines Ein-Monats-Museums sind sie leicht zu nutzen.

The Karel Appel house is a residency apartment house, where artists can stay for eleven months. Afterwards, they show their work in the building for one month. DUS transformed the two-room apartments into six-room studios by adding almost paper-thin steel panes as walls. Inspired by the art of Karel Appel, walls, floors, ceilings, and the steel walls are painted with intense colors. With strong industrial magnets, the steel walls become useful furniture – everyone can easily change the given canvas according to her or his short stay needs or for the use as a temporary museum.

De Wierden

Generalplan für den Umbau von 2220 Wohneinheiten (220 neue); *Master Plan for the Transformation of 2,220 Dwellings (220 New)*

Hafenviertel von Almere, NL; *Almere Haven, NL* / 2010–2022

Auftraggeber; *Client:* Ymere, de Alliantie, Gemeente Almere

DESIGN THE RULES AND THE GAME

Karel Appel House

Innenausstattung eines Künstlerhauses; *Interior for an Artists Residency Apartment Building*

Karel Appel House, Dapperbuurt, Amsterdam, NL / 2010

Auftraggeber; *Client:* De Key, Principaal, Rijksakademie, CoBrA Museum

De Wierden

Almere ist die jüngste Stadt der Niederlande und De Wierden eines ihrer ältesten Wohnviertel, das langfristig unter der Leitung von DUS in einer Mischung aus Top-down- und Bottom-up-Strategien neu gestaltet werden soll. In der ersten Phase sind die Einwohner von De Wierden aufgefordert, ihre Ideen zu einem Stilhandbuch beizutragen, das von DUS herausgegeben wird. Wie ein Kochbuch wird diese Publikation „Zutaten zur Stadt" und „architektonische Rezepte" enthalten und so den Bewohnern Anregungen für Verbesserungen an und in ihren Häusern und Wohnungen geben. Die Redaktionsräume wurden im Stadtteil eingerichtet und dienen DUS gleichzeitig als Projektbüro. So entsteht ein guter und reger Kontakt mit den Einwohnern. In der zweiten Projektphase wird DUS die Architekten betreuen, die bestehende Häuser umbauen und neue Bauten und Einrichtungen planen werden.

Almere is the youngest town in the Netherlands and De Wierden is one of its eldest dwelling areas. Its long-term transformation will be supervised by DUS, whose strategy consists of a mixture of bottom-up and top-down elements. In the first phase, inhabitants of De Wierden are invited to partake in the development of a style book, edited by DUS. Resembling a cookbook, this publication will contain urban ingredients, architectural recipes and (D.I.Y.) home improvement/alteration advice. The stylebook editorial house is located in De Wierden and is DUS' local base during the project, which encourages good and close contact with the residents. In the second phase, DUS will supervise the architects that will work on the transformation of existing houses and the design of new buildings and facilities.

FAR
FROHN&ROJAS

de

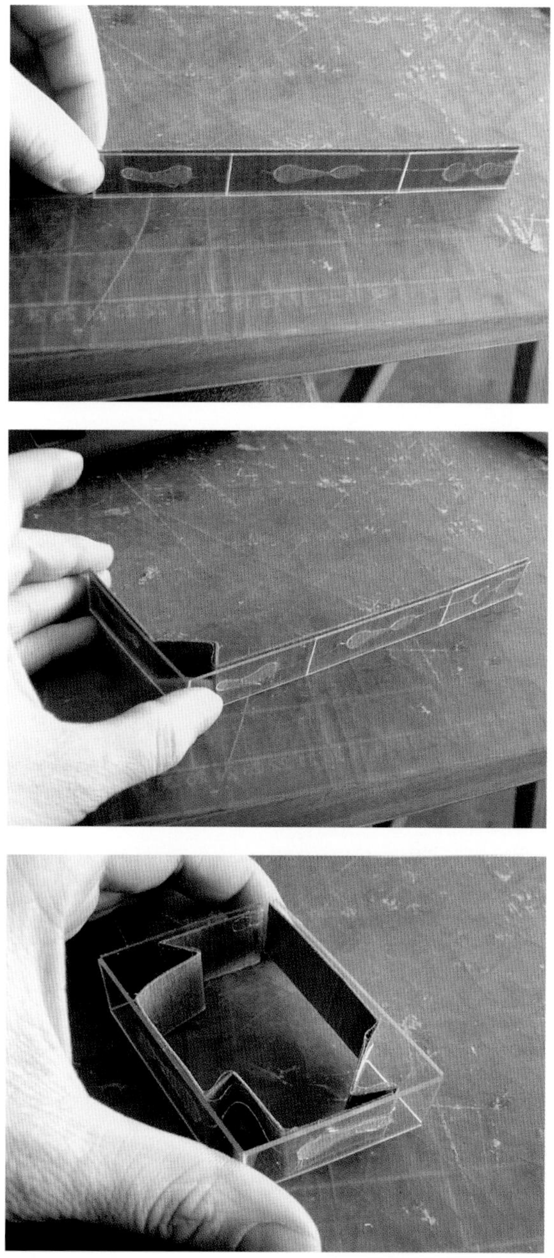

Wall House

Sitz; *Location* COLOGNE, DE **Gegründet**; *Founded* 2004

Partner; *Partners* MARC FROHN *1976 in Krefeld, DE, graduated from University of Houston, TX, USA, 2001

MARIO ROJAS TOLEDO *1973 in Leverkusen, DE, graduated from RWTH Aachen, DE, 2002

Gearbeitet bei; *Worked at* OMA / Rem Koolhaas (Rotterdam), gmp Architekten (Aachen), Oscar Niemeyer (Rio de Janeiro)

Zusammenarbeit mit; *Collaboration with* b&k+brandlhuber (Cologne), bgp arquitectura (Mexico City), Bernar do Gómez-Pimienta (Mexico City)

Kontext 2.0; *Context 2.0*

Köln, Santiago de Chile, Los Angeles – das sind die drei Standorte, von denen aus Marc Frohn und Mario Rojas Toledo FAR betreiben. Ab September 2010 ersetzt das Zentralbüro in Berlin ihre Dependance in NRW. Der Name des Büros spiegelt sowohl die geografische Verbreitung des Büros als auch den erweiterten inhaltlichen und thematischen Wirkungsbereich ihrer Projekte wider. Kennengelernt haben sie sich während des Studiums in Aachen. Aufgrund der schlechten Rahmenbedingungen für junge Architekten verlassen sie Deutschland in unterschiedliche Richtungen. Sie suchen architektonische Abenteuer in Italien, den Niederlanden, den USA, in Brasilien, Mexiko und Chile. Im Ausland wird ihnen wesentlich mehr Vertrauen entgegengebracht und so erhalten sie 2004 ihren ersten Auftrag – das „Wall House" in Santiago de Chile. Marc Frohns konzeptionelle Stärken verbinden sich mit Mario Rojas technischem Gespür – sie gründen ihr eigenes Büro: Ein Netzwerk über zwei Kontinente, das ohne das Web 2.0 kaum handlungsfähig wäre.

Ziel der beiden ist es, aus geografischen, kulturellen und technologischen Widersprüchen eine vielschichtige Architektur zu entwickeln. FAR frohn&rojas überprüfen mit jedem Projekt die ihm eigenen formalen Zwänge: ökologische, wirtschaftliche sowie kulturelle Rahmenbedingungen. Darin sehen sie ihre größte Herausforderung – die Auseinandersetzung stimuliert ihre Entwurfsarbeit. Sie geben Materialen neuartige Formen, überprüfen sie auf bisher unübliche Funktionen und experimentieren innerhalb der Rahmenbedingungen. Dabei sind sie auf die enge Vernetzung der einzelnen Standorte mit lokalen Spezialisten sowohl innerhalb der Architektur als auch in anderen Disziplinen, Branchen, Firmen und Kultur- sowie Bildungseinrichtungen angewiesen.

Cologne, Santiago de Chile, Los Angeles – these are the three locations from which Marc Frohn and Mario Rojas Toledo run FAR. As of September 2010 the head office in Berlin will replace the location in North Rhine-Westphalia. The name of the practice reflects both its geographical range and also the broad thematic scope and content of its projects. The two men met while studying in Aachen. Because prospects for young architects were so poor, they left Germany in various directions. They looked for architectural adventures in Italy, Holland, the USA, in Brazil, Mexico, and Chile. They engendered a great deal more trust abroad, and so got their first commission in 2004 – the "Wall House" in Santiago de Chile. Marc Frohn's conceptual strengths combine well with Mario Rojas's nose for technology – they set up their own practice: a network over two continents, which could scarcely function without Web 2.0.

The two men aim to develop complex architecture from geographical, cultural, and technological contradictions. FAR frohn&rojas examine the formal constraints inherent in every project: general ecological, economic, and cultural conditions. This is where they see their greatest challenge – addressing it stimulates their design work. They shape materials innovatively, text them for functions they have not performed hitherto and experiment within the general conditions. Here they rely on close networking at the individual locations with local specialists both inside architecture and also in other disciplines, industries, companies and cultural and educational institutions. __an

Deutsche Botschaft Belgrad
Neubau Kanzleigebäude der Deutschen Botschaft in Belgrad; *New Chancellery Building for the German Embassy in Belgrade*
Belgrad, RS

Mit; *With:* Max Koch, Martin Kraushaar, Friedrich Prigge, Marina Stoynova, Ulrike Stier, Niels Rosteck, Downie Consulting Engineers, FKJ, IB Paulus, Stütz

Deutsche Botschaft Belgrad

Ein Botschaftsgebäude ist auf der einen Seite Katalysator von Kommunikation und Dialog, auf der anderen Seite angreifbares Ziel, das es zu sichern gilt. Der Entwurf für die Fassade des Gebäudekomplexes reagiert gleichzeitig auf die Frage der Sicherheit und der Offenheit. FAR nutzen hier Materialien und Technologien aus dem Sicherheitssektor und entwickeln aus diesen architektonisch ästhetische Elemente. Sie schaffen eine sogenannte SACRIFICAL FAÇADE in Richtung Stadt, eine porös aufgeschäumte Aluminiumhaut, deren Material im Falle eines Anschlags zerstört wird, um die dahinter liegende, mit zwei Schichten von Glasblöcken ausgefachte Betonstruktur zu schützen. Während des Tages strahlt diese ein angenehmes Reflexionslicht ab, während sie in den Morgen- und Abendstunden zufällige Einblicke in das Gebäude gestattet.

An embassy building is a catalyst for communication and dialogue, but it is also a vulnerable target that has to be secured. The façade design for this complex responds to both the security question and the matter of openness. Here FAR are using materials and technologies from the security sector and developing these as aesthetic architectural elements. They are developing a so-called SACRIFICIAL FAÇADE *on the town side, a porous aluminum foamed skin whose material is destroyed in the event of an attack in order to protect the concrete structure filled with two layers of glass blocks behind it. During the day, it throws back pleasant reflected light, and admits diffuse glimpses of the interior in the morning and evening.*

Wall House

Nach langjährigem Aufenthalt in Deutschland wünscht sich ein chilenisches Ehepaar ein Wohnhaus in der Heimat. FAR errichten in einem Vorort von Santiago de Chile, unweit des Pan-American Highway, ein zweigeschossiges Gebäude, das wie eine Mischung aus Zelt und Haus wirkt. Die Besonderheit des „Wall House" – es besitzt keine klassischen Wände, sondern vier verschiedene Wandschichten, die über unterschiedliche Qualitäten und Funktionen verfügen. Die erste Schicht ist ein Stahlbetonkern, die zweite Schicht besteht aus raumbildenden Holzbauelementen, während die dritte Schicht aus Polycarbonat den Raum umschließt. Die äußerste Schicht aus Gewebe umspannt das Gebäude wie ein Zelt. Die Varianz innerhalb der Eigenschaften bestimmt maßgeblich Raumklima und Atmosphäre des etwas anderen Alterswohnsitzes mit Blick auf die Anden.

After spending years in Germany, a Chilean couple wanted a house in their homeland. FAR are building this two-story structure, which looks like a mixture between a tent and a house, in a suburb of Santiago de Chile, not far from the Pan-American highway. The special feature of the "Wall House" – it does not have classical walls, but four different wall layers with different qualities and performing different functions. The first layer is a reinforced concrete core, the second consists of space-creating timber elements, while the third layer, in polycarbonate, encloses the space. The outermost layer, in fabric, spans the building like a tent. The various material qualities to a large extent determine the interior climate and atmosphere in this somewhat unusual retirement home with a view of the Andes.

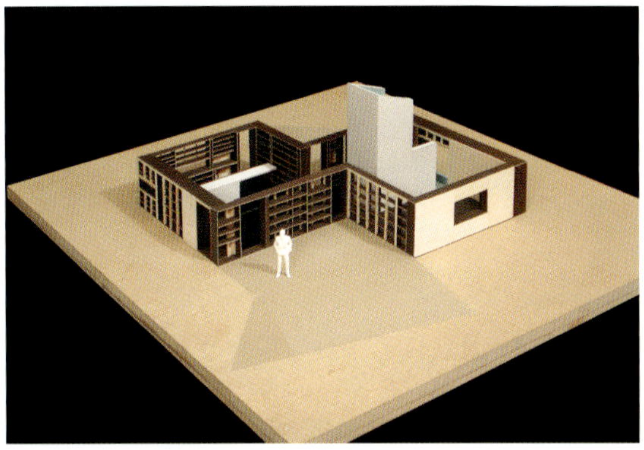

Wall House

Wohnhaus; *Private House*

Santiago de Chile, CL / 2004–2007

Mit; *With:* Amy Thoner, Pablo Guzman, Isabel Zapata / **Ausführungsplanung Holz;** *Structural Planning Wood:* Ingewag Limitada, Santiago, Ing. civil. Mario Wagner / **Ausführungsplanung Beton;** *Structural Planning Concrete:* Ing. Ernesto Villalon, Santiago, HWAC Central TechnoPlus, Vaillant / **Gebäudetechnik;** *Building Technology:* Nelson Quilaqueo, Christian Aguirre

KOMMA4 ARCHITEKTEN

de

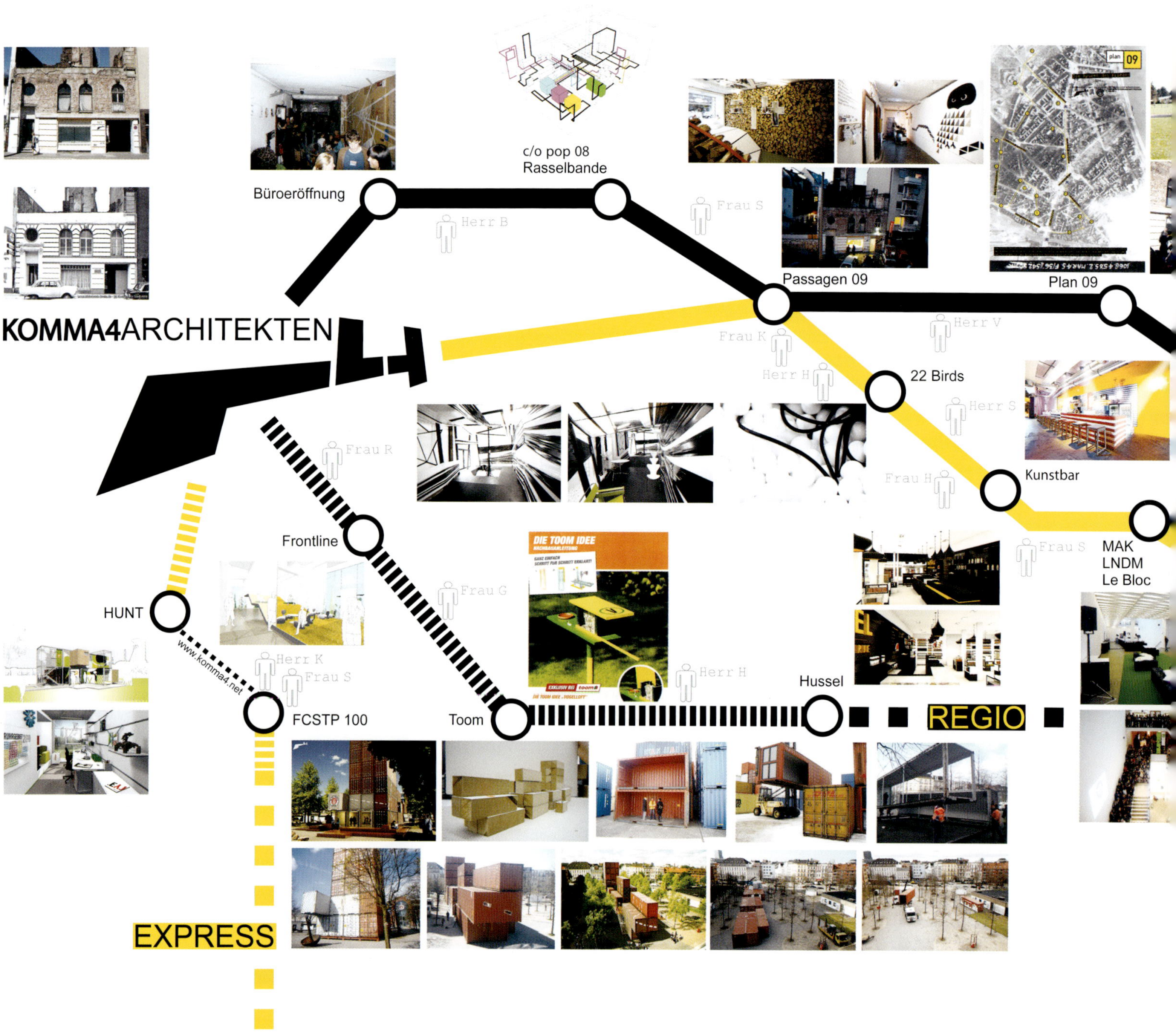

Sitz; *Location* COLOGNE, DE **Gegründet**; *Founded* 2007

Partner; *Partners* PATRICK PÜTZ *1972 in Mönchengladbach, DE, graduated from Münster School of Architecture, DE, 2002

JOCHEN REETZ *1974 in Mönchengladbach, DE, graduated from Bauhaus Universität Weimar, DE, 2006

Prinzip Zufall; *Random Principle*

Ein kleines Ladenbüro im Zentrum Kölns – das Schaufenster funktioniert noch fast als solches, in der Auslage findet man Kieznews und aktuelles über den FC St. Pauli, von befreundeten Designern entworfene Babyschuhe werden angeboten. Im Inneren arbeiten KOMMA4 Architekten. Extrem niedrige Decken, fast zu wenig Arbeitsfläche konnten Patrick Pütz und Jochen Reetz nicht davon abhalten, ein großartiges Setdesign für ihren Arbeitsraum zu schaffen. Setdesign ist aber nur ein Teil ihres architektonischen Repertoires. Wie viele junge deutsche Büros suchen auch sie nach Nischen, Projekten jenseits der klassischen Architektur. Für die Baumarktgruppe Toom entwerfen sie Selbstbauanleitungen für Vogelhäuser, für den Fußballverein St. Pauli ein temporäres Museum aus Containern, für Veranstaltungsreihen inszenieren sie höchst anschauliche Pecha Kucha Vorträge. Die Sprünge zwischen den verschiedenen Maßstäben sowie das interdisziplinäre Zusammenspiel unterschiedlicher Tätigkeitsfelder und Auftraggeber bestimmen ihren Büroalltag. Der klassische Hochbau ist für die beiden nur eine Facette der Architektur.

Ihr Büro haben sie eher zufällig gegründet: „Eigentlich hatten wir es nur beide zur selben Zeit satt, unsere Arbeit als freie Architekten immer zwischen nicht gemachtem Bett und leeren Pizzakartons zu machen. Also suchten wir zusammen einen Arbeitsraum, den wir im Januar 2007 in einem Ladenlokal fanden. Für den gemeinsamen Mietvertrag hatten wir schon eine GbR gegründet, und dass wir als Team gut harmonieren, merkten wir in den Monaten der Renovierung, in denen wir uns gegenseitig bei unseren Projekten unterstützten, wenn die Zeit knapp wurde. Dann brachten wir unsere Kontakte und Projekte zusammen und einigten uns darauf, alle Kosten und Gewinne 50:50 zu teilen. Ein gewonnener Wettbewerb (‚mobile working spaces') und unsere beiden völlig unterschiedlichen Netzwerke bildeten dann die Basis für den gemeinsamen Bürostart."

A little shop-style office in central Cologne – the shop window still almost functions as such, the display features local news and topical material about FC St. Pauli, baby shoes by designer friends are on show. Inside is the KOMMA4 architecture practice. Extremely low ceilings and almost too little workspace did not deter Patrick Pütz and Jochen Reetz from creating a large set design for their workroom. But set design is only one part of their working repertoire. Like many young German practices, they too look for niches and projects that lie beyond classical architecture. They design self-assembly instructions for bird houses for the Toom do-it-yourself store group, a temporary museum built of containers for the St. Pauli Football Club, and they also present vivid Pecha Kucha presentations for event series. Leaping between these various different scales and the interdisciplinary interplay between various spheres of activity and clients define the everyday life of the practice. The classical building represents only one facet of architect for both of them.

They founded their practice almost randomly: "Actually we just both got fed up at the same time with always doing our work as free-lance architects between an unmade bed and empty pizza cartons. So we looked out for a workspace together, and found one in shop premises in January 2007. We had already set up a company under civil law for our joint rental contract, and we established that we worked well as a team during the renovation months, when we supported each other on projects when time was running out. Then were brought our contacts and projects together and agreed to split all expenses and profits 50:50. Then we won a competition ('mobile working spaces'), and that and our two completely different networks then formed the basis for our joint practice launch." __an

Büro KOMMA4

Renovierung und Umbauten; *Renovation and Transformations*

Maybachstr. 159, Cologne, DE / 2007 / 2009

Büro KOMMA4

Das Ladenlokal in einem Wohnhaus inmitten von Köln, das Patrick Pütz und Jochen Reetz 2007 als Standort ihres zukünftigen Büros wählen, ist in einem sehr schlechten Zustand. Die aufwendige Renovierung beansprucht ca. zwei Monate. Innerhalb dieser Zeit kommt es auch zur namentlichen Bürogründung von KOMMA4. Mit einer Eröffnungsfeier im Juli des gleichen Jahres startet das frisch gegründete Architekturbüro die gemeinsame berufliche Zukunft.

Im Rahmen der Passagen 2009 (Interior Design Week Köln) werden die Büroräumlichkeiten noch einmal umgebaut. Drei Tage lang wird mit tatkräftiger Unterstützung vom Gleich-Magazin, DJ's, Cocktails, vielen Gästen und der Nachbarschaft ausgiebig gefeiert.

The store in the city center of Cologne is in very bad conditions in 2007, when Patrick Puetz and Jochen Reetz choose to transform it into their future office. The complex renovation work takes about two months. During those days, the office finds its name KOMMA4. Within the same year the architectural studio starts with a foulminant opening in its professional future.

Two years later, as part of Passagen 2009 (Interior Design Week Cologne) the location faces another transformation. Extensive celebrations take place for about three days, supported by Gleich-Magazine, Dj's, cocktails, party friends and neighbors.

Die Spuren des Krieges

Im Rahmen der Ausstellungs- und Veranstaltungsreihe „plan – Forum aktueller Architektur in Köln“, die sich in Köln seit 1999 als jährlich wiederkehrender Termin an ein möglichst breites Publikum richtet, haben KOMMA4 einen etwas anderen Stadtrundgang konzipiert. Wie viele andere Städte war auch Köln am Ende des Zweiten Weltkrieges von enormen Zerstörungen betroffen. Wenige Vorkriegsbauten blieben erhalten. KOMMA4 haben sich auf die Suche nach diesen Spuren des Krieges gemacht und gemeinsam mit Patrick Folkersma und dem Verein Arbeitsgemeinschaft Festung Köln einen geführten Rundgang durch die Neustadt-Nord ausgearbeitet.

KOMMA4 have come up with a somewhat different city tour as part of the "plan – Forum aktueller Architekture in Köln" (plan – Forum for contemporary architecture in Cologne) exhibition and events series, which has aimed to attract the widest possible public interest as an annually recurring fixture since 1999. Like many other cities, Cologne was badly damaged at the end of the Second World War. Few pre-war buildings survived. KOMMA4 set off in search of these traces of the war and devised guided tour on foot through Neustadt-Nord, working with Patrick Folkersma and the Verein Arbeitsgemeinschaft Festung Köln.

Die Spuren des Krieges

Stadtrundgang; *Traces of War, City Tour*

Kölner Innenstadt, DE; *Central Cologne, DE* /

25.09. – 02.10.2009

Auftraggeber; *Client:* plan09 – Forum aktueller Architektur in Köln

Hunt

1. Platz Realisierungswettbewerb 2007, „Mobile working spaces – Temporäre Bauten als Raumangebote für Gründer"; *1st place in the 2007 "Mobile Working Spaces – Temporary Buildings as Space for Founders" Competition*

Zeche Zollverein, Essen, DE / 2007

Auftraggeber; *Client:* Entwicklungsgesellschaft Zollverein mbH

Hunt

„Innovativ, experimentell, ungewöhnlich. Auf dem Gelände des Welterbes Zollverein sollten ab Sommer 2010 junge, kreative Unternehmen in die ersten ‚Mobile Working Spaces' einziehen. Modulare Strukturen abseits des Gewöhnlichen, die von Teams aus Architekten und Studenten bestehend entwickelt und von namhaften Unternehmen der Baubranche unterstützt werden sollten" – so sah es die Idee der Entwicklungsgesellschaft vor. Mit ihrem Entwurf eines modernen Bürogebäudes aus gestapelten Überseecontainern gehörten KOMMA4 zu den Preisträgern des Wettbewerbs.

"Innovative, experimental, unusual. Young, creative enterprises were to move into the first 'Mobile Working Spaces' on the Zollverein World Heritage site from summer 2010. Unusual modular structures to be developed by teams made up of architects and students and supported by distinguished construction companies" – that was the idea put forward by the development company. KOMMA4's design for a modern office building made up of stacked export containers put them among the competition prizewinners.

FC St. Pauli

Der FC St. Pauli feiert 2010 sein 100-jähriges Bestehen. Grund genug, die Geschichte und Kultur des sympathischen Kiezvereins in einem temporären Ausstellungsgebäude zu dokumentieren und zu vermitteln. KOMMA4 funktionieren aus diesem Grund 46 gebrauchte Seecontainer zu „Seh-Containern" um. Auf ca. 500 Quadratmetern Ausstellungsfläche und auf mehreren baulichen Ebenen wird der Mythos St. Pauli mit seinen Leistungen auch jenseits des sportlichen Erfolges vorgestellt.

The St. Pauli football club is celebrating its one hundredth anniversary in 2010. Reason enough to document and mediate the history of this appealing club with a local following in a temporary exhibition building. To do this, KOMMA4 adapted forty-six used sea-containers as "see-containers." The St. Pauli myth and the club's non-sporting achievements are presented over approx, 500 square meters of exhibition space and on several levels.

FC St. Pauli

Temporäres Museum; *Temporary Museum*

Stadionvorplatz des FC St. Pauli, Hamburg, DE;

FC St. Pauli Stadium Forecourt, Hamburg, DE /

Sommer 2010; *Summer 2010*

LAB[AU]

be

Binary waves

Sitz; *Location* BRUSSELS, BE Gegründet; *Founded* 1997

Partner; *Partners* MANUEL ABENDROTH *1969 in Wels, AT, graduated from ISACF La Cambre architecture, Brussels, BE, 1998

JÉRÔME DECOCK *1973 in Brussels, BE, graduated from IAD – Institut des arts de diffusion, 1992, ISACF La Cambre architecture, Brussels, BE, 1996

ELS VERMANG *1981 in Leuven, BE, graduated from Royal Academy of Antwerp – Department Design Sciences HVDV, 2004, Master in Architecture (Royal Academy of Antwerp – Department Design Sciences HVDV), 2004, Higher Degree in Piano (Local Music Conservatorium Leuven) 1989–1999

MetaDeSign

Manuel Abendroth und Jérôme Decock, ein deutscher Architekt und ein belgischer Künstler, gründeten 1997 LAb[au]. Seit 2003 ergänzt die belgische Architektin und Musikerin Els Vermang die Künstlergruppe. Im Namen LAb[au] verbirgt sich eine phonetische und eine schriftliche Lesart – einerseits die französische Kurzform LABO, die für ein experimentelles Arbeiten und Gestalten steht, und andererseits für den BAU von Projekten.

LAb[au] wollen den Einfluss von Technik auf Formen, Methoden und Inhalte der Kunst erforschen. Von der Architektur ausgehend, setzen sich ihre Arbeiten vorwiegend damit auseinander, wie Räume im Informationszeitalter gestaltet, erlebt und gedacht werden können. Ihr Hauptaugenmerk liegt auf der Verbindung von Architektur, Licht und Informationstechnologien, es geht meistens um die Gestaltung von Prozessen und Systemen, die auf einer Reihe von Regeln basieren – Architektur als Code. Diese Methode beschreibt LAb[au] mit dem Begriff „MetaDesign", ein von technischen und künstlerischen Parametern bestimmtes Gestalten. Es beschäftigt sich mit der Umsetzung von Informationen und deren Prozessen in textuelle, grafische, visuelle und räumliche Artefakte.

Die Verbindung von theoretischem und praktischem Gestalten führte 2003 zur Gründung ihrer eigenen Galerie „MediaRuimte" für elektronische Kunst im Zentrum von Brüssel, in die sie auch ihr Büro verlagerten. In der Galeriearbeit zeigt sich die für LAb[au] typische Arbeitsweise des disziplinübergreifenden Denkens. LAb[au] nehmen mit ihren Projekten und der Galerie eine Sonderstellung innerhalb der Architekturszene Brüssels ein.

Manuel Abendroth and Jérôme Decock, a German architect and a Belgian artist, founded LAb[au] in 1997. The Belgian architect and musician Els Vermang has been part of this group of artists since 2003. The name LAb[au] can be read both phonetically and literally – on the one hand we have the French abbreviation LABO, which suggests experimental work and design, and on the other hand the German BAU – building – suggesting the construction of projects.

LAb[au] intend to research the influence of technology on the forms, methods and subject matter found in art. Starting with architecture, their work is mainly concerned to address how spaces can be designed, experienced, and conceived in the information age. They look most closely at the combination of architecture, light, and information technologies, usually in terms of designing processes and systems based on a series of rules – architecture as code. LAb[au] defines this method as "MetaDesign," design determined by technical and artistic parameters. It is concerned with translating information and its processes into textual, graphic, visual, and spatial artifacts.

In 2003, combining theoretical and practical design led to the foundation of their own "MediaRuimte" electronic art gallery in central Brussels, to which they also moved their office. The gallery work shows the typical LAb[au] approach of thinking beyond the boundaries of particular disciplines. LAb[au] projects and their gallery occupy a special position on the Brussels architectural scene. __an

Binary waves

Kybernetische Installation; *Cybernetic Installation*

Saint-Denis, Paris, FR / 2008

Binary waves

Die Installation „fLUX, binary waves" basiert auf der Messung von Verkehrs- (zum Beispiel Passanten, Fahrzeuge) und Kommunikations-Strömungen (zum Beispiel elektromagnetische Felder von Mobiltelefonen, Radios), die in Licht-, Ton- und Bewegungsaktionen übertragen werden. Die Installation wurde 2008 für den Bahnhofsvorplatz von Saint-Denis, ein Vorort von Paris, konzipiert. Eine leere Wand mit bühnenähnlichem Charakter am Seine-Kanal wird zur kinetischen Lichtwand, die aus 40 sich um ihre vertikale Achse drehenden Leuchttafeln von drei Meter Höhe und 60 Zentimeter Breite besteht. Die einzelnen Tafeln drehen sich unterschiedlich schnell und geben so optische Wellenmuster zu erkennen, was durch ihre schwarzen und weißen Oberflächen noch verstärkt wird. Diese Wellen oszillieren von einer Seite der Installation zur anderen, verlangsamen sich zunehmend, bis ein neuer Impuls wieder eine neue Wellenbewegung hervorbringt. Dazu leuchten in unregelmäßigen Abständen rote und weiße Lichtlinien auf, die durch kurze Töne untermalt werden.

The "fLUX, binary waves" installation works by measuring streams of traffic (e.g., passers-by, vehicles) and communications (e.g., electromagnetic fields from mobile phones, radios), which are converted into light, sound, and movement. The installation was conceived in 2008 for the station forecourt in Saint-Denis, a suburb of Paris. An empty wall rather like a stage set by the Seine canal becomes a kinetic light wall consisting of forty illuminated panels three meters high and sixty centimeters wide, turning around their vertical axis. The individual panels turn at different speeds thus creating visual wave patterns, further reinforced by their black and white surfaces. These waves oscillate from one side of the installation to the other, slowing down increasingly until a new impulse produces another new wave movement. As well as this, red and white lines of light are illuminates an irregular intervals, and these are accentuated by short sounds.

framework f5x5x5 ed.1
Lichtinstallation – fünf Computer im Netzwerk;
Light Installation – Five Networked Computers
2007–2009

6750 LED's, 250 Servomotoren, 50 Infrarot-Sensoren, Aluminium, Plexiglas; *6,750 LED's, 250 servo motors, 50 infra-red sensors, aluminium, Plexiglas* / **Computerprogrammierung;** *Computer Programming:* basic & C++ / **Größe;** *Size:* 1,020 x 85 x 215 cm

framework f5x5x5 ed.1

Framework ist eine kinetische Lichtskulptur, bestehend aus fünf Modulen, die wiederum in fünf horizontale und fünf vertikale quadratische Rahmen, englisch: FRAMES, unterteilt sind. Dies führt zu einem Raster von 5x5x5 = 125 Rahmen. Jeder dieser Rahmen enthält einen weiteren Rahmen, der um seine vertikale Achse gedreht werden kann. Dieser Rahmen enthält seinerseits einen gefüllten quadratischen Rahmen, der um seine horizontale Achse gedreht werden kann. Dieses Verschachtelungsprinzip von einem Rahmen in einen Rahmen in einen Rahmen besteht aus 125 statischen und 250 motorisierten und kinetischen Rahmen. Insgesamt bilden die 375 Elemente eine zehn Meter lange kinetische Licht-Architektur.

Framework is a kinetic light sculpture consisting of five modules divided in their turn into five horizontal and five vertical square frames. This creates a grid of 5x5x5 = 125 frames. Each of these frames is provided with a further frame that can be turned on its vertical axis. This frame is then provided with a filled square frame that can be turned on its horizontal axis. This encapsulation principle of a frame within a frame within a frame produces 125 static and 250 motorized and kinetic frames. Together the 375 elements form a kinetic light sculpture ten meters long.

EOD 02

EOD 02 ist eine Installation von Frederik De Wilde in Zusammenarbeit mit LAb[au]. Das Projekt arbeitet mit schwach elektrischen Fischen, die zur Kommunikation und Orientierung elektrische Entladungen ins Wasser abgeben. Für die Installation werden verschiedene Arten der Fische in vier halbverspiegelten Aquarien präsentiert. Die elektrischen Impulse, die Signale der Tiere, werden mithilfe von Antennen, die direkt mit einem Lautsprecher gekoppelt sind, in Klang umgesetzt. Zudem ist unter jedem Aquarium eine Glühbirne angebracht, die je nach Intensität und Intervallen der Stromentladungen zu flackern beginnt. Die elektrischen Signale, das Sehen dieser ansonsten blinden Fische, werden so in Form von Licht und Klang erlebbar.

EOD 2 is an installation by Frederik De Wilde in co-operation with LAb[au]. The project works with weakly electrified fish that emit electrical charges into the water for communication and orientation purposes. Various species of fish are presented in four semireflective aquariums for this installation. The electrical impulses, the signals given out by the fish, are translated into sound with the aid of antennas connected directly to a loudspeaker. A light bulb is also attached underneath each aquarium, and this starts to flicker according to the intensity and intervals of the electrical discharges. The electrical signals, which represent sight for these otherwise blind fish, can thus be experienced in the form of light and sound.

„Who's afraid of Red, Green and Blue"
„Wer hat Angst vor Rot, Grün und Blau?"
Installation
Dexia Tower, Brussels, BE

„Who's afraid of Red, Green and Blue"

Der Titel der Installation „Wer hat Angst vor Rot, Grün und Blau?" bezieht sich auf die Bilderserie „Wer hat Angst vor Rot, Gelb und Blau?" des Amerikaners Barnett Newman, einem der bedeutendsten Vertreter der Farbfeldmalerei. Der Titel ist eine rhetorische Frage nach der Bedeutung und den Mitteln der Malerei und betrifft die Beziehung zwischen dem Gemälde (Objekt) und dem Betrachter (Subjekt).

In diesem Sinne stellt die Referenz an Barnett Newmans Serie die Suche nach einem Farben- und Formenvokabular als Gestaltungsmittel für eine Illuminierung des Dexia Tower dar. Die einzelnen Bilder des Zyklus „Wer hat Angst vor Rot, Grün und Blau?" basieren auf den elementaren Codes des Lichts und sollen den symbolischen Wert darstellen, der dem Status des Hochhauses als urbanem und somit kollektivem Zeichen eigen ist.

Jeweils mehrere Stunden pro Tag bzw. Nacht wird die Fassade des Hochhauses in verschiedenen Konstellationen mit Lichtfeldern illuminiert, Schritt für Schritt das „Lichtvokabular" ausbuchstabiert. Das erste Lichtkunstwerk der Reihe mit dem Titel CHRONO setzt die drei elementaren Zeiteinheiten (Stunden, Minuten, Sekunden) in Beziehung zu den Primärfarben des Lichts und verwendet dabei RGB (Rot, Grün, Blau) – als Code für Stunden (R), Minuten (G) und Sekunden (B). In der zweiten Fassung dient das Hochhaus als Klimamesser, denn die farbigen Lichter verändern sich je nach Wetterbedingungen, wobei Temperaturen in Farbe umgesetzt werden und Winde, die aus verschiedenen Richtungen auf die Fassade treffen, in Muster.

The title "Who's afraid of Red, Green and Blue" refers to the nineteen-fifties series "Who's Afraid of Red, Yellow, and Blue" by the American artist Barnett Newman, one of the major figures of the "color field painters." The title establishes a rhetorical question confronting the meaning and means of painting, as it directly questions the relationship between the painting (object) and the viewer (subject).

In this sense, the reference to the Barnett Newman series is based on the search for a vocabulary of color and shapes as a proper language for an illumination of the Dexia Tower. The proposed artworks in the "Who's Afraid Of Red, Green and Blue" cycle are all based on the elementary codes of light, by seeking a symbolic value proper to the status of the tower being an urban, thus collective, sign.

During a longer period, different variations on this theme will illuminate the façade of the tower to establish step by step the vocabulary of the tower illumination on a daily basis. The first artwork of the series, CHRONO, relates the basic units of time to the primary colors of light while using RGB as a code for hours (= R), minutes (= G) and seconds (= B). The second variation, the weather tower relates the colored lights of the tower to the environmental weather conditions while relating temperature to color, wind directions to pattern.

EOD 02
Electric Organ Discharge
Installation
2006

Vier halbverspiegelte Aquarien (40x40x60 cm) auf schwarzlackierten Holzsockeln (40x40x120 cm) mit integrierten Lautsprechern und Licht, schwach elektrische Fische, ein Computer; *Four semireflective aquariums (40x40x60 cm) on black-painted wooden plinths (40x40x120 cm) with built-in loudspeakers and light, weakly electrified fish, a computer* / **Computerprogrammierung;** *Computer Programming:* basic & C++ / **Größe;** *Size:* 250x350x180 cm

LOBOMOB

de

Molekül

Sitz; *Location* WUPPERTAL, DE **Gegründet;** *Founded* 2004

Partner; *Partners* MOHAMED FEZAZI *1976 in Tanger, MA, graduated from Bergische Universität Wuppertal, DE, 2004, postgraduate degree from Kunsthochschule für Medien Köln, Audiovisuelle Medien, 2007

VOLKER HOFMANN *1978 in Dusseldorf, DE, graduated from Bergische Universität Wuppertal, DE, 2004

ANTONIO PINCA *1977 in Taranto, IT, graduated from Bergische Universität Wuppertal, DE, 2004

Luft; *Air*

Mohamed Fezazi, Volker Hofmann und Antonio Pinca verbindet schon lange ein gemeinsames Ziel – die drei Freunde wollen Häuser bauen, im klassischsten Sinne Architektur machen. Die Grundlagen dafür sollte ein Studium an der Bergischen Universität Wuppertal schaffen.

Im Sommer 2001 schreibt die Hochschule gemeinsam mit der Regionale 2006 einen Studentenwettbewerb aus, Aufgabenstellung ist die Entwicklung eines mobilen Präsentationspavillons. Volker Hofmann und Mohamed Fezazi überzeugen mit einem aufblasbaren „Infopneu", der zum Markenzeichen der Regionale werden soll. In deren Rahmen war er teilweise an einem einzigen Tag an mehreren Orten zu sehen. Für den Auf- und Abbau benötigt man nicht mehr als einen Ventilator und ein bis zwei Personen, in fünf Minuten steht der Pavillon.

Volker Hofmann und Mohamed Fezazi erkennen in ihrem Entwurf eine gute Geschäftsidee. Sie beschäftigen sich mit Betriebswirtschaftslehre und nehmen erfolgreich an einem Businessplanwettbewerb teil. Nach Abschluss ihres Architekturstudiums gründen sie 2004 mit Antonio Pinca ein gemeinsames Unternehmen. Mit „rent-a-pneu" – heute „lobomob" – bieten sie ihren aufblasbaren Pavillon als universell einsetzbares Element auf Messen und Events an. Lobomob bauen Kontakte zu verschiedenen namhaften Agenturen im Messe- und Veranstaltungsbereich auf. Aber auch die Vernetzung im regionalen Rahmen spielt für das mit dem Wuppertaler Wirtschaftspreis zum „Jungunternehmen 2008" gekürte Büro eine wichtige Rolle. Standort ihres Büros ist eine mit öffentlichen Fördermitteln sanierte und umgebaute ehemalige Schnürsenkelfabrik. Aktuell erweitern lobomob ihr Büro um einen der ehemaligen Fabrikräume – heute ein Mehrzwecksaal mit den optimalen Maßen, um Inflatables testen und präsentieren zu können. Das ungewöhnliche Architekturunternehmen für ungewöhnliche Architektur floriert. Antonio Pinca baut übrigens gerade ein Haus, ganz klassisch ...

Mohamed Fezazi, Volker Hofmann, and Antonio Pinca have had an aim in common for a long time – these three friends want to build houses, to create architecture in the classical sense. The foundations for this were to be laid by studying at the Bergische Universität Wuppertal.

In summer 2001, the college and Regionale 2006 jointly announced a student competition for developing a mobile presentation pavilion. Volker Hofmann and Mohamed Fezazi convinced the jury with their inflatable "Infopneu," which was to become the Regionale trademark. Here it was to be seen in several places on the same day. All that is needed to blow it up is a fan and one to two people: the pavilion is then up in five minutes.

Volker Hofmann and Mohamed Fezazi recognized that their design was a sound commercial proposition. They familiarized themselves with business theory, and successfully entered a business plan competition. After completing their architectural studies they set up a company with Antonio Pinca. With "rent-a-pneu" – now "lobomob" – they offer their inflatable pavilion as a universally deployable elements at trade fairs and events. Lobomob are building up contacts with a variety of notable agencies in the trade fair and events field. But regional networking is also important for this practice, which was chosen as "Young Enterprise 2008." Their practice is located in a former shoelace factory, refurbished and converted with public funding. Lobomob are currently expanding their office by using one of the former factory spaces – now a multipurpose hall with the ideal dimensions for testing and presenting inflatables. This unusual architectural enterprise for unusual architecture is flourishing. And incidentally, Antonio Pinca is building a house as well, quite classical ... __an

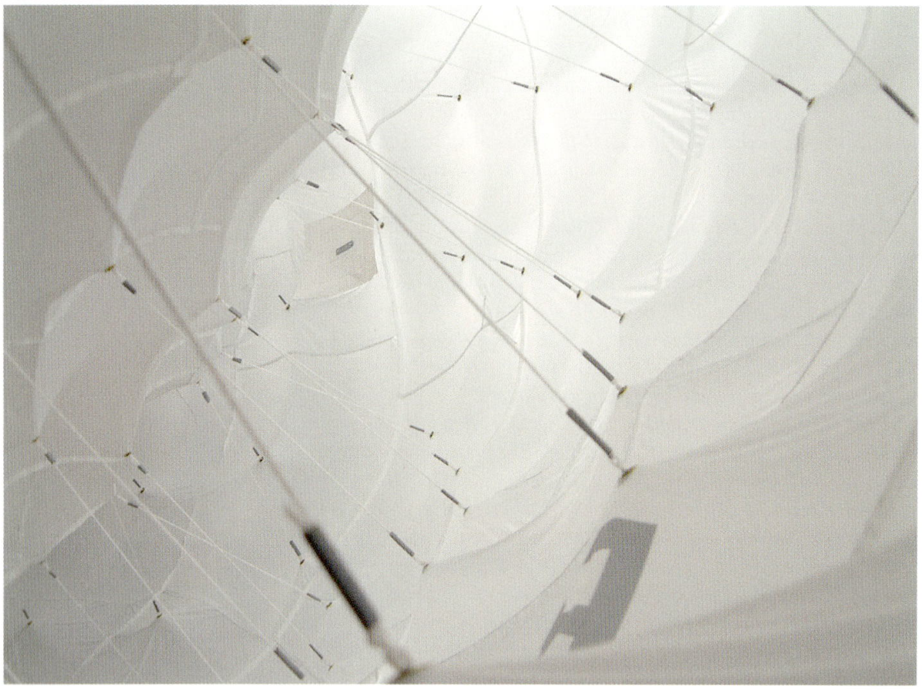

Infopneu
Informationspavillon für die Regionale 2006 GmbH;
Information Pavilion for the Regionale 2006 GmbH
Bergisches Städtedreieck, Remscheid, Solingen, Wuppertal, DE

Wettbewerb 2001, Präsentation im Rahmen der Regionale 2006 und auf dem 7. Internationalen Architektur Symposium;
Competition 2001, Presentation as part of Regionale 2006 and at the 7th International Architecture Symposium

Pneu 3

Inflatables

Im Rahmen eines Studentenwettbewerbs der Regionale 2006 in Kooperation mit der Bergischen Universität Wuppertal entwickelten Mohamed Fezazi und Volker Hofmann ihren ersten universell einsetzbaren und transportablen Informationspavillon, den Infopneu. Der amorphe weiße Pavillon ist drei Meter hoch und steht auf einer Fläche von vier mal sechs Metern. Er lässt sich innerhalb von fünf Minuten aufbauen, indem ein Ventilator Luft zwischen zwei mit Bändern stabilisierten Nylonschichten bläst. Wenn die Luft wieder entwichen ist, passt das Ganze in den Kofferraum eines Pkws und kann somit in kürzester Zeit an einem anderen Standort wieder aufgebaut werden.

Vom Prototypen des Infopneu ausgehend, der 2002 im Rahmen des Wettbewerbs für die Regionale entstand, wurde für die Veranstaltung im Jahr 2006 dann schon der Infopneu 2 eingesetzt, der nicht nur in Außenform und Grundriss variiert, sondern zusätzlich über eine eigene Projektionsfläche verfügt.

Aufbauend auf diesem System entwickeln lobomob für verschiedene Veranstaltungen weitere modifizierte Pneus, von Standard- bis Individuallösungen. Für die Ideenexpo 2009 wird der „Dome“ entworfen, der über einen Durchmesser von mehr als 30 Metern verfügt und sich innerhalb von 45 Minuten aufblasen lässt – ein medial bespielbarer Raum mit insgesamt 760 Quadratmetern Fläche. Größe und Aufbauzeit waren dabei entscheidend für die Beauftragung durch die Messe.

Aktuell nähern sich lobomob mit ihren Inflatables wieder ihrem ursprünglichen Wunsch, dem Bau von Häusern an, wenn auch eher temporärer Natur – vom MOBILE HOUSING über den Einsatz als Notunterkunft oder einer Nutzung als Leergerüst bzw. Gussform für permanente Behausungen.

Mohamed Fezazi and Volker Hofmann developed the Infopneu, their first transportable information pavilion for universal use, as an entry for a student competition at Regionale 2006, in co-operation with the Bergische Universität Wuppertal. The amorphous white pavilion is three meters high and covers an area of four by six meters. It can be put up within five minutes by using a fan to blow air into two layers of nylon stabilized with tapes. When the air is let out again the whole thing fits into a car boot and can thus put up again at another location in a very short time. The infopneu 2 was developed for the Regionale competition in 2006 from the infopneu prototype, made for the same event in 2002. The new version varies in ground plan and external shape, and also has its own projection screen.

Working on the basis of this system, lobomob developed more modified inflatables, ranging from standard to custom solutions. The "Dome" was designed for Ideenexpo 2009. It is over thirty meters in diameter and can be inflated within thirty-five minutes. It is a media-oriented space covering 760 square meters overall. Here the size and the time it takes to erect were crucial for the trade fair commission.

At the time of writing, lobomob are coming closer to achieving their ideal of building houses, even if of an essentially temporary nature – from mobile housing via use as emergency accommodation to deployment as a framework of mould for permanent accommodation.

Dome
Dome auf der Ideenexpo 2009;
Dome at the Ideenexpo 2009
Hannover, DE / 2009

Mobile Notunterkunft; *Mobile Emergency Dwelling*

LOW ARCHITECTEN

be

Optimismus; *Optimism*

„Was soll's, das ist ein Anfang. Versuchen wir es."

"Never mind, it's a start. Let's give it a try."

Tom Hindryckx empfängt uns in dem großen, geräumigen Büro in Antwerpen, in dem low architecten seit 2007 sitzen. Sie haben das Gebäude am Ankerrui 8–10 selbst umgebaut, demnächst beginnen sie mit dem Bau eines Besprechungs- und Pausenraums auf dem Dach, der eine spektakuläre Aussicht verspricht. Kein Wunder, dass Hindryckx betrübt ist: „Wir wissen leider nicht, ob wir noch hier sein werden, wenn der Raum auf dem Dach fertig ist. Wir haben letztes Jahr ein paar Wettbewerbe gewonnen, was großartig ist, aber nun werden wir diese Projekte auch bauen. Dafür brauchen wir mehr Mitarbeiter, und dieses Büro wird uns zu klein." Solche Geschichten hören wir überall in Belgien von den jungen Architekten, die wir treffen. Überall kommen wir in junge, relativ kleine und sehr optimistische Büros, die sich ob ihres raschen Wachstums Sorgen machen.

Wie so viele andere Architekten aus Belgien sind auch Stijn Cockx und Tom Hindryckx nach dem Studium ins Ausland gegangen. Hindryckx arbeitete bei Metrogramma in Mailand. „Eine tolle Zeit, wir haben nur Wettbewerbe gemacht und auch ein paar gewonnen. Aber Andrea Boschetti hatte bei OMA in Rotterdam gearbeitet. Die Strukturen bei Metrogramma waren genau wie bei OMA: Wir haben Tag und Nacht gearbeitet. Es war wie eine kleine OMA-Filiale in Mailand." Cockx und Hindryckx kannten sich von der Universität und hielten den Kontakt miteinander. Als ihnen der Auftrag für ein Einfamilienhaus angeboten wurde, kehrten sie nach Antwerpen zurück und gründeten ihr eigenes Büro. „Ich war ja noch in Mailand", erzählt Hindryckx. „Und wir haben lange am Telefon diskutiert, weil der Auftrag so klein war. Aber am Ende haben wir gesagt, was soll's, das ist ein Anfang. Versuchen wir es."

Low haben kein Problem damit, wenn wir sie zu einer neuen, prosperierenden Generation in Belgien zählen. „Ich denke, es gibt einen großen Unterschied zwischen uns und den Büros, die seit 10, 15 Jahren existieren. In meiner Generation hat jeder im Ausland studiert oder gearbeitet. Dadurch sind wir mit den belgischen Traditionen viel weniger verbunden. Ich denke, dass unser ‚Huis in het Bos' eher eine internationale Sprache spricht, als eine typisch belgische. Das kommt daher, weil wir ganz selbstverständlich in einem internationalen Austausch stehen. Und diese internationale Ausrichtung ist in einem kleinen Land wie Flandern vielleicht sogar noch stärker – eben weil alles um einen herum so klein ist."

Tom Hindryckx meets us in a large, airy office in Antwerp, used by low architecten since 2007. The firm converted this building (address Ankerrui 8–10) themselves, and are about to begin the construction of a discussion and rest room on the roof. It should have a spectacular view. It is no wonder that Hindryckx is in a somber mood. "Unfortunately, we don't know if we'll still be here when the new room is completed. Last year, we won a couple of competitions, which is great, but now we have to carry out the assignments. To do that, we'll need to hire more employees, and this office won't be big enough." We hear similar stories from young architects all over Belgium. Everywhere are young, relatively small and very optimistic firms worried by their own rapid growth.

Like so many other Belgian architects, Stijn Cockx and Tom Hindryckx left the country to work abroad after completing their studies. Hindryckx worked for Metrogramma in Milan. "It was a great time. We only did competition work, and won a few. But Andrea Boschetti had worked for OMA in Rotterdam, and Metrogramma was structured exactly like OMA: we worked day and night. It was like a smaller branch of OMA in Milan." Cockx and Hindryckx had known each other before they went to university and stayed in contact. When they were offered the contract to design a family home, they returned to Antwerp and founded their

Sitz; *Location* ANTWERP, BE **Gegründet;** *Founded* 2005

Partner; *Partners* STIJN COCKX *1981, graduated from Katholieke Universiteit, Leuven, BE, 2004

TOM HINDRYCKX *1981, graduated from Katholieke Universiteit, Leuven, BE, 2004

Gearbeitet bei; *Worked at* B-architecten, Vincent van Duysen, Jo Crepain (Antwerp), Lhoas&Lhoas (Brussels), Adjaye Associates (London), Metrogramm (Milan)

Ankerrui 10
Umbau eines alten Packhauses in ein Büro;
Conversion of an Old Packhouse into an Office Block
Ankerrui 10, Antwerp, BE / 2006–2007

Kosten; *Costs:* 825,000 Euro / **Nutzfläche;** *Usable Area:* 1,500 m²

own firm. "I was still living in Milan," Hindryckx explains. "And we discussed it for a long time over the telephone, because it was such a small assignment. But in the end, we decided: never mind, it's a start. Let's give it a try."

Low does not object to being considered part of a new, prosperous generation of Belgian architects. "I think there's a big difference between us and the firms that have been going for ten or fifteen years. Everyone from my generation has studied or worked abroad. This makes us more willing to depart from Belgian traditions. I think the language of our 'Huis in het Bos' is more international than typically Belgian. This is because we are very used to international exchanges. And this international approach is perhaps at its strongest in a small region like Flanders – precisely because in a place like Flanders, everything around you is so small." __fh

Ankerrui 10

Low hatten die Chance, ein altes Packhaus nach ihren eigenen Vorstellungen umzubauen und dort mit ihrem Büro einzuziehen. Die bestehende Betontragstruktur wurde fast vollständig erhalten, Unterzüge und Stützen definieren die neuen Räume. In der Mitte wurde eine mehrgeschossige Öffnung, die „Bühne", eingefügt, die Sichtbezüge zwischen den Etagen ermöglicht. Derzeit wird ein Dachaufbau mit Terrasse gebaut, der als Besprechungs- und Pausenzimmer mit großartiger Aussicht über den Antwerpener Hafen dient.

Low had an opportunity to convert an old stack house according to their own plan and to relocate their offices there. The existing concrete support structure was almost completely preserved, and joists and beams were used to define the new spaces. In the center, a multistory opening – the "stage" – was inserted to enable lines of sight between the levels. A roof extension with a terrace is presently being built to serve as a discussion and rest room with a grand view of Antwerp harbor.

Huis in het Bos

Villa

Oud-turnhout, Antwerp, BE / Seit; *Since:* 2008

Kosten; *Costs:* 700,000 Euro / **Nutzfläche;** *Usable Area:* 3,200 m²

Huis in het Bos

Die Villa liegt auf einem großen, wunderbar waldreichen Grundstück. Der Entwurf von Low war zunächst nur ein Diagramm der verschiedenen, vom Bauherrn gewünschten Funktionen, die sie mit maximalem Außenbezug realisieren wollten. Aber letztlich entwickelte sich aus diesem direkt das Haus, das einem fünfteiligen, dreidimensionalen Diagramm gleicht. Wie fünf ausgestreckte Finger greifen die einzelnen Gebäudeteile in den Wald, im Zentrum ist ein „Leerraum" entstanden, ein Innenhof mit einem Baum, der das Zentrum des Hauses markiert. „Erst wollten wir die Fassade aus schwarzem, verkohltem Holz bauen, aber das war nicht erlaubt. Die Region möchte verhindern, dass im Wald Häuser gebaut werden, die mit Holz verkleidet sind. Wir dachten erst, das wäre ein Witz, aber sie fürchten, dass dann lauter kleine Holzhäuschen gebaut werden. Also machen wir es jetzt aus schwarzem Beton."

The villa is on a large, wonderfully forested plot. Low's design was initially just a diagram of the various functions requested by the client, which they wanted to create while retaining maximum connection to the outer space. What ultimately developed from this was a house that looks like a five-part three-dimensional diagram. The individual sections of the building extend into the wood like five outstretched fingers, creating an "empty space" in the center – an inner courtyard with a tree that marks the center of the house. "To start with, we wanted to build the façade out of black, charred wood, but that wasn't allowed. The district council didn't want houses to be built in a forest setting with wood cladding. At first we thought it was a joke, but they were afraid that if they let it happen once, then nothing but little wood houses would be built. So we built it out of black concrete."

Little Willy Guesthouse

Little Willy ist ein typischer Bauauftrag für junge Architekten: geringer Umfang, kleines Budget, schwierige Aufgabenstellung, kurz: Ein Auftrag, von dem die großen Büros die Finger lassen. Ein Altbau soll zu einem modernen, kleinen Gästehaus werden, allerdings ist das Grundstück winzig – Low sprechen von „japanischen Verhältnissen". Der Entwurf überzieht den Altbau mit einer neuen Raumstruktur, wie ein Parasit, der sich an den Altbau anfügt. Jedes Geschoss wird mit einem neuen Raum erweitert und erhält einen Balkon oder eine Terrasse. Der Unterschied zwischen Alt und Neu wird in Weiß und Schwarz dramatisiert.

The Little Willy project is a typical young architect's construction assignment: small scale, small budget, a difficult proposition. In short, it is a commission larger firms would not touch. An old building was to be turned into a small modern guesthouse. The plot is tiny – Low describe it as a "Japanese situation." The design adds a new spatial structure to the old building – like a parasite attaching itself to the preexisting infrastructure. Every story has been given a new room and a balcony or a terrace. The difference between old and new are dramatized in white and black.

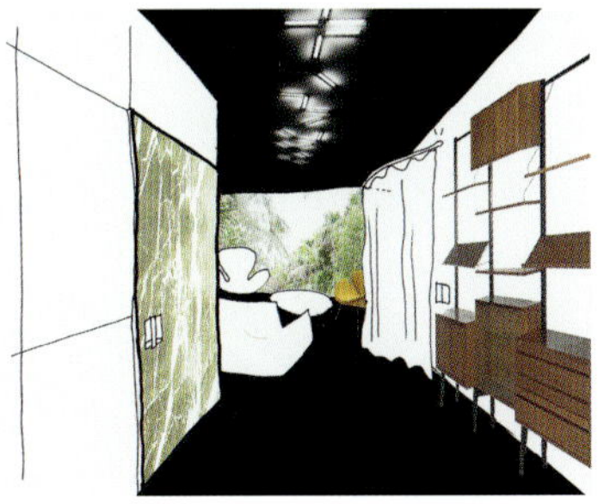

Little Willy Guesthouse

Sanierung und Erweiterung eines Altbaus; *Renovation and Expansion of an Old House*

Brussels, BE / Seit; *Since:* 2008

Kosten; *Costs:* 670,000 Euro / **Nutzfläche;** *Usable Area:* 620 m²

The Plantenpaleis

Der Botanische Garten bekommt eine neue Infrastruktur, die gleichzeitig Teil einer neuen Corporate Identity mit hohem Wiederkennungswert werden soll. Low schlugen eine weiße Stahlstruktur vor, die über den vorhandenen Wegen entlangführt. Sie ist gleichzeitig Überdachung der Wege und alternative Erschließung, denn sie ist begehbar und ermöglicht es den Besuchern, die Pflanzenwelt auch aus vier Metern Höhe zu besichtigen.

The Botanical Gardens are being given a new infrastructure as part of a new corporate identity to raise their profile. Low suggested a white steel structure leading along the existing roads. This structure both roofs over the roads and provides an alternative means of access – it is navigable and allows visitors to view the collection of plants from a height of four meters.

The Plantenpaleis

Neue Infrastruktur für den Botanischen Garten; *New Infrastructure for the Botanical Gardens*

Meise, BE / Seit; *Since:* 2009

Auftraggeber; *Client:* Botanical Garden, Meise

MODULORBEAT

de

Kubik-Barcelona

Sitz; *Location* MÜNSTER, DE **Gegründet;** *Founded* 1999

Partner; *Partners* JAN KAMPSHOFF M.A. [arch], *1975 in Rhede, DE, graduated from Münster School of Architecture, DE, 2004

MARC GÜNNEWIG M.A. [arch], *1973 in Münster, DE, graduated from Münster School of Architecture, DE, 2002

Weitere Gründungsmitglieder; *Other founders* TIM BAUERFEIND and FABIAN HOLST

Freiraum; *Open Space*

Schon der Name, der die Proportionslehre des Architekten Le Corbusier (Modulor) mit dem englischen Wort für Rhythmus (BEAT) kombiniert, zeigt das dehnbare architektonische Feld, in dem modulorbeat seine interdisziplinären Projekte entwickelt und umsetzt. Die Grenzen zwischen Kunst, Architektur, Design und Urbanistik verschwimmen in ihren interdisziplinären Projekten. Dabei gilt ihre Leidenschaft insbesondere temporären Experimentalbauten. Für das Projekt „Kubik" stapeln und beleuchten sie Wassertanks in Berlin, Barcelona und Lissabon; für die „skulptur projekte münster" entwickeln sie 2007 einen temporären Informationspavillon aus Lochblechen. Sie agieren dabei mit Vorliebe im städtischen Raum und verwandeln ihn in einen kommunikativen Mittler. Mit ihren Interventionen interpretieren sie den Ort neu, verändern die Wahrnehmung, inszenieren den Moment.

Modulorbeat sind ein Netzwerk. Während ihr Team im Kern aus Architekten und Städteplanern besteht, umfasst ihr aktives Netzwerk Kulturwissenschaftler, Journalisten, Fotografen, Designer und Künstler. Ihr Anliegen ist es, diese verschiedenen kulturellen Disziplinen miteinander zu verbinden und einen Dialog über kulturelle, soziale und persönliche Erfahrungen zu fördern. Dafür organisieren sie zum Beispiel seit Jahren eine Veranstaltungsreihe in Münster, die inzwischen zu einer festen Institution mit überregionaler Bekanntheit geworden ist: „Freihaus ms" präsentiert Filme und Vorträge zu architektonischen Themen, verbunden mit Musik- und Konzertveranstaltungen.

The very name, which combines architect Le Corbusier's proportional theory (Modulor) with the English word for rhythm (beat) shows the elastic architectural field in which modulorbeat develop and implement their interdisciplinary projects. The boundaries between art, architecture, design, and urban development blur in their interdisciplinary projects. Here they are most passionate about temporary experimental buildings. They stacked and lit water tanks in Berlin, Barcelona, and Lisbon for their "Kubik" project; in 2007, for the "skulptur projekte münster," they developed a temporary information pavilion in perforated metal sheeting. They prefer to operate in urban spaces and transform them into means of communication. Their interventions reinterpret the location, change perception, stage the moment.

Modulorbeat are a network. The core of their team is made up of architects and town planners, but their active network includes arts academics, journalists, photographers, designers, and artists. They aim to combine these different cultural disciplines and promote a dialogue about cultural, social, and personal experiences. For example, they have been organizing a series of events to this end for some years in Münster, which have now become a nationally known institution: "Freihaus ms" presents films and lectures on architectural themes, combined with music and concert events. __an

Freihaus ms

Die Initiative Freihaus ms wurde von einer Gruppe von jungen, interdisziplinär arbeitenden Kulturschaffenden aus Münster gegründet, um Stadtbaukultur unabhängig von, aber im Dialog mit Verbänden, Kommunen und anderen Institutionen zu diskutieren. Die Initiative betrachtet Architektur nicht als isolierte Disziplin, sondern konfrontiert und kombiniert sie mit „Randgebieten" und weiteren (sub)kulturellen Inhalten. Alle bisherigen Veranstaltungen zeichnen sich durch einen Programm- und Format-Mix aus, der Ausstellungen, Filme, Workshops, Klub/Lounge-Abende und Vorträge verknüpft.

The Freihaus ms initiative was set up by a group of young people from Münster active in interdisciplinary arts fields, in order to discuss urban development culture independently of associations, local communities, and other institutions, but in dialogue with them. The initiative does not see architecture as an isolated discipline, but confronts and combines it with "peripheral areas" and other (sub-)cultural subject matter. All the previous events have shared a program and format mix that links exhibitions, films, workshops, club/lounge evenings, and lectures.

Freihaus ms
Veranstaltungsinitiative; *Events Initiative*
Hüfferstraße 20, Münster, DE / 2005 gegründet; *Founded in 2005* / www.freihaus.ms

Mit; *With:* Marc-Stefan Andres, Thorsten Arendt, Marc Günnewig, Fabian Holst, Jan Kampshoff, Ellen Krampe, Diana Müller und Kristina Selcho / **Unterstützt durch;** *Supported by:* Landesinitiative StadtBauKultur NRW

Soundpavillon Enschede

Nach der Explosion eines Feuerwerklagers, das fast den gesamten Stadtteil Roombeek im Jahr 2000 zerstörte, entstand in Enschede eines der größten innerstädtischen Entwicklungsprojekte in der Geschichte der Niederlande. Parallel zum Wiederaufbau wird der neue Stadtteil mit dem Stadtzentrum über eine Reihe von Klangkunstarbeiten miteinander verbunden. modulorbeat wurden mit dem Entwurf eines Pavillons für Klangkunst beauftragt. Standort ist die sogenannte „Spoorzone", ein Areal in Bahnhofsnähe, dem der Umbauprozess und damit massive Änderungen noch bevorstehen. Die Konzeptidee des Pavillons basiert auf einem transformierbaren Ensemble, bestehend aus einem fixen Sockel und einem versetzbaren Stahlkörper, der in vier unterschiedlichen Positionen mit dem Sockel verbunden werden kann. Der Pavillon soll als kuratorisches Werkzeug dienen, das auf wechselnde Bedürfnisse reagiert, aber auch eine Auseinandersetzung fordert.

After a firework factory exploded and destroyed almost all the Roombeek district in the year 2000, one of the largest inner-city development projects in the history of the Netherlands was launched in Enschede. At the same time as the rebuilding process, the new district was connected with the town center via a series of sound art projects. modulorbeat were commissioned to design a sound art pavilion. This is located in the so-called Spoorzone, a site near the station which has still to be rebuilt and thus faces massive changes. The concept for the pavilion is based on a transformable ensemble consisting of a fixed base and an adjustable steel body that can be connected with the base in different positions. The pavilion is intended to serve as a curatorial tool that responds to various needs, but also requires people to engage with it.

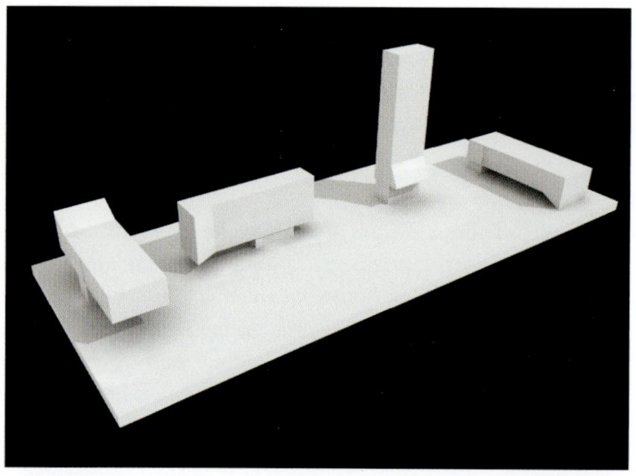

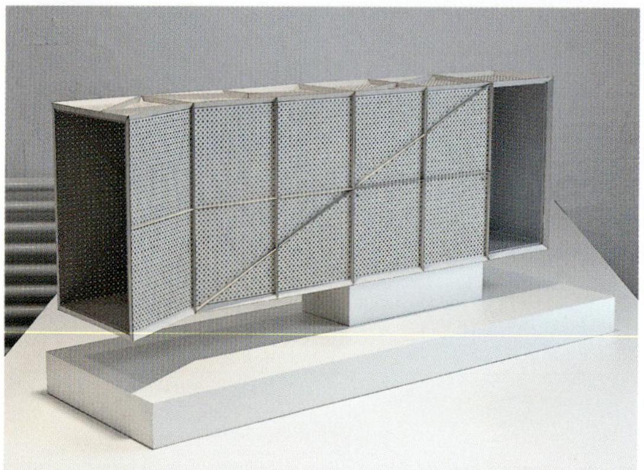

Soundpavillon Enschede
Pavillon für Klangkunst auf der „Cultuurmijl" in Enschede; *Sound Art Pavilion at "Cultuurmijl" in Enschede*
Enschede, NL

Mit; *With:* David Gregori y Ribes

Big Tanks! Kubik

Für zwei Monate lassen modulorbeat auf einer Brachfläche an der Köpenicker Straße in Berlin aus 144 Plastikkanistern einen 150 Quadratmeter großen Nachtklub entstehen. Die Ausstrahlung und Ausstattung der Architektur wird so archaisch wie möglich belassen: In jeden industrieüblichen Wassertank wird eine mit hitzebeständiger Farbfolie umhüllte 150-Watt-Glühbirne eingesetzt. Eine eigens entwickelte Steuerungssoftware machte die Helligkeit jedes Kanisters stufenlos veränderbar. Lichtwände, Musik und eine Bar – sonst nichts. Gastspiele erfolgen in Barcelona und Lissabon.

Modulorbeat have created a nightclub made of 144 plastic canisters over an area of 150 square meters for two months on derelict land in Köpenicker Strasse in Berlin. The architectural impact and equipment are kept as archaic as possible: a 150-watt bulb wrapped in heat-resistant colored film is used in each industry standard water tank. Specially developed control software means that the light level in each canister is infinitely adjustable. Light walls, music, and a bar – nothing else. Guest performances to take place in Barcelona and Lisbon.

Big Tanks! Kubik

Temporärer Open-Air-Club; *Temporary Open-Air-Club*

Berlin, DE, Barcelona, E, Lissabon, PT / 2006

Mit; *With:* Balestra Berlin, Lightlife

uchhandlung
fo
Pferdegasse
Rothenburg

Switch+

Für den ungenutzten Platz zwischen dem Landesmuseum für Kunst und Kulturgeschichte und dem Projektbüro der „skulptur projekte 07“ in Münster entwerfen modulorbeat einen zweigeschossigen, zwölf Meter hohen temporären Pavillon, dessen Fassadengestaltung aus einer Kupfer-Aluminium-Legierung in Farbe, Materialität und Struktur direkte Bezüge zu den vorhandenen Kunstwerken am Platz herstellt. Die Platzgestaltung – eine bewegte Landschaft aus unterschiedlich hohen und unregelmäßig angeordneten Sperrholzstufen – bezog sich auf Josef Albers „Supraporten“ am Haupteingang des Museums. Ein Teil der Fassaden ist komplett auf Gleitrollen montiert, sodass sich unterschiedliche „Weichenstellungen“ (switch+) für die Passanten stellen ließen.

Modulorbeat designed a two-story temporary pavilion twelve meters high for the unused square between the Landesmuseum für Kunst und Kulturgeschichte and the “skulptur projekte 07” offices in Münster. The façade design in a copper-aluminum alloy creates direct links in terms of color, material quality, and structure with the works of art on show in the square. The square design – a lively landscape of plywood steps, irregularly disposed and of differing heights – alluded to Josef Albers’s “Supraporten” at the main entrance to the museum. Part of the façade structure is completely mounted on rollers, so that different “points settings” (switch+) can be arranged for passers-by.

Switch+

Temporärer Informationspavillon für die „skulptur projekte münster 07“; *Temporary Information Pavilion for the “skulptur projekte münster 07”*

Landesmuseum für Kunst und Kulturgeschichte, Münster, DE / 2007

Auftraggeber; *Client:* “skulptur projekte münster”

NEXT ARCHITECTS

nl

Villa Overgooi

Sitz; *Location* AMSTERDAM, NL + BEIJING, CN **Gegründet;** *Founded* 1999

Partner; *Partners* BART REUSER *1972 MARIJN SCHENK *1973 MICHEL SCHREINEMACHERS *1973 JOHN VAN DE WATER *1974, all graduated from TU Delft, NL, 2000

Alles ist möglich; *Anything Goes*

Die Geschichte von NEXT ist geprägt vom fröhlichen „Anything Goes"-Optimismus, der die niederländische Architekturszene noch um die Jahrtausendwende einhüllte. Als die vier künftigen Büropartner 1999 in einem gemeinsamen Arbeitsraum an den Abschlussprojekten ihres Studiums arbeiteten, entstand nebenbei die Idee eines gemeinsamen Büros. Und NEXT entwickelte sich rasant: Ihr Konzept „Holland – Layer by Layer" für einen Ideenwettbewerb landete zwar NUR auf dem zweiten Platz, aber die Medien griffen den kontroversen Vorschlag auf, und aus den öffentlichen Debatten resultierten neue Aufträge für Studien, Möbelentwürfe und schließlich kamen auch Bauherren. Die unterschiedlichen Interessen der vier Partner führten zu einem immer breiteren Arbeitsspektrum: Stadtstudien, Ausstellungen, Möbel, Innenausstattungen, Häuser, Brücken – alles ist möglich.

China war auch möglich: Seit 2005 gibt es NEXT in Beijing, eine Kooperation mit Huan Yang Architekten, und auch das ist eine kuriose Geschichte: Nach dem Studium waren die vier Absolventen für vier Monate durch 26 Metropolen gereist, aber mit einem Konzept: Sie hatten sich Metropolen herausgesucht, in denen sie die unterschiedlichen Auswirkungen der Globalisierung sehen wollten. Sie recherchierten und fotografierten 70 „vergleichbare Standorte" in den 26 Städten, aus den Bildern wurde die Ausstellung „The Image of the Metropolis". Diese wurde auch in China gezeigt, so entstanden erste Kontakte zu dortigen Architekten und 2005 zog John van de Water endgültig nach China. Inzwischen sind die Projekte, die unter dem Namen NEXT in China gebaut werden, deutlich größer als in den Niederlanden. Eine Verschiebung sei das aber nicht, findet Bart Reuser. „Die Organisation ist einfach eine andere. In den Niederlanden machen wir alles selbst, während wir in China immer nur ein kleines Design-Team stellen. Das hat Vor- und Nachteile. In den Niederlanden gibt es immer noch die Vorstellung vom Architekten als Renaissance-Mann, der von Anfang an eine sehr klare Idee hat, wie alles aussehen soll. In China ist eine solche Vorstellung absolut lächerlich. Dort bist du als Architekt Teil eines Prozesses und darfst deine Ideen so gut wie möglich einbringen." Ihre konzeptionelle Arbeit sei dadurch eher noch gestärkt worden, sagen sie. Denn in der Kommunikation mit China müssen sie ihre Konzepte so einfach und klar wie möglich visualisieren und oft in einer einzigen Skizze zusammenfassen. „So sind wir gezwungen, unsere Ideen oft sehr stark zu komprimieren und sehr einfach und eindeutig zu visualisieren. Das ist gut, denn so wird unser Konzept noch einmal klarer und verständlicher – auch für uns selbst. Das zwingt uns, die wichtigsten Punkte noch stärker herauszuarbeiten."

The entire history of NEXT is characterized by the cheerful "Anything Goes" optimism that still enveloped the Dutch architecture scene at the turn of the millenium. The four future partners in the firm shared a workspace while completing their graduation projects in 1999, leading to their decision to found a firm together. And they developed rapidly. NEXT's first competition entry, "Holland – Layer by Layer," may have ONLY *won second prize, but the media picked up on their controversial proposal, and the public debate resulted in new commissions for studies and furniture designs and, eventually, in clients for construction assignments. The four partners' differing interests led to a broad and still broadening spectrum of projects: urban studies, exhibitions, furniture, interior fittings, houses, bridges – anything goes.*

This "Anything Goes" even applies to China. Since 2005, there has been a branch of NEXT in Beijing, a collaboration with Huan Yang Architekten. That's another cheerful story full of optimism. After completing their studies, the four graduates traveled through twenty-six major cities with a compelling idea: they wanted to visit major cities where they could see the various effects of globalization. They researched and photographed seventy "comparable locations" in these twenty-six cities, and their pictures were used in the exhibition "The Image of the Metropolis." This exhibition was shown in China, creating contacts with Chinese architects, and in 2005, John van de Water moved to China. The projects implemented in China under the name NEXT are now much larger than those implemented in the Netherlands. Bart Reuser, however, thinks that nothing fundamental has changed. "The organization is simply different. In the Netherlands, we do everything ourselves, while in China we have only a small design team. This has advantages and disadvantages. In the Netherlands, the architect is still seen as a kind of Renaissance man who has a clear idea how everything should look from the start. In China, this would be considered absurd. There, the architect is part of a process, contributing ideas." The firm partners say that if anything, this improves their conceptual work. To communicate in China, they have to visualize their concepts as simply and clearly as possible, sometimes condensing them into a single sketch. "This often forces us to compress our ideas drastically. This is good, because it makes it more likely that our concepts will be clear and comprehensible – also to ourselves. It forces us to get even more to the point." __fh

„Die Arbeit mit China zwingt uns, unsere Ideen noch stärker zu komprimieren und unsere Konzepte noch klarer und verständlicher zu machen."

"Working in China forces us to compress our ideas drastically to make the concept very clear and comprehensible."

Villa Overgooi

Fünf Familien hatten eine Baugenehmigung für fünf Wohnhäuser auf einem 5000 Quadratmeter großen Grundstück in Almere bekommen, aber aufgrund der örtlichen Bauvorschriften mussten sie wie eine einzige große Villa aussehen. Nach einer Reihe von Workshop-Sitzungen mit den fünf Bauherren entwickelten NEXT einen überzeugenden Trick. Der Baukörper verschwindet zur Hälfte im Erdboden, sodass man nur das Obergeschoss sieht. Jedes Geschoss ist um 45 Grad gegenüber den benachbarten Wohneinheiten gedreht, sodass alle unterschiedlich orientiert, besonnt und räumlich gegliedert sind. Alle Obergeschosse bieten eine Panoramasicht über den Deich hinweg bis zum Gooimeer.

Permission was granted to build five residential units on a 5,000-square-meter lot in Almere, but due to building laws they had to look like a single villa. After a number of workshops with their clients, NEXT developed a simple trick. The volume is dug half into the ground, so that only one story is visible while there are actually two. Each story has been rotated a quarter turn in relation to the others, giving the residences individual orientation, sunlight, and spaciousness. Each residence has a panoramic view from the second floor – over the dike – of the Gooimeer.

Villa Overgooi

Villa für fünf Familien; *A Villa for Five*

Almere-Overgooi, NL / 2005–2008

Nutzfläche; *Usable Area:* 1,350 m² / **Kosten;** *Costs:* 1.6 million Euro / **Team:** Michel Schreinemachers, Bart Reuser, Marijn Schenk met Joost Lemmens, Filipe Pocas, Esther ten Brink, Rolf Pederson, Maria Salinas / **Auftraggeber;** *Client:* Villa van Vijfen

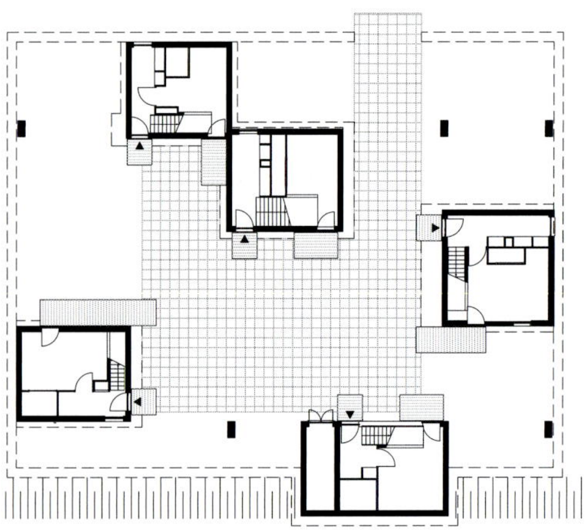

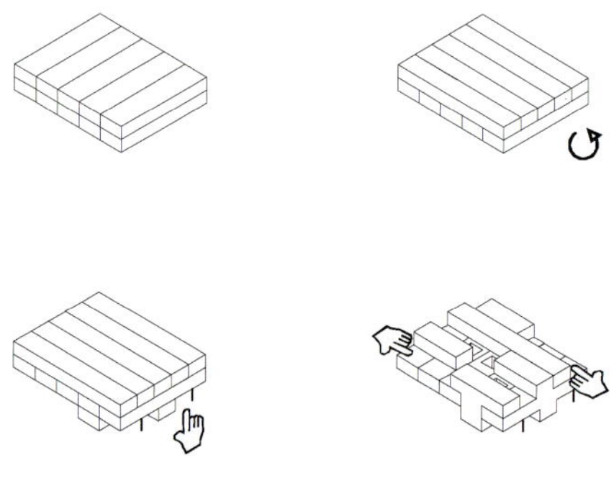

Brückenentwürfe; *Bridge Designs*

Die Brückenentwürfe von NEXT wirken extrem, absurd oder verwirrend. Sie folgen nicht der Idee, die kürzeste Verbindung zwischen zwei Ufern zu sein – die Brücken von NEXT bieten Brücken und Aussichtsplattformen, sie werden selbst zum Aufenthaltsort. Wie bei der Melkwegbrug, die verschiedene Routen für Fahrradfahrer und Fußgänger anbietet; der Fußweg führt jäh in zwölf Meter Höhe, wo eine Bank steht.

In Amsterdam soll eine 350 Meter lange Brücke über das Ij-Meer führen, 50 Meter hoch, damit Kreuzfahrtschiffe passieren können. „Neben der neuen Verbindung zwischen Nordufer und Stadtzentrum hätte man auf dem öffentlichen Platz in der Mitte auch eine überwältigende Aussicht auf Amsterdam, die Grachten und den Hafen."

NEXT's bridge designs seem extreme, absurd or confusing. They do not pursue the idea of being the shortest connection between two banks – NEXT's bridges are bridges as viewing platforms, they become places to spend time on in their own right. As in the case of the Melkwegbrug, which offers different routes for cyclists and pedestrians; the footpath climbs steeply to a height of twelve meters, where a bench is placed.

In Amsterdam, a 350-meter-long bridge is intended to lead across the IJmeer, fifty meters high, so that cruise ships can pass under it. "As well as a new connection between the north shore and the city center, the public square in the middle would afford an overwhelming view of Amsterdam, the canals and the harbor."

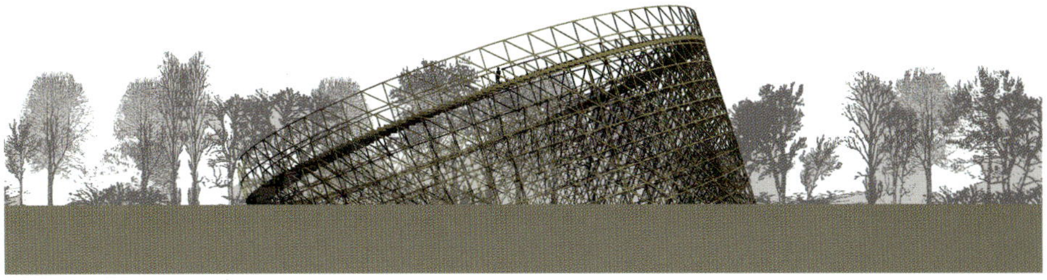

1

2

3

1 **Viewing platform Circlepath**
Almere, NL / Wettbewerb 2001, Dritter Preis; *Competition in 2001, 3rd Prize*

2 **Milky Way Bridge**
Purmerend, NL / Entwurf 2009, Realisierung läuft; *Design 2009, Under Construction*

Mit; *With:* Ronald Rietveld Landscape Architects

3 **Ij-Brug**
Amsterdam, NL / Beitrag für einen Ideenwettbewerb des Qvest Magazins aus dem Jahr 2008, Realisierung läuft; *Entry for a Qvest Magazin Ideas Competition in 2008, Under Construction*

4+5 **Glanerbeek Bridges**
Enschede, NL / 2007 fertiggestellt; *Completed in 2007*

4

5

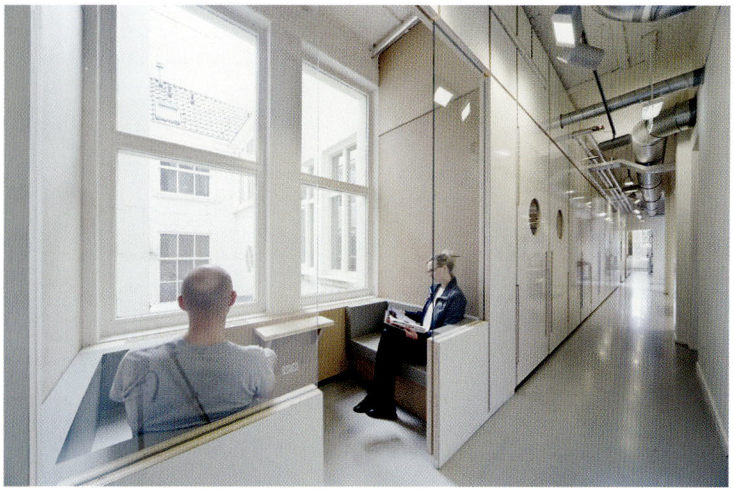

Wieden + Kennedy

In das historische Wohnhaus an der Herengracht in Amsterdam – eigentlich zwei Häuser, die über die Jahrzehnte labyrinthartig miteinander verbunden worden waren – fügten NEXT drei gläserne Schächte ein, die über alle sechs Geschosse reichen. So wurden zweigeschossige Räume möglich sowie diagonale und vertikale Sichtlinien innerhalb des Gebäudes, das gesamte Innere wurde transparenter, heller und geräumiger. Die Innenräume sind von starken Kontrasten geprägt, zum Beispiel zwischen roh belassenen Fußböden und den spiegelglatten Flächen der Einbauten und Glaswände in den Besprechungsräumen. Die Möbelentwürfe, darunter die Einbauschränke, die das Gebäude über die gesamte Tiefe durchziehen und die Höhenunterschiede zwischen den Geschossen ausgleichen, stammen sämtlich ebenfalls von NEXT. Die Schränke sind mit magnetischen Materialien verkleidet und können daher als Präsentationswände genutzt werden.

NEXT's redesign of a historic building at Amsterdam's Herengracht. The building showed a labyrinthine conjunction of two historical properties. NEXT inserted three glass shafts cutting through all six floors, creating double-height spaces as well as diagonal and vertical sight lines within the building and a tremendous amount of transparency, light, and spaciousness. The interior shows stark contrasts, for instance between the rough unfinished shop floors and the perfection of the materials and the details in the glass meeting rooms. All furniture was designed by NEXT, including the extremely long cupboards stretching from front to back and bridging the height difference between the floors. They are clad in magnetic materials so they can be used – for instance – as presentation panels.

Wieden + Kennedy

Umbau eines alten Grachtenhauses zum Bürogebäude;

Rebuilding of an Office Space in an Old Grachtenhuis

Herengracht, Amsterdam, NL / 2008

Nutzfläche; *Usable Area:* 5,600 m² / **Kosten;** *Costs:* 5.5 million Euro / **Team:** Bart Reuser, Marijn Schenk, Michel Schreinemachers, Joost Lemmens (project leader), Toon van Schijndel, Jurriaan Hillerström, Jennifer de Jonge, Bas Kalmeier / **Auftraggeber;** *Client:* Wieden + Kennedy, Amsterdam

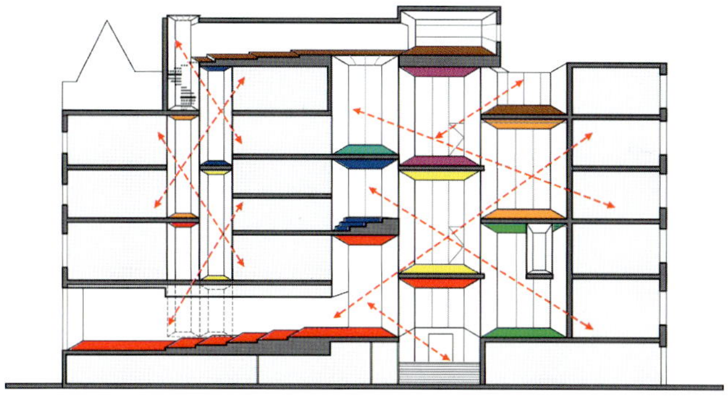

Möbel; *Furniture*

Die Entwürfe von NEXT wirken leicht verständlich, aber meist verbirgt sich hinter der Oberfläche eine funktionale und ästhetische Mehrdeutigkeit. Nirgends wird das deutlicher als bei ihren Möbelentwürfen für Droog Design: eine Lampe, die Fett verbrennt, ein Zaun, mit dem man Tischtennis spielen kann, und Klapp-Küchen. Der Unterschied im Entwurfsprozess sei nicht groß, sagen sie, bei Möbeln müsse ein ebenso überzeugendes Konzept gefunden werden wie in einem größeren Maßstab. Durch weniger Beteiligte seien bei Möbeln stattdessen weniger Kompromisse nötig und größere Freiheiten möglich.

NEXT's designs look readily comprehensible, but usually there is some functional and aesthetic ambiguity beneath the surface. Nowhere is that clearer than in the furniture created for Droog Design: a fat-burning lamp, a fence you can play table tennis with, and folding kitchens. They say there is little difference in the design process, they have to find an equally convincing concept for furniture as for work on a larger scale. But less compromise is needed for furniture because there are fewer people involved and greater liberties can be taken.

Drytech 3 - Chair
Stuhl; *Chair* / 2007

Mit; *With:* Samira Boon

Drytech 3 - Folding Screen
Faltparavent; *Folding Screen* / 2007

Mit; *With:* Samira Boon

Drytech 3

„Zwei Stoffstücke sind teilweise ineinander geflochten und teilweise eingeschnitten. Der Stuhl erhält Stabilität durch die doppelte Stofflage und die gebogenen Rahmenteile. Die Härtung sogenannter dreidimensionaler Textilien mit Kunstharz verleiht ihnen konstruktive Eigenschaften.

Der Faltparavent entstand in 3D-Webtechnik und kombiniert plastische Wabenstrukturen mit aussteifendem Kunstharz. Der konstruktive Rahmen und die Bespannung verschmelzen so zu einem extrem leichten und außergewöhnlich stabilen Paravent."

"Two pieces of fabric are partly interwoven and partly cut loose. The chair derives its strength from both the double fabric and the curves: hardening so-called three-dimensional fabrics by means of resins gives them constructive qualities.

The folding screen is a 3D weaving technique using a combination of 3D waffle structures and resin reinforcement. The load-bearing structure and the screen melt into one creating a super light and exceptionally rigid screen."

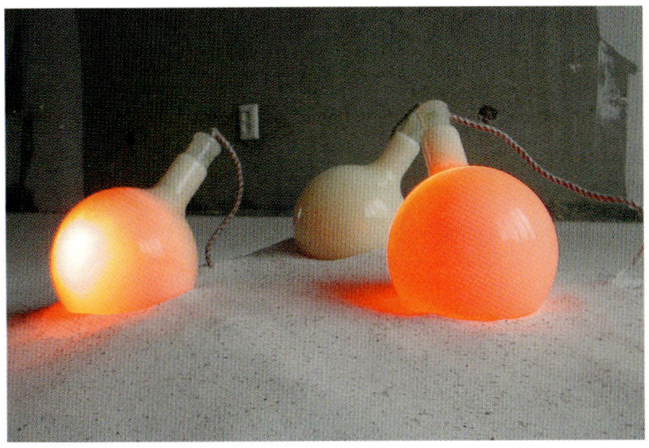

Fat Lamp – Slow Glow

2004

Mit; *with:* Aura Luz Melis

Fat Lamp – Slow Glow

„Die Lichtquelle ist in ein spezielles, gehärtetes Fett gehüllt. Durch die vom Leuchtmittel der angezündeten Lampe abgegebene Hitze erweicht sich die Fettschicht, wird dadurch dünner und lässt immer helleres und wärmeres Licht durch. Nach dem Ausschalten der Lampe erhärtet es sich allmählich wieder."

"The light source is immersed in fat. As the heat from the lighting element slowly melts the fat. The light glows brighter and brighter and the lamp becomes warmer and warmer in a comforting way. After turning it off, the fat returns to its original solid state."

Me, myself and you

„Die Welt, in der wir leben, ist voller trennender Begrenzungen. Können Begrenzungen wie Zäune oder Türen aber auch verbinden, zum Beispiel indem man ein Stück Zaun mit einem Pingpong-Tisch kreuzt?"

"Our surroundings are filled with boundaries. Can a boundary, like a fence or a door, also have something uniting, by combining a fence with a Ping-Pong table?"

Me, myself and you

2000

NU ARCHITECTUURATELIER

be

Schwarz und Weiß; *Black and White*

Armand Eeckels und Halewijn Lievens kannten sich von der Universität, und die Büros, bei denen sie nach dem Abschluss arbeiteten, ließen ihnen genug Freiraum, um immer wieder eigene kleine Aufträge anzunehmen. Anfangs gehörte noch Arunas Arlauskas zu der Gruppe, die dann zu zweit oder zu dritt arbeiteten und Aufträge von den Büros übernahmen, in denen sie arbeiteten. „Bei Maarten Van Severen ging das einfach, die Atmosphäre war sehr offen", erzählt Lievens. Er und Eeckels teilten sich damals eine Wohnung und hatten im Erdgeschoss einen provisorischen Arbeitsraum eingerichtet, der allerdings so klein war, dass der Drucker im Treppenhaus stehen musste. Das eigene Büro war der logische nächste Schritt. „Damals wollten wir auch ein Manifest über unsere Arbeitsweise schreiben, aber dazu kam es irgendwie nie", sagt Lievens. „Ich glaube, wir denken nicht besonders strategisch: Wir wollen lieber Sachen erledigen, am besten selbst und jetzt." Daher wohl auch der Büroname: Nu ist das niederländische Wort für jetzt.

Seit Arlauskas die Gruppe verlassen hat, gibt es nur noch zwei Partner, die auch ohne geschriebenes Manifest inzwischen eine gewisse Arbeitsmethodik entwickelt haben. „Schönheit entsteht aus der Logik des Prozesses", so Lievens. „Deswegen bauen wir gerne selbst bei unseren Projekten mit, so entwickelt sich eine emotionale Bindung zu dem, was man entwirft. Außerdem können wir vor Ort manche Entscheidung noch im laufenden Prozess treffen oder eine andere Lösung entwickeln, die uns gelungener erscheint." In ihren Entwürfen stehen dann auch oft einzelne Objekte im Vordergrund: „Wir entwickeln kleine Fragmente, die oft erst später eine Verbindung zueinander bekommen. Deswegen arbeiten wir auch gerne in einem überschaubaren Maßstab, weil wir dann das Gefühl haben, wir könnten alles selbst machen." In den von ihnen gestalteten Einfamilienhäusern ist das Resultat dieses Prozesses besonders deutlich, die einzelnen Objekte bestimmen durch ihre Gestaltung, Ausrichtung und Position den gesamten umliegenden Raum, sei das eine Küchenzeile, ein Wandschrank, ein Oberlicht oder eine Sitzgelegenheit. „Wir wollen Momente erschaffen. Unsere Entwürfe sollen verschiedene Erfahrungen ermöglichen. Wir legen nicht so viel Wert darauf, alles vorher zu bestimmen."

Armand Eeckels and Halewijn Lievens met at university, and the firms they worked for after graduating allowed them enough scope to continue working on their own small-scale assignments. Originally, their group included Arunas Arlauskas, and the architects would work in pairs or as a trio, taking on assignments from the firms they worked for. Lievens explains, that "with Maarten Van Severen, you could do that. There was a very open atmosphere." Lievens and Eeckels were sharing an apartment at the time and had set up a temporary workspace on the ground story (it was so small that the printer had to be kept in the stairwell). Getting their own firm was the logical next step. "At the time, we wanted to set out our working methods in a manifesto, but somehow we never got around to it," said Lievens. "I don't think our mentality is particularly strategic: we prefer to simply get things done, preferably ourselves and right away." This probably explains the firm's name. Nu is the Dutch word for "now."

After Arlauskas left the group, Lievens and Eeckels continued on their own and even without the manifesto their working method developed more and more. According to Lievens: "Beauty comes from the logic of the process. That's why we like to join in the construction on our projects, because this helps to develop an emotional connection with what we are designing. This also allows us to make decisions onsite as the project progresses, and to eventually change everything to come up with a different, better solution." In their designs, they often place individual objects in the foreground: "We develop small individual fragments that often only connect with each other later on. That is why we like to work on a manageable scale, because this gives us the feeling that we can do everything ourselves." The end results of this process can be seen particularly clearly in the family homes designed by the team. The design, positioning and alignment of the individual objects – a kitchen unit, a wall cupboard, a skylight, or seating – determine the shape of the whole surrounding space. "We want everything to be factored in. Our designs are intended to enable a variety of experiences. We don't really place value on being able to determine everything beforehand." __fh

„Wir legen nicht so viel Wert darauf, alles vorher zu bestimmen."

"We don't really place value on being able to determine everything beforehand."

Sitz; *Location* GHENT, BE **Gegründet;** *Founded* 2004

Partner; *Partners* ARMAND EECKELS *1973 in Deurne, BE, graduated from Sint-Lucas School of Architecture, Ghent, 2000

HALEWIJN LIEVENS *1975 in Volkegem, BE, graduated from Sint-Lucas School of Architecture, Ghent, 1999

ARUNAS ARLAUSKAS (Partner until 2007) *1967 in Lithuania, graduated from Sint-Lucas School of Architecture, Ghent, 2000

Gearbeitet bei; *Worked at* Macken en Macken (Brussels), V+ (Brussels), 51N4E (Brussels), Atelier Maarten Van Severen (Ghent)

Ordos

Ein ungewöhnliches Projekt: In Ordos bauen 100 Architekten aus 27 Ländern 100 private Villen, jede ist 1000 Quadratmeter groß. Die Häuser werden erst nach Fertigstellung zum Kauf angeboten, sodass die Architekten weder einen baulichen Kontext noch einen künftigen Nutzer haben. Wie also anfangen? NU reagieren auf diese Freiheiten mit einem introvertierten Haus, das sich gegen die umgebende Wüste zu schützen scheint. Statt ein neues Haus zu bauen, werden hier die Räume aus der Erde herausgegraben, hinzugefügte Wände aus Stampflehm unterstreichen diesen Charakter; wie ein negativer Abdruck eines Hauses, dessen Räume um einen großen Innenhof angeordnet sind. Alle Wohnräume werden mit Oberlichtern versehen, die Sichtbeziehungen aus dem Haus gehen vor allem nach oben, zum Himmel.

An unusual project: one hundred architects from twenty-seven countries building one hundred private villas, each 1,000 square meters in size. The houses were not to be offered for sale after completion – the architects did not know what the built environment would be like or who the future homeowners would be. So where to start? NU responded to this free situation with an introverted house, one that turns away from the surrounding wilderness. Instead of a new house being built, the spaces are dug out of the earth. The addition of rammed clay walls emphasizes this. The end product is like a negative print of a house whose rooms are arranged around a large courtyard. All the inhabited rooms have skylights – the line of sight for each house is upwards, towards the sky.

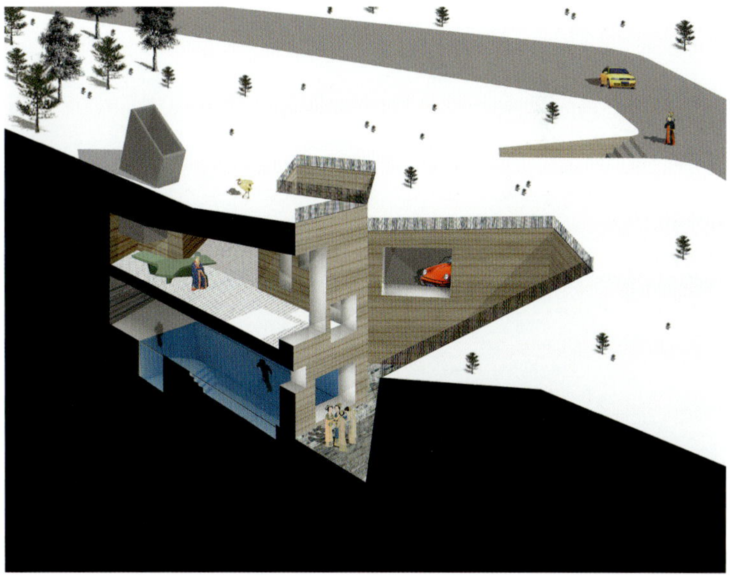

Ordos

Villa

Ordos, Innere Mongolei, CN; *Inner Mongolia, CN*

2006

Auftraggeber; *Client:* Jiang Yuan Water Engineering

C-Tour
Experimentelles, unterirdisches Museum;
Experimental Underground Museum
Winterslag, Genk, BE / 2007–2011

Auftraggeber; *Client:* Stadsbestuur Genk / **Projektpartner**; *Project Partner:* Libost Groep, Hasselt

C-Tour

C-Tour ist Teil der Umgestaltung einer ehemaligen Zechenanlage als Museum für die Bergbaugeschichte der Region. Der Entwurf von NU ist eine experimentelle, künstlerische Inszenierung der ehemaligen Belüftungsschächte als unterirdische Entdeckungsreise, die in der Besteigung von Belgiens höchstem Zechenturm (72 Meter) gipfelt, an den eine neue Wendeltreppe angefügt wird. Die alten Tunnel werden stellenweise erweitert und ergänzt, neue Elemente werden eingesetzt. Sie werden als „weißer" und „schwarzer" Tunnel gestaltet, und ein neuer Tunnel wird gegraben, um den Ausstellungsparcours zu vervollständigen. Verschiedene Künstler sind beteiligt, Audio-Installation und Projektionen werden die Atmosphäre der Tunnel unterstreichen.

C-Tour is part of a former colliery's renovation as a museum for the coal mining history of the region. NU's design uses the former ventilation shafts experimentally and artistically to create an underground journey of discovery, culminating in a trip up the new spiral staircase in Belgium's highest colliery tower (seventy-two meters). The old tunnels were extended and added to in places, and supplemented with new elements. They were turned into "white" and "black" tunnels, and a new tunnel was dug to complete the exhibition circuit. A number of artists created audio installations and projections to enhance the tunnels' atmosphere.

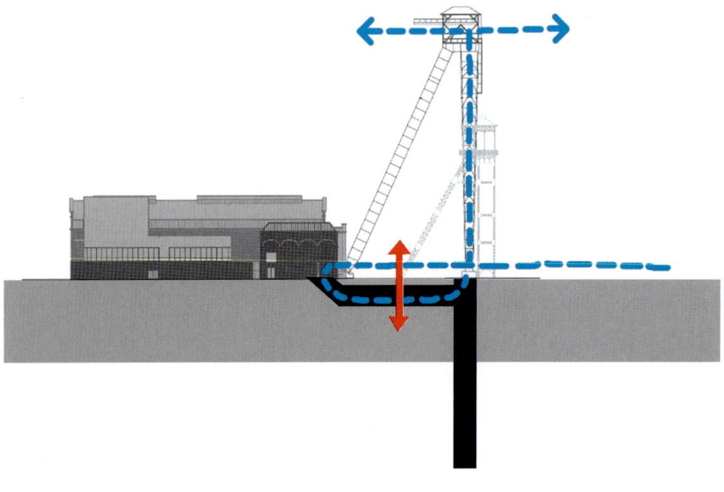

Mathilde, Halvemaanstraat

In den Renovierungsprojekten von NU treten einige der Themen, mit denen sich ihre Architektur beschäftigt, besonders deutlich zutage. Da sind die Oberlichter, die sie stets einfügen, um mehr Licht und eine neue Sichtbeziehung in den Innenräumen zu ermöglichen – ein Motiv, dass in Variationen auch in den Entwürfen für die Villa in Ordos und für C-Tour auftaucht. Da ist zweitens die Beschäftigung mit den funktionalen Elementen eines Raums, die sie oft in Blöcken mittig im Raum zusammenfassen und dadurch die Konstellation und Nutzung des Raums verändern. Und da ist drittens das Thema der Skulptur – viele ihrer Möbel und Räume sehen aus, als wären sie aus einem großen Klotz herausgearbeitet worden, wie die Küchenzeile aus Beton in der Halvemaanstraat, die Lievens und Eeckels selbst gebaut haben, oder der lange schwarze Tresen bei Mathilde, der perfekt horizontal im Raum zu schweben scheint – ebenfalls selbst gebaut.

NU's renovation projects are particularly clear examples of certain themes central to the work of its architects. For instance, there are the skylights – fitted to add more light and give the interior new outlooks. This motif also appears, in different variations, in the Ordos villa and the C-Tour. There is also the interest in a room's functional elements, often concentrated in a block in the center of the room, thereby changing the way the room is arranged and used. Thirdly, there is the theme of "sculpture" – many of the rooms and furnishings look as if they were carved from a single large block. Like the concrete kitchen sculpture they built themselves for the refurbishment of Halvemaanstraat or the long, black table they built for Mathilde, which seems to hover into the space perfectly horizontally.

Halvemaanstraat
Renovierungen von Einfamilienhäusern;
Renovation of Single-Family Homes
Ghent, BE / 2008

Mathilde
Renovierungen von Einfamilienhäusern;
Renovation of Single-Family Homes
Ghent, BE / 2003

OFFICE KERSTEN GEERS DAVID VAN SEVEREN

be

A Grammar for the City

Sitz; *Location* BRUSSELS, BE **Gegründet;** *Founded* 2002

Partner; *Partners* KERSTEN GEERS *1975 in Ghent, BE, graduated from University of Ghent, BE

DAVID VAN SEVEREN *1978 in Ghent, BE, graduated from University of Ghent, BE

Gearbeitet bei; *Worked at* Maxwan (Rotterdam), Neutelings Riedijk (Rotterdam), Stephane Beel (Ghent), Xaveer de Geyter (Brussels), Atelier Maarten Van Severen (Ghent)

Mehr mit weniger; *More with Less*

Office Kersten Geers David Van Severen wurde gegründet, als Geers noch in den Niederlanden und Van Severen noch bei seinem Vater Maarten Van Severen arbeitete. Erst 2005 wurde aus dem gemeinsamen Namen ein gemeinsamer Raum, Kersten Geers hatte sich zur Rückkehr nach Brüssel entschlossen: „Wir sind Teil der Post-Rotterdam-Generation junger belgischer Architekten. Wir sind in die Niederlande gegangen, weil die Arbeitsbedingungen dort damals großartig waren – wir konnten an großen Projekten arbeiten und wir bekamen schnell Verantwortung. Das wäre in Belgien damals überhaupt nicht möglich gewesen. Wir sind die Kinder von Rem Koolhaas, aber ohne seine zynische Haltung; wir arbeiten in Belgien in einem viel kleineren Maßstab. Wir sind zurückgekommen, um hier etwas Neues anzufangen." Der kleinere Maßstab hat Vorteile. „Wir sind noch nicht besonders bekannt, aber wir suchen uns unsere Aufträge schon manchmal aus. Wir wollen nicht unbedingt die ganz großen Projekte bauen." Ein kleines Büro zu sein, gibt beiden Partnern die Möglichkeit, die Projekte und deren Ausführung besser zu kontrollieren. „Das ist etwas, was in den niederländischen Büros oft niemanden interessiert. Deswegen endet die Kontrolle des Architekten dort oft beim Entwurf und die Ausführung ist dann schlecht." Die puristische Stringenz in den Entwürfen von Geers und Van Severens spricht eine völlig andere Sprache. Sie interessieren sich für die Details und die Entwicklung von Typologien. Ihre Projekte verstehen sie als Werkreihen – alles bezieht sich aufeinander und entwickelt sich aus dem Vorigen. Und sie haben eine ästhetische Überzeugung, die zu dem klaren Gesamtkonzept des Büros passt: „Wir hassen Renderings! Unsere Darstellungen sind immer eindeutige Konstruktionen von Ideen. Die Menschen vertrauen den Bildern viel zu sehr, aber Bilder sind keine Realität, sondern eine Komposition. So wie unsere Architektur die Konstruktion einer Idee ist. In unseren Bildern und Architekturen streben wir nach einer möglichst effizienten Reduktion der Mittel – eine Präzision, durch die wir mit weniger ein Mehr erzeugen. Wie viel brauche ich für einen Ausdruck, eine Aussage, ein Gefühl?" Die fast spartanische Sterilität ihrer Zeichnungen löst jedenfalls eine komische Mischung aus Faszination und Irritation aus. Aber in ihrer Architektur verfolgen sie diese Ideen bis ins kleinste Detail und haben so bereits mehrere Gebäude von faszinierender Klarheit geschaffen.

Office Kersten Geers David Van Severen was founded while Geers was still working in the Netherlands and Van Severen was still working with his father Maarten Van Severen. It was only in 2005 that this firm received its own office space. Kersten Geers had decided to return to Brussels: "We are part of the post-Rotterdam generation of young Belgian architects. We went to the Netherlands because working conditions there were excellent at the time – we could work on large projects and we were rapidly awarded more responsibility. That would never have happened in Belgium at the time. We are the children of Rem Koolhaas, but without his cynical attitude; in Belgium, we work on a much smaller scale. We came back to start something new here." Working on a small scale has its advantages. "We're not very well known yet, but we can sometimes choose which assignments to take on. Building really major projects isn't necessarily our ambition." Being a small firm allows both partners better control over the projects and how they are implemented. "Often no-one bothers with this in the Dutch firms. The architect's control often ends after the design stage, meaning that the end result is bad." The purist rigor of Geer and Van Severen's designs is another matter entirely. They are interested in the development of typologies, seeing their projects as serial works – every part fits with every other part and develops out of what came before. Their aesthetic beliefs fit well with the firm's clear overall concept: "We hate renderings! Our representations are always unambiguous constructions of ideas. People put too much trust in pictures, but a picture is not a reality – it is a composition. Just as our architecture is the construction of an idea. In our images and our architecture, what we are trying to do is to reduce the materials as efficiently as possible – precision, achieving more with less. How much do I need for an expression, a statement, a feeling?" The drawings' almost spartan sterility evokes a strange combination of fascination and irritation. But in their architecture the pair pursue these ideas down to the smallest detail. So far, this approach has produced many buildings of fascinating clarity. __fh

„Wir sind Teil der Post-Rotterdam-Generation junger belgischer Architekten."

"We are part of the post-Rotterdam generation of young Belgian architects."

Summerhouse
Ghent, BE / 2004–2007

Summerhouse

Das erste Projekt von Geers und Van Severen: Neben dem vorhandenen „Winterhaus“ entstand ein „Sommerhaus“ mit modularem Stahlrahmentragwerk. Ein schmaler Abschnitt dieser Konstruktion wurde mit Stahlgittern gedeckt. Mehrere verspiegelte Glastüren lassen das Winterhaus optisch verschwinden, sobald man das Sommerhaus betritt.

The first project of Geers and Van Severen: alongside the existing "winterhouse," a "summerhouse" was built with a modular steel frame. A narrow strip of this frame was roofed with steel grilles. A number of mirrored glass doors make the winterhouse "disappear" once the summerhouse is entered.

Cité de Refuge
Ceuta, E
Projekt für die Architekturbiennale Rotterdam 2007;
Project for the Rotterdam Architecture Biennale 2007
lobende Erwähnung; *Special Mention Award*

Cité de Refuge

Ceuta ist eine spanische Enklave in Marokko. Die „Cité de Refuge“ ist ein Flüchtlingslager im Niemandsland zwischen zwei Städten (Ceuta und Tanger), zwei Staaten (Spanien und Marokko) und zwei Kontinenten (Europa und Afrika). Die Anlage auf einem 482 x 482 Meter großen Gelände ist von Gebäuden mit Kolonnaden umgeben, in denen alle Infrastrukturen eines Grenzübergangs untergebracht sind. Der Entwurf reflektiert die Unfähigkeit, Lösungen für die in diesem Grenzland herrschenden Probleme zu finden, und analysiert die Stadt in ihrer radikalsten und dichtesten Form: als bewussten Akt, als politische Entscheidung.

Ceuta is a Spanish enclave on Moroccan soil. Cité de Refuge is a refugee city in the no-man's-land between two cities (Ceuta and Tangier), between two countries (Spain and Morocco), and between two continents (Europe and Africa). A large square of 482 x 482 meters surrounded by a colonnaded structure bearing all the infrastructural elements of a border crossing. The project reflects the powerlessness to achieve solutions to the problems occurring on this border and investigates the city in its most radical, concise form: as a deliberate act, a political decision.

A Grammar for the City

Die Stadt ist als eine Folge von Räumen angelegt, die von „Stadtmauern" klar definiert werden. Diese Mauern sind Wohnblocks auf kreuzförmigem Grundriss für insgesamt bis zu 500.000 Bewohner. Die Bereiche zwischen diesen Bauten sind Stadträume ohne Inhalt. Der Plan soll die Form der Stadt definieren, ohne in das naive modernistische Ideal der Stadt als unverrückbar festgelegte, vorbestimmte Anordnung von Gebäuden und Nutzungen zu verfallen. Stadtmauern und Stadträume erfüllen den einzigen Zweck, der sich der Architektur zuschreiben lässt: der Unsicherheit des Lebens das spezifisch träge Beharrungsvermögen von Baumassen entgegenzusetzen.

The city is organized as a sequence of rooms that are clearly defined by "city walls." The walls are cruciform buildings forming a habitable structure for up to 500,000 people. The spaces in between are city rooms without content. The plan thus seeks to define the form of the city in a rigid manner, without lapsing into the naïve modernistic ideal of the city as a fixed, predetermined organization of buildings. City walls and city rooms fulfill the only role that can be ascribed to architecture: providing a specific inertia against the instability of life itself.

A Grammar for the City
Masterplan für eine neue Regierungsstadt in Südkorea; *Master Plan for a New Administrative Capital in South Korea*

Mit; *With:* Dogma Architects / Internationaler Wettbewerb, 1. Preis, 2005; *International Competition, 1st Prize, 2005*

Commercial Building, Tielt

Die Grundstücksmauern wurden bis zur maximal zulässigen Höhe aufgestockt und umfassen einen großzügigen Vorhof, in dem zwei identische Bauten einander wie Spiegelbilder gegenüber stehen und einen offenen Innenhof flankieren. Die restliche Fläche wird als vielgestaltiger Garten angelegt – als Kontrast zur Regelmäßigkeit der Bauten.

The walls along the lot are raised to maximum height forming a wide entrance. Within this frame stand two identical buildings, mirror images, defining an open inner courtyard. The remaining space becomes a whimsical garden, as a complement to their regularity.

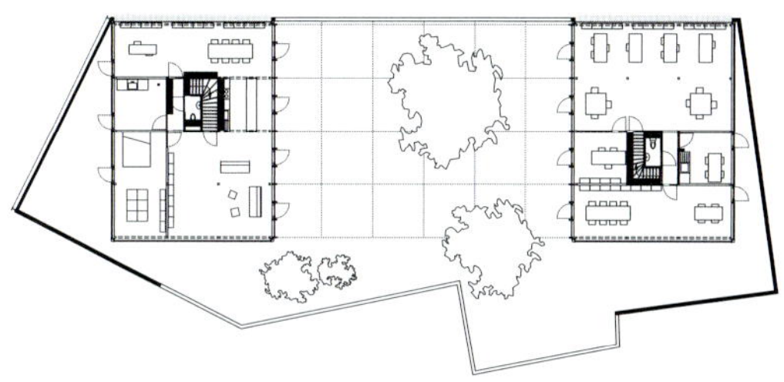

Commercial Building, Tielt
Büro- und Gewerbegebäude
Tielt, BE / 2008–2010

Master Plan Kortrijk XPO
inklusive Galerie- und Bürogebäude;
with Gallery and Office Building
2007–2010

Projektpartner; *Project Partner:* Joachim Declerck, Bureau Goddeeris and Bureau Bas Smets

Master Plan Kortrijk XPO

Der Plan zeigt ein typisches Messegelände: eine Ansammlung gleichförmiger Hallen, Korridore und kleiner Grünflächen. Office legen ein prägendes, modulares Stahlrastertragwerk in Grund- und Aufriss als einheitlichen Rahmen um diesen chaotischen Komplex. Außerhalb des wohlgeordneten Rahmens wird die Umgebung natürlich und grün sein.

A typical exposition complex: a collection of similar halls, connecting corridors, and snippets of vegetation. As one unifying frame, a modular steel grid in both elevation and plan is placed around this chaotic entity. Outside the frame, the surroundings are natural and green.

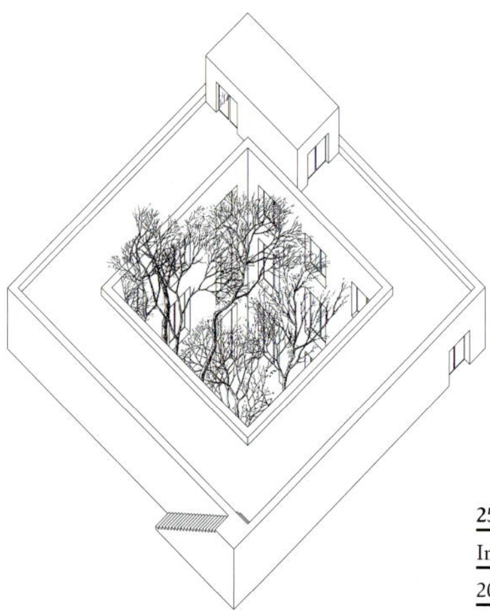

25 Rooms, Villa for Ordos
Innere Mongolei, CN; *Inner Mongolia, CN*
2008–in realization

25 Rooms, Villa for Ordos

Entwurf für eine Villa mit 1000 Quadratmeter Wohnfläche, der sich auf die Gestaltung eines einzigen Moduls beschränkt: auf ein rechteckiges Zimmer mit vier Türen, aber ohne spezielle Funktion. 24 Zimmer, auf drei Etagen verteilt, bilden Raumfolgen um ein zentrales Atrium. Der Bau ist in den Boden versenkt; der geheimnisvolle 25. Raum ist die Dachterrasse – wie ein Beobachtungsposten auf einer dicken Mauer.

Design for a 1,000-square-meter residence, reduced to the design of just one component, a room: a rectangular space with four entrances and no prescribed function. Twenty-four identical rooms over three stories, forming an enfilade around a central atrium. The building is sunken into the ground, the enigmatic twenty-fifth room is the roof terrace; a lookout post on a thick wall.

After the Party

Office haben eine sieben Meter hohe zweischalige Mauer um den belgischen Pavillon gebaut, die ihn vom Geschehen auf dem Biennalegelände abschirmte. Besucher betraten diese Umfassungsmauer durch eine kleine Öffnung und wurden in der Mauer zu einer Seitentür des Pavillons geleitet, was sie zunächst verwirrte, bevor sie den Pavillon als eine ganz neue Raumkonstellation erleben konnten. Vor dem Haupteingang fanden sie einen kleinen ummauerten Garten, der den eigentlichen Pavillon einrahmte und das Gebäude selbst zum Hauptexponat der Ausstellung machte.

Office enclosed the Belgian pavilion by a seven-meter-high wall separating it from the predominant context of the architecture biennial. Visitors walked through the two layers of the outer wall and entered the pavilion through the side entrance, disorienting them before their experience of a new aggregate of spaces. In front of the main entrance, they found a walled courtyard, an intimate garden. The new structure frames and displays the original pavilion making it the main exhibition piece.

"After the Party"
Belgischer Pavillon auf der Architekturbiennale Venedig;
Belgian Pavilion for the Architecture Biennale in Venice
2008

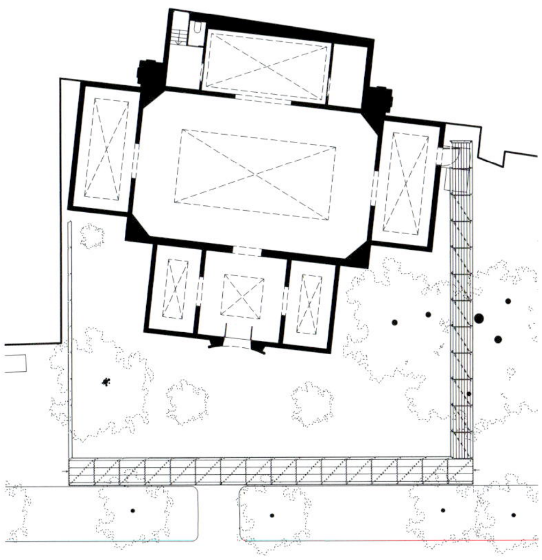

ONE FINE DAY

de

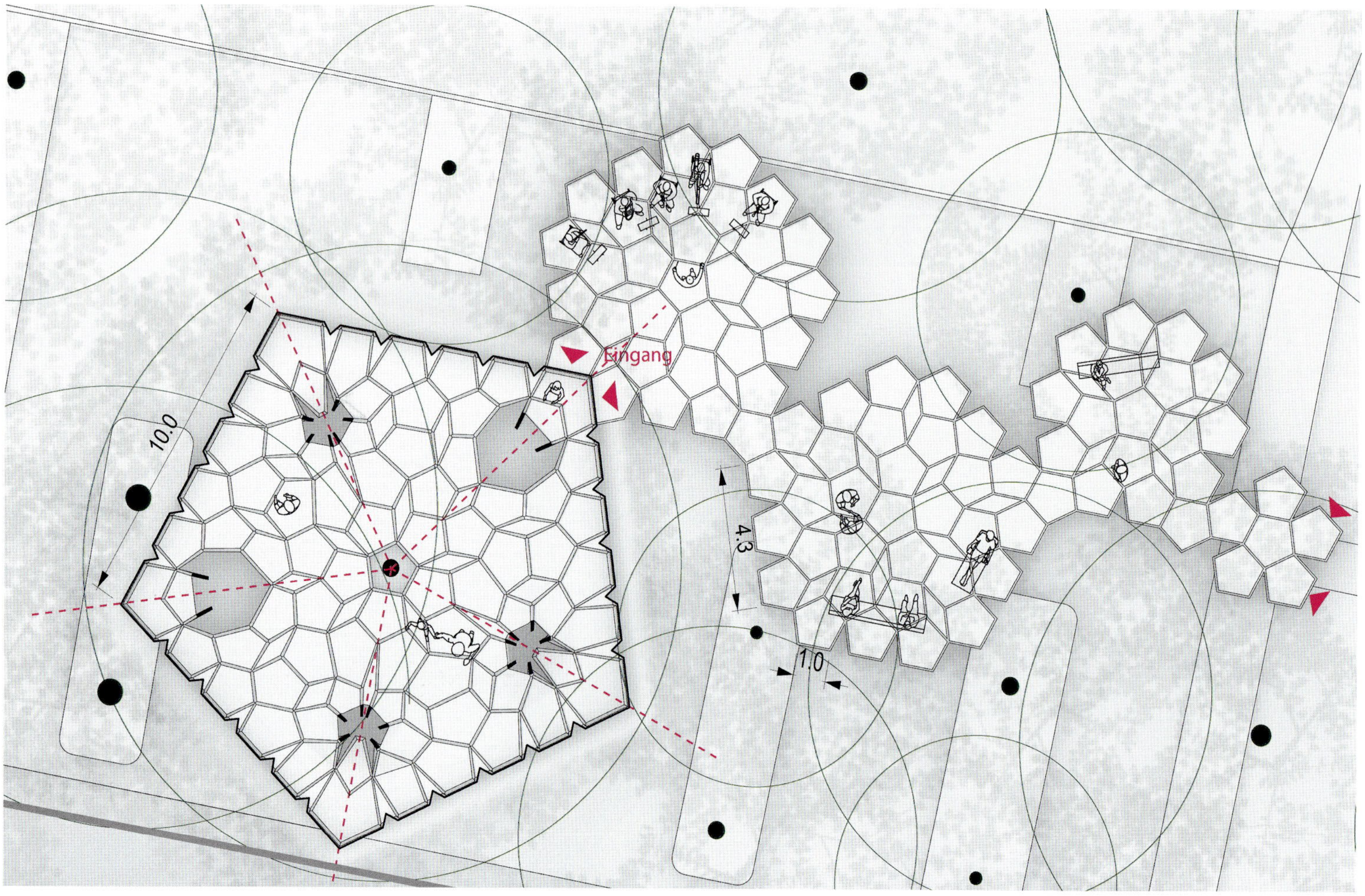

treehugger

Sitz; *Location* DUSSELDORF, DE **Gegründet;** *Founded* 2009

Partner; *Partners* HOLGER HOFFMANN *1974 in Gütersloh, DE, graduated from Münster School of Architecture, DE, 2000, postgraduate degree from Städelschule, Frankfurt am Main, DE, 2004

Gearbeitet bei; *Worked at* UNStudio (Amsterdam)

Zusammenarbeit mit; *Collaboration with* UNStudio/united architects, (New York), bolles+wilson (Münster)

Launched "genericdesignlab" together with Christian Veddeler and Sven Pfeiffer as an independent research platform for the exploration of digital design methodology, 2003

Eines schönen Tages ...; *One Fine Day ...*

Holger Hoffmann gründet das Büro one fine day Anfang 2009 kurz nachdem er Ben van Berkels UNStudio in Amsterdam verlassen hat. Nach seiner Ausbildung an der Städelschule in Frankfurt arbeitete er mehr als sechs Jahre in Amsterdam, um dann mit seiner Freundin nach Düsseldorf zu ziehen. Wie viele seiner Kollegen stellt er fest, dass der deutsche Markt nicht auf ihn gewartet hat, stattdessen empfängt ihn die stark regulierte deutsche Bauwelt mit einem streng hierarchischen Wettbewerbswesen, dem junge Büros fast chancenlos gegenüberstehen.

Holger Hoffmann, der seit Oktober 2007 Digitales Konstruieren und Entwerfen am interdisziplinären Fachbereich Gestaltung der Fachhochschule Trier unterrichtet, versteht Düsseldorf trotzdem als Chance. Die wirtschaftlich starke Region verfügt neben einer hervorragend ausgebauten Verkehrs- und Infrastruktur über ein hohes kulturelles Interesse – Standortfaktoren, die er in Amsterdam und der Randstad zu schätzen gelernt hat.

„Wir agieren als interdisziplinäre Architekturplattform zwischen Lehre und Praxis – unser Lehrgebiet Digitales Konstruieren und Entwerfen dient als eine Art Labor für die möglichst freie Entwicklung von architektonischen Konzepten. Dementsprechend entwickeln wir unsere Projekte nicht im Rahmen eines klassischen Architekturbüros, sondern in wechselnden Arbeitsgemeinschaften mit Studenten, anderen Architekten, Ingenieuren und Gestaltern.

Der Name ‚one fine day' steht für eine positive Grundeinstellung, Idealismus und die Ambition, die notwendig sind, um Architektur jenseits von Standardlösungen entwickeln zu können. Es geht uns um die Lust am Spekulativen, dem Unbekannten und dem Aufregenden in der Architektur innerhalb eines internationalen und interkulturellen Diskurses.

Wir verstehen uns als Teil einer jungen Generation von Architekten, die sich weniger an überkommenen stilistischen Diskussionen orientiert, sondern eine zukunftsfähige Architektur für morgen entwickeln muss. Dabei verstehen wir die Spannung zwischen pragmatischen Notwendigkeiten und potenzieller räumlicher, formaler und materieller Innovation als besondere Chance für Architekturkonzepte."

Holger Hoffmann founded his "one fine day" practice early in 2009, shortly after leaving Ben van Berkel's studio in Amsterdam. After training at the Städelschule in Frankfurt, he worked in Amsterdam for over six years, and then moved to Düsseldorf with his girlfriend. Like many of his colleagues, he found that the German market was not eagerly awaiting him: instead, the heavily integrated world of German building confronted him with a strictly hierarchical competition system in which young practice stand practically no chance.

Holger Hoffmann, who has taught digital construction and design in the interdisciplinary design department at the Fachhochschule in Trier since October 2007, nevertheless still sees opportunities in Düsseldorf. This is a powerful economic region that is greatly interested in culture as well as having an outstandingly well developed transport system and infrastructure – location factors that he learned to prize highly in Amsterdam and the Randstad.

"We operate as an interdisciplinary platform for architecture placed between teaching and practice – our subject area, digital construction and design, acts as a kind of lab for the freest possible development of architectural concepts. So we do not develop our projects within the framework of a classical architectural practice, but in constantly changing working groups involving students, other architects, engineers, and designers.

The name 'one fine day' suggest a positive basic attitude, idealism and the ambition necessary to be able to develop architecture beyond standard solutions. We are keen to pursue speculative, unknown, and exciting aspects of architecture within an international, intercultural discourse.

We see ourselves as belonging to a younger generation of architects who are not so much swayed by traditional stylistic argument, but who have to develop architecture that can face tomorrow's future. Here we see the tension between pragmatic necessities and potential spatial, formal and material innovations as a particular opportunity for architectural concepts." __an

„Es geht uns um die Lust am Spekulativen, dem Unbekannten und dem Aufregenden in der Architektur."

"We are keen to pursue speculative, unknown and exciting aspects of architecture within an international, intercultural discourse."

Playa Blanca, Bankers, and the Pivotal Point

Der Entwurf eines prototypischen Ferienhauses für eine Gruppe gleichgesinnter Nutzer ist das erste angewandt-theoretische Projekt, das bis heute verschiedene universale Regelwerke der Arbeit von one fine day definiert. So finden sich hier unter anderem komplexe geometrische Zusammenhänge zwischen Struktur und Raumbildung, die innerhalb einer computergestützten Parametrik entwickelt wurden. Der zentrale „Pivotal Point" und die so induzierte Rotationssymmetrie zum Beispiel, spiegeln sich als organisatorisches System in verschiedener Ausprägung auch in späteren Projekten wider.

The first applied theoretical project was the design of a prototypical holiday home for a group of users with similar preferences. To this day, it defines various universal rules for our work. Among other things, complex geometrical relationships between structure and space formation can be developed within a computer-supported parametric. For instance, the central "Pivotal Point" and the thereby induced rotational symmetry are a system of organization that we reused in various forms for our subsequent projects.

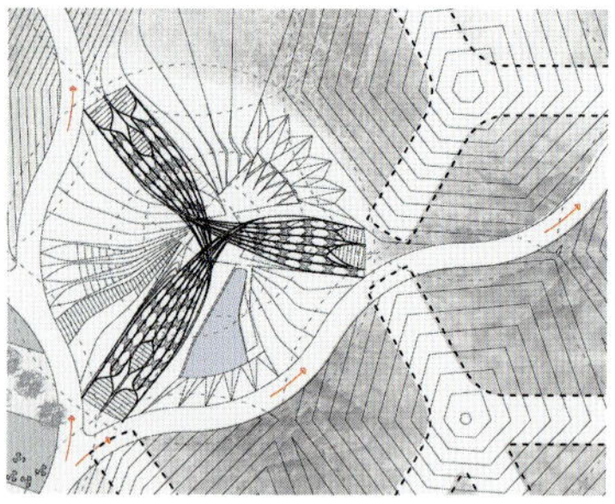

Playa Blanca, Bankers, and the Pivotal Point
Diplomarbeit an der Städelschule Frankfurt am Main, ausgezeichnet mit dem Taut Preis 2005 der Bundesarchitektenkammer; *Degree from the Städelschule Frankfurt am Main, awarded the 2005 Taut Prize by the Bundesarchitektenkammer*
Playa Blanca, Lanzarote, E / 2005

Aletsch Campus
Wettbewerb; *Competition*
Naters, CH / 2009

Mit; *With:* Daniela Hake; Prof. Klaus Klever, Aachen / **Auftraggeber;** *Client:* Stadt Naters

treehugger

Der „treehugger" ist das erste F- und E-Projekt, das one fine day zusammen mit dem Lehrgebiet Digitales Konstruieren und Entwerfen an der FH Trier bearbeiten. Das ist die Chance, ein Projekt mit hohem Grad an Komplexität innerhalb eines breitgefächerten wissenschaftlichen Kontexts zu realisieren. Um den Aufbau unter den Bäumen zu vereinfachen und auch die teilweise komplexen Geometrien, vor allem der baumartigen Stützen, konzeptionell und konstruktiv schlüssig umsetzen zu können, wird eine modulare Holzkonstruktion mit einer punktsymmetrischen fünfeckigen Kachelung entwickelt. Einerseits konstruktives System und räumliches Ornament, leitet sich die Form aus der Beschäftigung mit ortsspezifischen Aspekten, wie der in der Projektion polygonalen Geometrie des Gewölbes von St. Kastor oder dem verästelten Blätterdach über dem Pavillon, ab.

The "treehugger" is the first F and E project realized in collaboration with our Digitales Konstruieren und Entwerfen (Digital Construction and Design) department at the FH Trier. It represents a chance for us to realize highly complex projects within a broad scientific context. To simplify setting up under trees – and also in order to be able to implement the geometries cleanly, both conceptually and structurally, as some of them were complex, especially for the tree-like columns – we developed a modular timber structure with symmetrical polygonal tiling. This form, both a structural system and a spatial ornament, derives from addressing site-specific aspects, as in the projections of polygonal geometry in the vaulting of St. Kastor or the branching leaf roof above the pavilion.

treehugger

Temporärer Pavillon; *Temporary Pavilion*

BUGA 2011 in Koblenz, DE

Pavillon der Handwerkskammer Koblenz für die BUGA 2011 in Koblenz, entwickelt als Forschungs- und Entwicklungsprojekt an der FH Trier; *Pavilion of the Handwerkskammer Koblenz for the BUGA 2011 in Koblenz, developed at the FH Trier as a research and development project* / **Mit**; *With:* Digitales Konstruieren und Entwerfen FH Trier / **Auftraggeber**; *Client:* HWK, Koblenz

Aletsch Campus

Der Wettbewerbsbeitrag für den Aletsch Campus in Naters ist ein Versuch der Anwendung generativer Entwurfswerkzeuge auf ein sehr spezifisches Programm. Ein sehr heterogener städtischer Kontext wurde mit der maximal möglichen Kompaktheit öffentlicher Programme konfrontiert, um ein interregionales Zentrum nicht nur funktional, sondern auch formal zu markieren.

The competition entry for the Aletsch Campus in Naters is an attempt to apply generative design tools to a very specific task. We responded to the highly heterogeneous urban context with a maximally compact arrangement of public services that clearly marks the location as a regional center formally as well as functionally.

Into the Great Wide Open

Holger Hoffmann

Wir „jungen Architekten“ sind damit konfrontiert, in einem gesättigten Markt Arbeitsfelder finden zu müssen, die nicht von arrivierten Büros besetzt sind und von ebensolchen Institutionen geschützt werden.

Daher agieren wir zunächst in Nischen, die, weil ökonomisch nicht relevant, von etablierten Kollegen wenig beachtet werden. Die Arbeit an Installationen, Aktionen, Pavillons, Grafik, Webdesign, in der Lehre usw. ist ein probates Mittel, um eigene inhaltliche Ansätze zur aktuellen Architektur formulieren zu können. Damit kann aus einer erzwungenen wirtschaftlichen Situation eine kreative Umdeutung des eigenen Berufsbildes resultieren, das dann in seinem architektonischen Ergebnis vielleicht sogar interessanter erscheint als die Rollenmodelle der bewährten Architekturpraxis.

Dazu kommt, dass die Referenzebene für unsere Architektengeneration keine deutsche oder auch westliche mehr sein kann, sondern eine absolut globale sein muss. Denn im Zeitalter der Blogosphäre entwickeln sich aktuelle technologische Entwicklungen und architekturtheoretische Diskurse mit großer Geschwindigkeit „bottom-up“ über Ländergrenzen hinweg. Beschleunigt von einer rasanten technologischen Entwicklung werden damit folgerichtig überkommene architektonische Paradigmen kontinuierlich infrage gestellt, überformt und wieder neu interpretiert.

Die durchdringende Digitalisierung unserer Arbeitswelt hat aber nicht nur neue Formen der Kommunikation entstehen lassen, sondern auch völlig neue Werkzeuge für das Entwerfen, Konstruieren und Fertigen ermöglicht. Allein die Entwicklung vom sogenannten Computer-Aided-Design (CAD) zu aktuellen Plattformen des Computational Design, also von einfachen Zeichenwerkzeugen zu automatisierten generativen Entwurfsmaschinen, hat die Architekturkonzeption der letzten 20 Jahre grundlegend verändert.

Dieser „Übergang vom analogen zum digitalen Entwerfen“ [1] ist allerdings nicht nur technologisch begründet – er ist vor allem auch theoretisch breit fundamentiert. Die Hinwendung zu methodisch klar definierten Entwurfsstrategien, die notwendig sind, um innerhalb eines Computerprogramms Regeln zur Formgenese zu definieren, kennen wir zum Beispiel aus Christopher Alexanders Notes on the Synthesis of Form oder auch Peter Eisenmans diagrammatischen Entwurfswerkzeugen der 70er Jahre. Dazu kommen die seit den 90er Jahren durch Theoretiker wie Jeffrey Kipnis, Sanford Kwinter und Greg Lynn oder auch Architekten wie UNStudio oder Foreign Office Architects entwickelten Strategien zur In-Formation komplexer Architekturen. Dabei ist die größtmögliche Differenzierung von Bauteilen die logische Reaktion auf unterschiedliche funktionale, strukturelle oder atmosphärische Parameter und Einflussfaktoren bzw. eben Informationen.

Das Potenzial des Computational Design verbindet sich also mit einem performance-orientierten Entwurfsansatz, dem purer Formwillen genauso fremd ist, wie er eine vulgär-funktionalistische Reduktion gestalterischer Mittel vermeiden kann.

Dadurch, dass Konzeption, Entwurf und Konstruktion nun innerhalb desselben Mediums entwickelt werden, gibt es keinen – durch den methodischen Bruch zwischen Skizze und Computerzeichnung bestimmten – linearen Entwurfsprozess mehr, sondern idealerweise generative Entwurfsstrategien, die so lange wie möglich relativ ergebnisoffen bleiben. Ein Entwurf wird nicht notwendigerweise durch die berühmte Architektenskizze formal vordefiniert, sondern kann sich allmählich durch das In-Beziehung-Setzen und Evaluieren verschiedener relevanter Parameter zu verschiedenen möglichen Ergebnissen verdichten. Das hat den Vorteil, das Beweggründe und Entscheidungen in komplexen Architekturprojekten, die nicht mehr von einem einzigen Entwerfer inhaltlich definiert werden können, sondern innerhalb von Teams entwickelt werden müssen, in jedem Stadium für alle Beteiligten relativ transparent visualisierbar sind. Weil die geometrische Definition eines Projektes aus dem Computerprogramm heraus dabei immer wieder neu entstehen kann, bleiben Entwurfsstände durch den Prozess hindurch „abwärtskompatibel". Der zuvor durch die methodische Zäsur notwendigerweise lineare Entwurfsprozess eröffnet sich die Möglichkeit der kontinuierlichen Reversion.

Wir sehen zurzeit die weltweite Anwendung des Computational Design, dessen Relevanz für die Architekturentwicklung der kommenden Jahrzehnte wohl nicht mehr zu bestreiten ist. Aus dieser Zäsur ergibt sich ein Problem für das Selbstbild des Architekten: nämlich das der „Handschrift". In dem Moment, in dem Architekten nicht mehr allein den formalen Kanon ihrer Arbeit aus sich heraus beschreiben, sondern dieser Kanon durch das emergente Potenzial programmierter „Environments" überschritten wird, erscheint eine vordefinierte formale Handschrift hinderlich bzw. methodisch anachronistisch. Daher ist die konzeptionell stringente Definition eines „Set-of-rules", das Intuition und Parametrik ausbalanciert, für die eigene Arbeit zwingend notwendig.

Dann erlauben „Bottom-up-Strategien" unerwartete Entwicklungen nicht nur innerhalb eines Projektes, sondern ermöglichen die längerfristige projektübergreifende konzeptionelle Konsistenz ohne die Definition eines eigenen formalen Kanons. Dies wiederum ist eine fantastische Chance für eine Generation von Architekten, die vielleicht pragmatischer und analytischer denn je ihre Tätigkeitsfelder suchen und mit entwickeln müssen.

In a saturated market, we "young architects" have to find fields of work that have not already been exploited by established firms and are protected from their future involvement.

This means working primarily in niches that are less economically significant and receive less attention from established practitioners. Work on installations, actions, pavilions, graphics, web design, in education, etc., is a proven way of developing an essentially individual approach to current architecture. An unfortunate economic situation encourages creative reinterpretation of one's own career path – and may even produce more interesting architectonic results than traditional architectural praxis.

Additionally, the context our generation of architects works in is no longer Germany or the Western world – it is global. In the blogosphere age, the newest technological possibilities and theoretical architectonic discourses develop rapidly "from the bottom up," crossing international boundaries. This leads to traditional architectonic paradigms constantly being questioned, reworked, and reinterpreted – a process accelerated by rapid technological development.

The ubiquitous digitalization of our working lives has done more than create new forms of communication. It has also provided completely new design, construction, and implementation tools. The development of so-called computer-aided design (CAD) into a platform for computational design – from a simple drawing tool to an automated design-generating machine – is just one factor that has changed the architecture concepts fundamentally in the last twenty years.

This "transition from analogue to digital design"[1] *goes beyond technology – it also has a strong theoretical foundation. A move towards clearly defined, methodical design strategies that can define rules for generating shapes within a computer program can be seen, for example, in Christopher Alexander's* Notes on the Synthesis of Form *and Peter Eisenman's diagrammatic design tools from the nineteen-seventies. Then there are the strategies for the information of complex architectures developed since the nineteen-nineties by theoreticians like Jeffrey Kipnis, Sanford Kwinter, and Greg Lynn or architects like UNStudio or Foreign Office Architects. The emphasis on differentiating the architectural components is a logical reaction to all the different functional, structural, and atmospheric parameters and influencing factors or pieces of information.*

The potential of computational design is therefore integral to a performance-oriented design approach. If the performance-oriented strategy wishes to avoid a vulgar functional reduction of design means, it must exclude any preexisting intention to create a particular shape.

A linear design process with a fundamental methodical gulf between sketches and computer drawings has been replaced with a situation where concept, design, and construction evolve within the same medium: idea-generating design strategies with the end result left undefined as long as possible. Instead of a design shape being predefined by the famous architect's sketch, it can gradually crystallize into a number of possible end products though the adjustment and evaluation of various parameters. This is advantageous for complex architecture projects in which decisions have to be controlled by a team rather than a single designer because it allows each stage to be relatively transparent to all participants. Because the geometric definition of the project in a computer program can be recreated, design states remain "downwardly compatible" throughout the process. A design process that used to be strictly linear due to the methodical divide now allows for the possibility of continual reversion.

We are presently seeing Computational Design applied worldwide. It will undoubtedly be a key part of architecture development over the coming decades. This quantum leap is problematic to an essential component of the architect's self-image: namely the "signature style." At a time when the architect's responsibility for the formal canon of his or her own work has been transcended by the emergent potential of programmed "environments," a predefined formal style appears counterproductive and anachronistic. For this reason, it is essential that the architect define a conceptually stringent "set of rules" to work to that balances intuition and parametrics.

"Bottom-up strategies" don't just permit unexpected developments within a project, they also allow long-term conceptual project consistency to be achieved without defining a personal formal canon. This in turn represents a fantastic opportunity for a generation of architects, who may now begin seeking and carving out fields of activity more pragmatically and analytically than ever before. —

1 Siehe; *See:* Nikolaus Kuhnert, Anh-Linh Ngo: „Entwerfen im digitalen Zeitalter". In: ARCH+ 189, Aachen 2008, S. 9; *p. 9*

PASEL.KÜNZEL ARCHITECTS

nl

Verbindungen; *Connections*

Ralf Pasel ist, wie so viele junge und ambitionierte Architekten aus Deutschland, nach seinem Studium sofort ins Ausland gegangen, erst nach London, dann nach Rotterdam. Bei Kees Christiaanse lernte er Frederik Künzel kennen, mit dem er nach Feierabend noch in Eigenregie an Wettbewerben teilnimmt. „Steps'n'Slabs" – der erste gemeinsame Entwurf – kam auf einen ersten Platz, und als 2004 klar wurde, dass der Entwurf realisiert werden würde, gründeten sie ein eigenes Büro.

„Für uns gibt es keinen Städtebau, der nicht an das Detail denkt, und es gibt keine Details, die nicht auch den Städtebau berücksichtigen." Alles ist in ihren Entwürfen verbunden, für die Konzeptfindung scheint es kaum einen Unterschied zu machen, ob ein Wohnhaus, eine Bibliothek oder eine Ausstellung entworfen wird. Ihre Entwürfe sind in diesem Sinne als Serie zu verstehen, in denen sich gewisse Grundthemen finden lassen: So beschäftigt sie insbesondere das Verhältnis von privatem und gemeinschaftlichem Raum sowie eine möglichst effiziente Organisation des Notwendigen – um den Nutzern ein Maximum an Freiheit bei der Gestaltung der restlichen Flächen zu ermöglichen. Das haben sie bei „Steps'n'Slabs" getan, indem sie einen Grundriss für das Existenzminimum entwickelten, bei dem alle Neben- und Erschließungsräume kompakt in einem schmalen Riegel untergebracht werden. Die anderen Räume können dann flexibel an dieses Grundsystem angehängt werden. Beim Wohnungsbau in Leyden haben sie dieses System – unter völlig anderen wirtschaftlichen und sozialen Bedingungen – wieder angewendet, modifiziert und weiterentwickelt, ebenso für eine Bibliothek in Cork und eine Ausstellung in Rotterdam. „Die Ausstellung haben wir im Prinzip wie eine Stadt gestaltet. Jeder Aussteller bekam eine Parzelle, die er selbst gestalten konnte und dazwischen haben wir großzügige Gemeinschaftsflächen eingerichtet – Straßen und Plätze." Ob Ausstellung oder Wohnungsbau – alles ist miteinander verbunden.

Like many young and ambitious German architects, Ralf Pasel left Germany immediately after completing his studies. He moved to London, and later to Rotterdam. He got to know Frederik Künzel through the Kees Christiaanse firm, and they entered competitions in their own right in their spare time. "Steps'n'Slabs" – their first joint design – won first prize. In 2004, when it became clear that the design was going to be built, they set up their own firm.

"For us, there is no urbanism without detail, and no detail without urbanism." Pasel and Künzel incorporate everything into their designs, and it barely seems to make any difference to their concept development strategies whether the design is for accommodation, a library or an exhibition. In this sense, their designs can be seen as a series with certain fundamental themes. For instance, the duo are particularly interested in the relationship between private and shared spaces and an optimally efficient arrangement of necessary items – which allows the users maximum freedom in what they do with the remaining spaces. In the case of "Steps'n'Slabs," they did this by developing a floor plan with all the basic essentials. All the utility and access spaces were housed compactly in a narrow block, and the other rooms could then be attached to this basic floor plan in a flexible way. They reused a modified and refined version of this system – under completely different economic and social conditions – for residential buildings in Leiden, a library in Cork, and an exhibition in Rotterdam. "Essentially, we designed the exhibition as if it were a city. Each exhibitor was given a plot to fill as they chose, with expansive shared spaces in between like streets and plazas." Whether exhibitions or homes – everything is interconnected. __fh

„Der Städtebau muss immer auch die Details bedenken und die Details den Städtebau."

"There is no urbanism without detail, and no detail without urbanism."

Sitz; *Location* ROTTERDAM, NL **Gegründet;** *Founded* 2004

Partner; *Partners* RALF PASEL *1970, DE, graduated from TU Dresden, DE FREDERIK KÜNZEL *1971, DE, graduated from TU Dresden, DE

Gearbeitet bei; *Worked at* David Mikhail (London), KCAP – Kees Christiaanse & Partners (Rotterdam)

Steps'n'Slabs

Wohnungsbauprojekt unter Nutzerbeteiligung, Umbau eines illegalen Slums in reguläre Wohneinheiten; *Participatory Housing Project, Transformation of an Informal Slum into a Legal Settlement*

Temuco, CL / 2004 – laufend, Fertigstellung Baustufe 1 in 2008; *2004 – ongoing, Phase 1 Completed in 2008*

Fläche; *Land area:* 20,670 m² / **Nutzfläche**: 32 m² (Ausgangshäuser) zu 88 m² (erweiterte Bauten); *Usable Area: 32 m² (initial houses) to 88 m² (expanded house)* / **Baukosten pro Wohneinheit**; *Building Costs Per Unit:* 7,500 USD / **Auftraggeber**; *Clients:* Elemental Chile, Habitat for Humanity Chile

Service Unit | First Step | Starter House 30m² | Growing House | Grown-up House | Completed Urban Unit

Steps'n'Slabs

Steps'n'Slabs wurde 2003 mit dem ersten Platz bei einem Wettbewerb der Initiative Elemental Chile ausgezeichnet und wird seit 2006 in Temuco, 800 Kilometer südlich von Santiago, realisiert. In dem Wettbewerb waren Strategien gefragt, wie trotz Armut und illegalen Besitzverhältnissen ökologisch und sozial nachhaltige Wohnungen in südamerikanischen Favelas entstehen können. Das größte städtebauliche Problem sind die fehlenden Freiräume. Steps'n'Slabs wird daher in Nachbarschaften von variabler Größe gegliedert, deren Bewohner die Nutzung ihrer Freiflächen selbst bestimmen dürfen. Eine gemeinsame Nutzung verhindert die künftige Bebauung der Flächen. Das Grundelement jedes Hauses ist eine dreigeschossige, 1,20 Meter schmale und acht Meter lange „Servicescheibe" mit Treppe, Bad, Koch- und Waschgelegenheit. Diese dreigeschossige Basis funktioniert autark und ist verschließbar – sie kann benutzt werden, auch wenn keine anderen Räume hinzugefügt werden. Die Bewohner können dann im Eigenbau Deckenkonstruktionen und Fassaden zwischen den „Scheiben" hinzufügen und so das Haus auf bis zu 88 Quadratmeter Wohnfläche vergrößern.

Steps'n'Slabs won the first prize in a competition announced by Initiative Elemental Chile, and has been under construction since 2006 in Temuco, 800 kilometers south of Santiago. The competition was looking for strategies whereby ecological and socially sustainable housing could be created in South American favelas, despite poverty and problems of illegal ownership. Lack of open space is the greatest urban development problem. For this reason, Steps'n'Slabs was structured into neighborhoods of variable sizes, whose occupants were able to decide themselves how their open spaces were used. Joint use prevents future development of these areas. The basic element of each building is a three-story "service slab," 1.2 meters narrow and eight meters long, containing stairs, bathroom, and cooking and washing facilities. This three-story base functions autonomously and can be closed off – it can be used even when no other rooms are added. The occupants can then add self-built floor structures and façades between the "slabs," thus enlarging the building by up to eighty-eight square meters of living space.

Nieuw Leyden – New Freedom

Elf Privathäuser; *Eleven Private Houses*

Leyden, NL / 2004–2010

Nutzfläche; *Usable Area:* 171–285 m^2 / **Baukosten pro Einheit;** *Building Costs Per Unit:* 253,000–577,000 Euro / **Auftraggeber;** *Client:* Collectief Particulier Opdrachtgeverschap / **Fotograf;** *Photographer:* Marcel van der Burg

Nieuw Leyden – New Freedom

Pasel.künzel entwickelten in Leyden ein Gebäude mit einem Grundriss, der die nötige Infrastruktur – ähnlich wie beim Chile-Projekt – so kompakt wie möglich bündelt, dafür größere Räume bietet und viel Licht in die tiefen Innenräume holt. Dem ersten Haus, nach der schmalen Parzelle „V23K16" genannt, folgten weitere Aufträge, insgesamt bauen sie nun elf Häuser in New Leyden, jedes in enger Zusammenarbeit mit den Bauherren und dadurch höchst unterschiedlich. Alle Häuser sind aber kluge Variationen des Grundthemas geblieben: viel Licht, Terrassen oder Dachgärten und möglichst große Räume auf den engen Parzellen.

Pasel.künzel are developing a building in Leyden with a ground plan that compresses the necessary infrastructure as much as possible – similarly to the Chile project – in order to offer larger rooms and introduce a great deal of light into the deep interiors. The first house, called "V23K16" after the narrow plot, was followed by further commissions, and now eleven are being built in Nieuw Leyden, each in close co-operation with the client, and thus all very different. But all the houses have remained ingenious variations on the basic theme: a lot of light, terraces, or roof gardens and the largest possible rooms on restricted parcels of land.

Ribbon of Books – The Ideal Library

Die Bibliothek dockt sich wie ein dreigeschossiges Bücherband an bestehende Gebäude an. In den Archivräumen finden sich unten die öffentlichen Bücher, oben die wertvolleren Archivbestände. Zwischen den kompakten Regalräumen liegen größere, multifunktionale Räume: Lese- und Mediensäle, Veranstaltungsräume, Cafés. In den Zwischenräumen werden begrünte öffentliche Höfe angelegt.

This library docks on to the existing building like a three-story band of books. The public books are downstairs in the archive rooms, and the more valuable archives are upstairs. Large, multifunctional rooms are placed between the compact regular spaces: reading and media rooms, spaces for events, cafés. Planted public courtyards occupy the spaces in between.

Ribbon of Books – The Ideal Library

Neue Bibliothek, Wettbewerb, 1. Preis;

New Library, Competition, 1st prize

City of Cork, IE / 2005

Mit; *With:* Ralf Pasel, Frederik Künzel, Marisol Robbles /
Nutzfläche; *Usable Area:* 4,500 m²

POWERHOUSE COMPANY

nl

Villa 1

Sitz; *Location* ROTTERDAM, NL + COPENHAGEN, DK **Gegründet;** *Founded* 2005

Partner; *Partners* CHARLES BESSARD *1970, FR, graduated from Ecole Speciale de Architecture Paris, FR, Master of Excellence from the Berlage Institute Rotterdam, 2002

NANNE DE RU *1976, NL, graduated from Hogeschool van Amsterdam, NL, Master of Excellence from the Berlage Institute Rotterdam, 2002

Gearbeitet bei; *Worked at* Bodin and Associates (Paris), Sheppard Robson (London), Atelier Jean Nouvel (Paris), One Architecture (Amsterdam), OMA/AMO (Rotterdam)

Villa 1

Villa 1

Naturschutzgebiet; *Nature Preservation Area*

NL / 2005–2008

Projektleiter; *Project Manager:* Nanne de Ru / **Team:** Nanne de Ru, Charles Bessard, Alexander Sverdlov, Nolly Vos, Wouter Hermanns, Anne Luetkenhues, Bjørn Andreassen, Joe Matthiessen / **Innenarchitektur;** *Interior Architecture:* Nanne de Ru, Charles Bessard, Anne Luetkenhues

Villa 1

Die Villa 1 war der erste Bauauftrag für die Powerhouse Company. Aufgrund der besonderen Bauvorschriften in diesem Landschaftsschutzgebiet wurde das große Volumen des Hauses zur Hälfte in den Boden abgesenkt. Auf einer wunderschönen Lichtung in einem ausgedehnten Kiefernwald gelegen, nutzt die Y-förmige Villa die Ausblicke in die Natur und die Sonneneinfallswinkel auf optimale Weise. Die Raumerfahrung auf beiden Etagen ist extrem unterschiedlich: im oberen „Glaskasten" sind die Räume weit und offen, nur in der Mitte verläuft ein kompaktes „Möbel" mit allen Funktionen, Stauraum und der Haustechnik. Entlang der Glasfassaden kann man über mehr als 150 Meter durch mehrere Räume spazieren und dabei durch die raumhohe Glasfassade stets den Wald im Blick haben. Die Räume im Untergeschoss wirken dagegen sehr urtümlich, wie aus dem Erdboden ausgehöhlt. Die Nutzungen sind ihrem Lichtbedarf entsprechend angeordnet: oben wird gearbeitet, gekocht und gemalt; unten befinden sich die Schlafzimmer, das Gästezimmer und die Garage.

Villa 1 was the first commission for Powerhouse Company. To meet zoning regulations of this nature preservation area, half of the spacious program lies below ground. Set in a clearing in a large pine forest, the Y shaped villa optimizes the views on to the nature and the sun. There is a clear dichotomy in the spatial experience of the house – above ground a "glass box" where all mass is concentrated in furniture elements, and below ground a "medieval" basement, where the spaces feel as if they've been carved out of the earth. The functions are divided by their need for natural light: working, cooking, painting can be done on the ground floor while sleeping, parking, and the guest room lie in the spaces below. To further strengthen this dichotomy, the ground-floor spaces are organized in a centrifugal manner. All mass is concentrated in a central piece of furniture containing all services and structural elements. Walking along the glass façade, it is possible to enjoy a continuous and pleasant stroll longer than 150 meters through a variety of rooms, always in direct connection to the landscape.

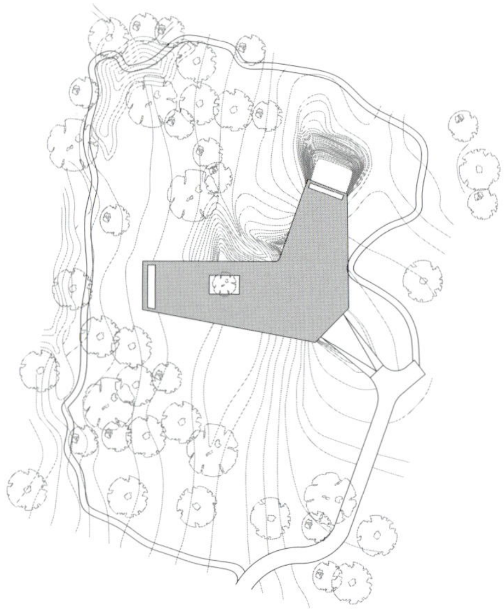

Widersprüche; *Contradictions*

„Ich glaube, ich wollte schon mit zehn Jahren Architekt werden", sagt Nanne de Ru lachend im Eckzimmer des Büros mit weitem Blick über den Rotterdamer Hafen. „In der Schule habe ich begonnen, mich für das Bauhaus zu interessieren. Für deren ästhetische Sprache, aber auch für die Art, wie Architekten dort ausgebildet wurden; dass sich die Architektur aus dem handwerklichen Wissen entwickelt. Ich glaube, deshalb habe ich mich nach der Schule für die Ausbildung an der Hochschule in Amsterdam entschieden – an der TU Delft lernt man ja vor allem, architektonische Konzepte zu entwickeln. Ich wollte aber lernen, wie man baut."

Nach dem Abschluss haben ihn die Widersprüche des Berufs zunächst irritiert. Er wollte beim Arbeiten weiter Wissen sammeln. „Aber wenn du baust, dann hast du nur noch sehr wenig Zeit fürs Forschen." Um den Wissensdurst zu stillen, ging Nanne de Ru für ein Masterstudium ans Berlage Institut. Dort saß er an einem Tisch mit Charles Bessard. „Ich würde nicht sagen, dass wir gemeinsame Interessen hatten, sondern dass wir ergänzende Interessen hatten." Eine spezielle Art der Zusammenarbeit entwickelte sich: Beide arbeiteten an eigenen Projekten, der jeweils andere war erster Ansprechpartner und Kritiker. Die intensiven Debatten waren so fruchtbar, dass sie in Kontakt blieben. Bessard ging für Jean Nouvel nach Dänemark und de Ru arbeitete in Rotterdam für OMA. „Wir blieben immer in Kontakt und nach zwei Jahren wollten wir etwas Neues starten." So hatte die Powerhouse Company bereits zur Gründung zwei Filialen, eine in Rotterdam, eine in Kopenhagen. Eine Fernbeziehung. „Wir besuchen uns regelmäßig oder telefonieren, dann diskutieren wir alle Projekte, an denen wir gerade arbeiten." Im Grunde führten sie so die Arbeitsweise fort, wie sie sie am Berlage begonnen hatten.

Die Widersprüche der Arbeit eines Architekten haben ihre Faszination behalten; aber heute werden sie in die Entwurfsarbeit integriert: „Im Augenblick interessiert uns der Widerspruch von Luxus und Bescheidenheit. Luxus braucht kein riesiges Budget – es geht darum, etwas Besonderes zu erschaffen. Das kann ein besonders großer Raum sein, ein besonderes Licht oder ein besonderes Material. Ich denke, dass man diese besonderen atmosphärischen Momente in jedem von unseren Entwürfen finden kann."

"I think I've wanted to be an architect ever since I was ten years old," laughs Nanne de Ru, in a corner room of his firm's offices with a sweeping view of Rotterdam's harbor. "When I was at school, I got interested in Bauhaus – its aesthetic strategy, but also the way architects were trained there. The principle was that architecture develops out of craft knowledge. I think this was why I decided to attend the university in Amsterdam after leaving school – at the TU Delft, the emphasis is on developing architectonic concepts. But I wanted to learn about the actual construction process."

After graduating, he initially found the contradictions of his profession irritating. He wanted to acquire knowledge by working as an architect. "But building things leaves to very little time for research." To satisfy his desire for knowledge, Nanne de Ru enrolled for a Master degree at the Berlage Institut. There, he sat at the same table with Charles Bessard. "I wouldn't say that we had the same interests. It was more that our interests complimented each other." A special kind of collaboration developed: each one worked on his own projects, but in a constant dialogue providing advice and constructive criticism for the other. These intensive debates were so productive that they stayed in contact. Bessard went to Denmark to work for Jean Nouvel and de Ru stayed in Rotterdam and worked for OMA. "We had kept in touch, and after two years we wanted to try something new." The Powerhouse Company therefore had two branches right from the start – one in Rotterdam, one in Copenhagen. It was a long-distance collaboration. "We see each other or talk over the telephone regularly so that we can discuss all the projects we are working on." Just like they did during their time at the Berlage, basically.

The contradictions of working as an architect have retained their fascination, but today the duo incorporate them into their designs. "At the moment, we are interested in the conflict of luxury and modesty. Luxury does not need an enormous budget – it means creating something special. This could mean an especially impressive space, special lighting or special materials. I think you can see a special atmospheric factor like this in all our designs."

__fh

„Luxus braucht kein riesiges Budget."

"Luxury does not need an enormous budget."

Spiral House

Hauserweiterung für eine junge Familie;

Life(style) Extension for a Young Family

Burgund, FR / 2005–2009

Projektleiter; *Project Manager:* Charles Bessard / **Wohnfläche;** *Living Area:* 200 m^2 / **Kosten;** *Budget:* 300,000 Euro

Spiral House

Die Bauherren, ein junges Ehepaar mit Kindern, wollten ihr Haus vergrößern. Ihr Haus steht auf einem 13.000 Quadratmeter großen Grundstück mit einem Bach und prächtigen alten Bäumen. Das Spiral House öffnet mit sanftem Schwung um einen begrünten Innenhof das alte Haus so, dass das gesamte Haus eher wie eine geschützte Promenade wirkt, die in die Landschaft hinein führt. Der Entwurf hat Räume mit gleitenden Übergängen von Innen nach Außen entstehen lassen, die aber wie ein organisch gewachsenes durchgehendes Interieur wirken. Die Form des Anbaus ergab sich nach den Wünschen der Bauherren aus der Anordnung und Größe der Innenräume, zum Beispiel dem Wunsch nach einem großen, hohen, offenen Wohnraum. Der Anbau stellt eine Folge von Übergängen von privat bis öffentlich dar. Die Räume öffnen sich mit raumhohen Glaswänden zum Innenhof, während die Außenfassaden von verschieden großen und unterschiedlich proportionierten Fenstern durchbrochen sind, die gezielte Ausblicke in den Garten bieten und so jedem Raum seine besondere Atmosphäre verleihen.

Da die Bauherren die Bauleitung selbst übernehmen wollten, wurde das Spiral House in eher einfacher Fachwerkbauweise aus nur wenigen Materialien und mit einigen wenigen Fassadendetails errichtet. Um jedoch einem allzu minimalistischen Eindruck entgegenzuwirken, wählten die Architekten einen Glattputz mit golden glitzerndem Zuschlag, der den größten und zugleich billigsten Schatz von Burgund einfängt und reflektiert: das goldene Sonnenlicht. Das Haus enthält also den Widerspruch zwischen der Bescheidenheit seiner Konstruktion und Baustoffe einerseits und dem Luxus aus Licht, Geräumigkeit und direkten, weit offenen Verbindungen zwischen Innen und Außen andererseits.

A young French family wanted to built an extension of their house. The existing, rather traditional, house was set in the middle of a generous property of 13,000 square meters with a small river and an extensive variety of beautiful old trees. The design of Powerhouse Company opens the existing building widely with the gentle swing of the Spiral House around a green patio like a sheltered promenade through the landscape. This creates spaces that blur the boundaries between house and the landscape, while at the same time giving the impression of a continuous organic interior. The geometry grew from the internal organization of the existing house and the wishes of the client, such as a large and open space with high ceilings for the living room. The extension is a continuous trail of transitions from public to private. The fully glazed façade opens the rooms towards the patio while the external façades are perforated with windows varying in size and proportions and frame selected views on the garden that create a particular atmosphere in each room.

As the clients wished to supervise the entire construction themselves, the Spiral House is built with a rather simple wooden structure. It works with minimalist materials and details for the façade. But to contradict a too minimalistic expression, the smooth plaster contains subtle golden glitter-shine that playfully captures and reflects the cheapest and biggest luxury there is: the golden light of Burgundy. So this house shows a dichotomy between the modesty of its construction and its materials, while the luxury is the light, the spaciousness, and the open connections to the exterior.

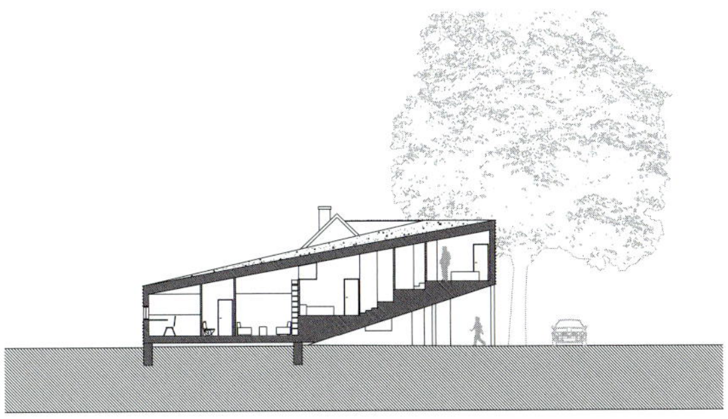

Denmark for All

Gutachten – Eine Reise zu dänischen Sommerhäusern;

Survey – A Journey into Danish Summerhouses

Denmark / 2006

Auftraggeber; *Client:* Realdania

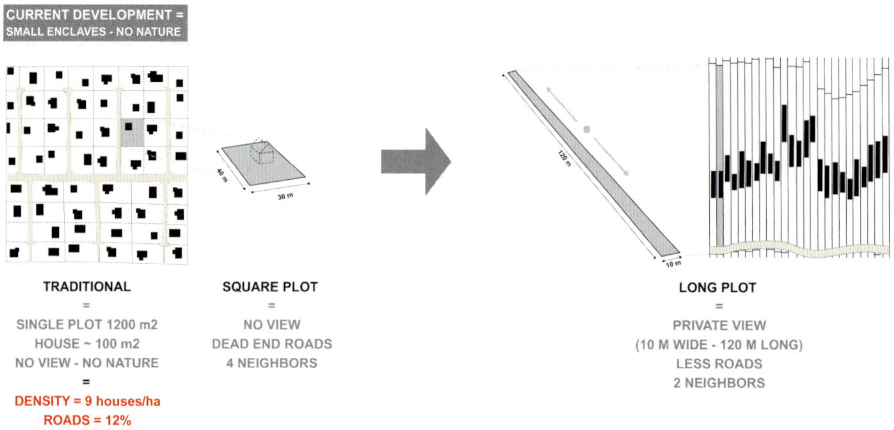

Denmark for All

Seit einigen Jahrzehnten verzeichnet Dänemark einen gewaltigen Anstieg in der Anzahl neuer Sommerhäuser, die an den Küsten und mitten in der Natur gebaut werden. Einst eher primitive Hütten, sind es heute mit allem modernen Komfort ausgestattete Mini-Villen, welche die dänische Landschaft mit Sackgassen, Zäunen und Restgärten zerstückeln. Eines ist inzwischen klar: Mehr Sommerhäuser bedeuten weniger Dänemark.

Die Studie von Powerhouse entwickelt ein Modell, bei dem mehr Sommerhäuser mehr Landschaft, Natur und schöne Aussichten für alle bedeuten. „Dänemark für alle“ ist eine Bebauungsstrategie auf der Basis radikaler Veränderungen im Zuschnitt der durchschnittlichen Sommerhausparzelle. Mit langen, schmalen Grundstücken könnte die notwendige Straßenfläche erheblich reduziert werden. Jedes Haus hätte dann nur zwei direkte Nachbarn und genießt so mehr Privatsphäre. Und schließlich – da die Nähe zur Natur ja der Hauptgrund für den Bau von Sommerhäusern darstellt – wird jeder Besitzer verpflichtet, der dänischen Landschaft etwas zurückgeben. Auf jedem Grundstück muss ein Streifen wilde Natur erhalten bleiben, öffentliche Fußwege könnten dann entlang dieser neuen „Wildnis-Streifen“ führen und Spaziergänger und Wanderer die Pflanzen- und Tierwelt beobachten. Kurz: „Dänemark für alle“ bedeutet mehr schöne Aussichten, mehr Privatsphäre, mehr Natur und weniger Verschwendung.

In recent decades, Denmark has witnessed a phenomenal rise in the number of summerhouses built around the coasts and natural areas. Once rather primitive huts, these houses have become mini-mansions with all modern appliances available. Grinding open nature with dead-end streets, fences, and residual gardens, these summerhouse areas slowly consume the landscape. It becomes clear that more summerhouses means less Denmark.

In this study, Powerhouse proposes a model where more summerhouses means more landscape, more nature, and more views for all. "Denmark for All" is a strategy based on a radical change in the geometry of the average summerhouse plot. If the plots were stretched into long strips they considerably reduce the area left to the necessary roads, while offering more landscape. And when each house has only two direct neighbors, it enhances the feeling of privacy. Finally, as the landscape is basically the reason to opt for a summerhouse, a retribution to Danish wilderness has to be given by each plot owner. Each plot is crossed at its tips by strips of wild nature. In this way, the owners become contributors to and protectors of the regional landscape. Public paths lead through this new wilderness; its diversity and wild life are offered to the gaze of the public. So, in short, "Denmark for All" means: more views, more intimacy, less waste, and more wilderness.

People and Playstations

Charles Bessard and Nanne de Ru, Powerhouse Company

Wir halten uns für moderne Architekten, insbesondere von Einfamilienhäusern und Wohnblocks, nicht etwa aufgrund unseres zeitgenössischen Baustils oder architektonischen Ausdrucks, sondern weil wir als moderne Architekten davon überzeugt sind, dass die Architektur in der Lage ist, die Lebensbedingungen der Menschen zu verbessern. Paradoxerweise klingt das aus der Feder junger Architekten mit einem noch nicht lange bestehenden Büro irgendwie altmodisch.

Die meisten Häuser, die wir gebaut haben oder derzeit bauen, stehen in westlichen Industrieländern, wo sich die Interpretation des Begriffs Komfort in den letzten 50 Jahren radikal gewandelt hat. Verglichen mit der Zeit vor 100 Jahren gehen Wohnkomfort und Funktion eines Hauses weit über das Lebensnotwendige hinaus. In gewisser Weise geht es bei der Bereitstellung eines behaglichen Heims und verbesserter Wohn- und Lebensbedingungen längst nicht mehr nur um Licht, Luft, Wasser aus der Leitung und gute Isolierung. Wohnkomfort umfasst heute sehr viel komplexere „Notwendigkeiten". Es ist zum Beispiel frappierend festzustellen, dass sich die Anzahl der Gegenstände in einem Durchschnittshaushalt gegenüber früher geradezu explosionsartig vermehrt hat, von einigen Dutzend auf etliche Tausend. In dieser Hinsicht sind unsere heutigen Häuser und Wohnungen wesentlich ausgeprägtere „hybride Lebensräume" als früher. Sie umfassen nicht nur „vier Wände" und einige wenige Möbelstücke, sondern zahlreiche Objekte wie Esstische, Beistelltische, Couchtische und alle möglichen Wohnaccessoires. Man kann also sagen, dass Komfort vor 100 Jahren ein lebensnotwendiges Minimum an Ausstattung und Annehmlichkeiten bedeutete (Badezimmer, elektrisches Licht, leicht zu bedienende Belüftung und Heizung), heute aber ein Maximum an lebenserleichternden Einrichtungen bezeichnet. Wir sind also vom berühmten Existenzminimum zum Existenzmaximum übergegangen. Die MTV-Serie Cribs ist populär, weil sie viel über die heutige Zeit verrät. Diese Sendung zeigt, wie Prominente leben und wohnen, indem sie die Zuschauer mit der Kamera durch deren Häuser führt. In einer typischen Sendung sagt etwa ein Filmstar: „Dies ist das Wohnzimmer, in dem ich relaxe – wie Sie sehen vor dem größten Plasmafernseher, den es gibt (...) Dies ist mein Wellnessraum mit Minibar und Eismaschine. Hier bringe ich meine Autos unter (...) Mercedes, Hummer und und und muss man ja einfach haben (...)" Es scheint, dass die Superstars unserer Zeit selten über die Architektur an sich reden, statt dessen präsentieren sie sie als Ansammlung von Dingen, die ihrem Vergnügen oder gesellschaftlichen Status dienen.

Für uns geht es beim Entwurf eines Hauses nicht nur darum, einer Person oder Familie „vier Wände und ein Dach über dem Kopf" zu geben, sondern auch das gesamte Konvolut ihrer Habseligkeiten (etliches davon als erwünschter Gast, anderes aber auch nicht) unterzubringen und zum Teil verschwinden und wieder hervorkommen zu lassen. Es geht darum, Raum für Menschen und Playstations, Ausblicke und Dampfduschen zu schaffen. Dinge ändern nicht nur unser Leben und unsere Lebensweise (früher war das ein Kühlschrank, heute ist es der WIFI-Router), sie bewegen sich auch mit immer größerer Geschwindigkeit von Raum zu Raum, indem sie sich von langlebigen Produkten zu Wegwerfartikeln entwickeln (die in der Zukunft auch immer mehr recycelbar werden). Deshalb sind wir der Meinung, dass es bei der Wohnarchitektur eher darum geht, den „Lebenshintergrund" und weniger den „Vordergrund" zu gestalten. Anders gesagt: Es geht uns darum, den Rahmen für lebensnotwendige Dinge zu entwerfen und nicht das Haus als Ding an sich. Häuser sind keine Wohnmaschinen sondern Lebensinfrastrukturen und Wohnlandschaften – häusliche Lebensräume für Menschen, die sich mit Dingen umgeben.

Einerseits bieten die von uns gestalteten häuslichen Lebensräume ganz bestimmte wohnlandschaftliche Qualitäten, weil wir stets das Potenzial des jeweiligen Kontexts auszuschöpfen versuchen. Andererseits bewahren sie sich aber auch ein gewisses Maß an Offenheit und Flexibilität. Für uns ist Effizienz eine Frage der Wirksamkeit im Sinne der maximalen Ausstrahlung und Einflussnahme eines Hauses auf seinen Kontext mit dem Ziel eines qualitativ möglichst hochwertigen Wohnraums. Deshalb verbinden wir in den Grundrissen die Flexibilität eines plan libre nach Le Corbusier mit der qualitativen Determiniertheit eines Adolf Loos'schen Raumplans. Unsere Häuser bestehen aus ineinanderfließenden, offenen Räumen, enthalten aber auch Elemente, die als pièces de résistance (Hauptgerichte oder Kabinettstücke) bezeichnet werden könnten – zweckbestimmte Elemente in einer Reihe von Elementen.

Es erscheint paradox, dass Architektur immer „ein Kind ihrer Zeit" ist und dennoch von zeitloser Qualität sein und alle Moden überdauern soll. Heute erleben wir die Absurdität zweier gleichzeitiger, aber gegenläufiger Trends: Einerseits wird die Lebensqualität in der westlichen Welt stetig verbessert, und andererseits nähern wir uns zunehmend dem Ende der weltweiten Rohstoffvorkommen. Noch sind Rohstoffe und Produkte fast jederzeit verfügbar, aber der Bedarf an nachhaltigen Lösungen wächst. Wie ein am äußersten Ende angelangtes Pendel warten wir darauf, dass die Kräfte der Menschheit sich neu konfigurieren, eine neue Bewegung in Gang setzen. Vielleicht stehen wir ja am Beginn einer neuen Moderne.

We claim to be modern architects, particularly when it comes to houses and housing; not because of the particular architectural style or expression but because, like modern architects, we believe that architecture has the power to improve the conditions of life. Paradoxically, as a young office it sounds old fashioned to claim this nowadays.

Most of the houses we have built and are building are located in industrialized, western countries where the notion of comfort has radically evolved during the last half century. Compared to a hundred years ago, the performance and comfort of houses extends far beyond the minimum needed to survive. In a way, comfort and the improvement of living conditions of life today are no longer about providing each dwelling with the bare necessities of light, air, bathrooms, and insulation. Comfort involves a far more complex set of values today. For example, it is striking to see how the average number objects in each household has exploded during the past century, shifting from few dozen to a few thousand. Our living environment is in that sense much more hybrid than it used to be. It is not only made of the "shell" of the dwelling and a few pieces of furniture, but also of extensive and complex constellations of objects: tables, side-tables, coffee-tables mixed with all sorts accessories. In that sense, we can say that the idea of comfort shifted in a hundred years from the idea of a minimum level – private bathroom, electric light, manageable ventilation, and heating – to an almost continuous maximum level of desired comfort. From the famous existenz minimum we seem to have arrived at the existenz maximum. MTV's Cribs is popular because it reveals a lot about the age in which we live. This program unveils the lifestyle of celebrities, following them as they take viewers on guided tours of their houses. A typical show will include celebrities claiming: "This is my living room where I hang out, as you can see with the biggest plasma screen ... this my spa with the minibar and the ice machine ... this is where I keep my cars, you gotta have the Mercs and the Hummer and, etc." It seems that the superstars of our age seldom speak about the architecture of their houses. Rather, they present them as a collection of objects – objects of pleasure and status.

For us, designing a house today is not only about housing a person or a family, but it is also about dealing with this constellation of objects, which is sometimes a desirable guest and sometimes undesirable, and making them appear or disappear. It is about creating spaces for both people and playstations, views, and steam showers. Objects not only change our life and our way of living – like the refrigerator in the past and WIFI routers today – they also circulate through our homes at an increasing speed as they become more and more disposable (and soon more and more recyclable). In that sense, we consider that the architecture of the modern house is more about designing the background than the foreground. Or, to rephrase it: it is about designing the context of objects more than designing an object itself. Our houses are not machines for living but living infrastructures and domestic landscapes. Landscapes for people living with objects.

On the one hand, our houses develop very precise landscape qualities, as we try to exploit a particular potential of the context. Yet, on the other hand, they keep a certain level of openness and flexibility in their plan. We understand efficiency more as a question of effectiveness, which means having the maximum effect on the context to create the most qualitative space as possible. In that sense, the plans of our houses seek to combine the flexibility of le Corbusiers plan libre with the qualitative determinacy of Adolf Loos' raumplan. Our plans are open but some elements of the house might create a pièce de résistance – an object of dedicated design in a flow of objects.

It seems a paradox that architecture is always related to its time, yet always expected to survive the fashions of each era. In our times, we are confronted with the absurd, simultaneous trends of ever increasing qualities of life in the western world, while our resources are now continuously at peril. The availability of objects is almost instantaneous, while the need for sustainable solutions is growing. Like a pendulum at its far end, we are waiting for the energy of the world to reconfigure into a new movement. Perhaps another modernity is coming.

ROTOR

be

KFDA 2010

Sitz; *Location* BRUSSELS, BE **Gegründet;** *Founded* 2005

Partner; *Partners* MAARTEN GIELEN *1984 in Ninove, BE, founded BSF (Brussels) in 2003, worked for Zinneke Parade (Brussels) in 2004, co-founded Rotor in 2005

TRISTAN BONIVER *1976 in Brussels, BE, studied architecture in St Luc Brussels, Sint Lucas Brussels and ISACF La Cambre, BE, co-founded Rotor in 2005

LIONEL DEVLIEGER *1972 in Rwamagana, RW, studied architecture in Ghent (Vakgroep Architectuur en Stedenbouw, Ugent) and Rome (Università degli Studi di Roma „La Sapienza") between 1990 and 1996, Member of Rotor since 2006

MICHAËL GHYOOT *1986 in Brussels, BE, studied architecture at ISACF La Cambre, Brussels, BE. He finished his studies in 2009, Member of Rotor since 2008

BENJAMIN LASSERRE *1985 in Lille, FR, studied scenography in St Luc, Brussels, BE, Member of Rotor since 2009

MELANIE TAMM *1974 in West Berlin, DE, studied architecture at Dortmund University, DE, 1994–2002, and Brussels (Victor Horta) in 1998/99, Member of Rotor since 2009

Upcycling

Architektur, Bühnenbild und -dichtung, Design, Soziologie und ein starkes ökologisches Interesse: Rotor sind ein Netzwerk Gleichgesinnter, die im Recycling und Analysieren von Industrieabfällen eine Entwurfsstrategie erkannt haben und diese theoretisch wie praktisch experimentell umsetzen. Gegründet wurde Rotor 2005 von Maarten Gielen, einem Recycling-Allrounder, der schon mit 15 Jahren Objekte aus Flohmarktresten gestaltete und verkaufte, und Tristan Boniver, einem Architekten. Sie untersuchen Materialien, die als Reste oder Ausschuss in Industrie, Baugewerbe, Design und in der Architektur anfallen. Rotor überprüfen, ähnlich wie 2012Architecten in Rotterdam, ob für diese Reststoffe nicht neue oder andere Funktionen und Einsatzmöglichkeiten gefunden werden können. Dabei agieren sie auf zwei Ebenen. In der Praxis entwerfen und entwickeln sie Strukturen, Installationen und Ausstellungsräume für unterschiedliche Auftraggeber, vom temporären Büroraum bis zum Hauptquartier des KunstenFestivalDesArts in Brüssel. Die andere, die theoretische Seite, versteht sich eher als Forschungsarbeit und Wissensvermittlung. Rotor erarbeiten Machbarkeitsstudien, führen Weiterbildungen und Beratungen für Architekten, Designer und Firmen durch und analysieren Produkte und Produktionskontexte unter ökologischen sowie ästhetischen Kriterien.

Aktuell ist das junge Büro mit einem Projekt beschäftigt, dass ihnen sicherlich die bisher größte internationale Aufmerksamkeit einbringen wird. 2010 vertreten Rotor die Wallonen auf der 12. Architekturbiennale in Venedig mit ihrem Beitrag „Wear“ (Abnutzung). Sie haben den Wettbewerb gewonnen, der immer abwechselnd von flämischer oder wallonischer Seite ausgeschrieben und beauftragt wird.

Architecture, stage sets and stage writing, design, sociology and intense interest in ecology: Rotor is a network of like-minded people who have identified a design strategy in recycling industrial waste and are now implementing it experimentally, in both theory and practice. Rotor was founded in 2005 by Maarten Gielen, a recycling all-rounder who was designing and selling objects made from jumble sale leftovers even at the age of fifteen, and Tristan Boniver, an architect. They examine materials that have emerged as waste or rejects in industry, the building trade, design and in architecture. Rotor, like 2012Architecten in Rotterdam, try to establish whether it is not possible to find new or different functions and possible uses for this waste material. Here they operate on two planes. In practice, they design and develop structures, installations and exhibition spaces for various clients, from temporary office space to the headquarters of the KunstenFestivalDesArts in Brussels. The other, theoretical, side they see more as research work and conveying knowledge. Rotor devise market studies, organize advanced training and advice for architects, designers, and companies, as well as analyse products.

At the time of writing, the young practice is working on a project that will certainly attract more international attention than ever before. In 2010, Rotor are representing Belgium's francophone community at the 12th Architecture Biennale in Venice with their "Wear" entry for the competition that is always organized and run alternately by the Flemish or the Walloon side. __an

RDF181

Temporäre Struktur; *Temporary Structure*

Brussels, BE / 2007–2008

RDF181

RDF181 war eine temporäre Struktur auf einer Brachfläche in der Brüsseler Innenstadt, welche das Architekturbüro Rotor ein Jahr lang als Arbeitsraum nutzte und in dem gelegentlich kleine Ausstellungen und Tagungen stattfanden. Im März 2008 wurde es wieder abgebaut.

RDF181 was a temporary structure on a wasteland in the center of Brussels. For a year, it housed Rotor's headquarters as well as occasional exhibitions and meetings. It was dismantled in March 2008.

KunstenFestivalDesArts (KFDA)

Rotor schuf einen anspruchsvollen Entwurf für das Kunstzentrum Les Brigittines und veränderte das Erscheinungsbild trotz knappen Budgets komplett. In der Halle entstand ein geräumiges Zwischengeschoss, das Besuchern einen Überblick über das Innere des Kunstzentrums, die Bahntrasse und die Außenterrasse verschaffte.

Da es sich um ein temporäres Zentrum nur für die Zeit des Kunstfestivals handelte, entschied man sich für eine Installation aus Baustoffen, die wiederverwertet werden können. Es wurden Standardbetonfertigteile gemietet oder verschiedene Oberflächenmaterialien aus Holzabfällen genutzt, wie zum Beispiel melaminbeschichtete Platten aus unverkauften geschredderten Möbeln, die zu einem Bodenbelag wurden. Mit Ende des Festivals gab es daher kaum zusätzlichen Abfall.

Für das zweite KunstenFestivalDesArts 2010 erhielt Rotor dann wieder den Auftrag, das zentrale Festivalbüro zu gestalten. Diesmal bestand die Herausforderung darin, die verwinkelten Räume des KVS-Gebäudes optimal auszunutzen. Das Festivalbüro wurde fast ausschließlich aus Materialien und Elementen gebaut, die von früheren Veranstaltungen und Renovierungen übrig geblieben waren. Während die Einbauten inzwischen wieder entfernt worden sind, wird die Bank vor dem KVS noch den Sommer 2010 über dort stehen bleiben.

Rotor designed an ambitious project for the arts center Les Brigittines. With only modest means at their disposal, they entirely revamped the arts center. A spacious mezzanine was built in the hall, offering visitors a surprising view of the center itself and the railway line, while a terrace stretches out at the entrance of the building.

Since the festival center is a temporary installation, Rotor opted for a design that took into account the future destination of the materials used in its creation. They worked with rented prefab elements used as formwork in the building industry and different kinds of wood waste for finishings. For instance, melaminated chipboard from unmarketable furniture was used as flooring. In this way, the large structures erected for the festival will leave hardly any supplementary waste after their purposes have been fulfilled.

For the second year, the KunstenFestivalDesArts has commissioned Rotor to build the headquarters for its yearly festival. This year, the challenge consisted in making the most out of the intricate spaces of the KVS building. The headquarters has been almost entirely constructed from materials left over from previous spectacles and renovations. The project has now been dismantled, but the bench in front of the KVS remains for the summer of 2010.

KunstenFestivalDesArts (KFDA) 2009 / 2010

Temporäre Zentrale des Brüsseler Kunstfestivals KFDA; *Temporary Headquarters of the KFDA*

2009 Les Brigittines, 2010 KVS-Gebäude

Brussels, BE

Team: Maarten Gielen, Benjamin Lasserre, Melanie Tamm, and Lionel Devlieger / **Mit**; *With:* Alice Versieux, Julien Vergieux, Hebic, Televil, Coffral, Moose Office, Zinneke vzw, Michael Ghyoot, Christophe Wullus / **Auftraggeber;** *Client:* Commissioned by Kunstenfestivaldesarts, Jean-François Wyseur (arts-scenic.be)

Why Wear? Warum Abnutzung?

Im Rahmen unserer Tätigkeit bei Rotor haben wir seit 2005 über 200 Hersteller besucht, um zu erfahren, wo und wie Materialien und Produkte (Konsumgüter, Werkzeuge, Gebäude etc.) entstehen und was das für Folgen hat.

Das Thema „Waste" (Müll, Abfallprodukt) diente uns jedes Mal als hervorragende Einführung. Als interdisziplinäres Problem wirft das Thema nicht nur theoretische Fragen auf (Was ist tatsächlich Abfall? Und was ist wiederum Rohstoff?), sondern auch ganz praktische (Welche Abfallverwertungsmethoden werden bereits durchgeführt? Und zu welchen materiellen und sozialen Bedingungen?). Im Zusammenhang mit dieser weit gefassten Fragestellung erarbeiteten wir vor zwei Jahren ein volkswirtschaftliches Gutachten zur Realisierbarkeit und zum Nutzen von Recyclinghöfen für Bauschutt und Bauteile aus Abrissgebäuden. Das Ziel bestand darin, den möglichen kommerziellen Wert verschiedener Altbaustoffe und -teile zu schätzen, etwa von Bodenbelägen, gezimmerten (konstruktiven) oder getischlerten Holzelementen, Fassadenklinkern, Steinschutt, schmiedeeisernen Teilen etc. Schnell wurde klar, dass die Kriterien „teilbar, transportierbar, funktional" allein nicht genügten, um den Wert von Abbruchmaterialien zu beurteilen. Wie bei jedem Produkt mussten auch ästhetische Kriterien berücksichtigt werden. In dieser Hinsicht spielen Gebrauchs- und Abnutzungsspuren eine ganz wesentliche Rolle. Mal steigern sie den Reiz eines Stoffes – und damit dessen Wert –, in den meisten Fällen werden sie jedoch als wertmindernd abgelehnt. Die Tatsache, dass diese Altbaustoffe sowohl Begeisterung als auch Widerwillen auslösen konnten, faszinierte uns zunehmend.

Seitdem haben wir unsere Fragestellung erweitert, denn die genaue Einschätzung des Wertes eines Altbaustoffs ist generell nur zum Zeitpunkt des Verkaufs/Kaufs von Bedeutung. Einzelne Bauteile dagegen werden ständig von ihren Nutzern bewertet – bewusst oder unbewusst. Dabei sind Abnutzungsspuren vielfach von entscheidender Bedeutung.

Abnutzung ist zunächst ein materielles Problem, die Reaktion der Materie auf wiederholte Beanspruchung durch den Gebrauch. Die Wissenschaft der Reibungslehre beschäftigt sich mit dem Phänomen der Abnutzung, vor allem mit dem Abrieb durch Einwirkung mechanischer oder chemischer Prozesse. Dieser Ansatz ist zwar spannend, für uns aber nicht umfassend genug, da wir uns ebenso für die Bewertung von Gebrauchsspuren und die Frage interessieren, wie deren sichtbare Wirkung von den Nutzern recycelter Bauteile bewertet wird. Die sichtbare Wirkung liegt einerseits im Auge des betrachtenden Nutzers und ergibt sich andererseits aus der Entscheidung des Architekten, das Material oder Element wiederzuverwenden. In etlichen Fällen passen Abnutzungsspuren nicht in sein Konzept, umso mehr, wenn er generell dagegen ist und sie daher entweder ignoriert oder Maßnahmen ergreift, um diese zu verhindern. Meist zeigen solche Maßnahmen nicht den entsprechenden Erfolg: Kratzer, Flecken, Ablagerungen, Farbveränderungen etc. bilden so viele „Informationsschichten", dass sie den vom Designer beabsichtigten Eindruck verändern. Erst die Abnutzung offenbart, was sich hinter dem illusorischen perfekten Prisma oder der kohärenten Form verbirgt. Sie zeigt der materiellen Welt, was ihr in gewissem Sinne entgangen ist: Pressholz unter dünnen Melaminschichten, Wandverblendungen aus zerbrechlichen Natursteinplättchen, die massive Steinmauern vortäuschen und anderes mehr. Gebrauchte Flächen und Teile zeigen uns, dass wir nicht die ersten und nicht die letzten (Ab)Nutzer in einer geplanten und konstruierten Umgebung sind. Sie konfrontieren uns auch mit dem unerbittlichen Fortschreiten der Zeit und erinnern uns daran, dass Architektur im weitesten Sinne ein Kulturprodukt ist. Außerdem vermitteln Abnutzungen die Erkenntnis, dass Architekten Bauten nicht nur „künstlerisch" gestalten, sondern dabei auch deren technische, wirtschaftliche, soziale und andere Aspekte berücksichtigen.

Da Abnutzung in so vielen verschiedenen Bereichen stattfindet, entwickelten wir eine kooperative Arbeitsweise. Wir bildeten ein Team bestehend aus zehn unterschiedlichen Fachleuten, die über unterschiedliche Kenntnisse, Forschungs- und Gestaltungsmittel verfügten. Wir brachten Künstler, Fotografen, Geisteswissenschaftler und Architekturkritiker zusammen, jeder Einzelne sollte seine persönliche Idee zum Thema der Studie beisteuern. In der ersten Projektphase von Februar bis Mai 2007 führte das Team gemeinsam mit sechs Mitarbeitern von Rotor eine Forschungskampagne durch, einschließlich empirischer Studien anhand fotografischer Erkundungen, Besichtigungen zahlreicher relevanter Orte und Begegnungen mit vielen Personen, die beruflich mit Problemen der Abnutzung zu tun haben. Zusätzlich studierten wir andere Quellen: Bücher und Artikel über Bauingenieurwesen und Reibungslehre; Texte über Anthropologie und Architektur, historische Berichte über einzelne Bauten, Architektur und Design ...

Since 2005, in the context of our activities at Rotor, we have visited more than 200 companies in order to discover and understand where and how materials (consumables, tools, buildings, etc.) are manufactured and with what consequences.

The theme of waste served as an excellent introduction throughout this period: as a transdisciplinary topic, the issue of waste makes it possible to raise not only theoretical issues (What is waste? How does it relate to raw materials?), but also more practical concerns (What channels exist for recycling waste? Under what material and social conditions?).

It is in the context of this broader research that two years ago we performed a study assessing the viability of a channel for the resale of building and demolition waste in the field of social economy. The aim was to assess the potential commercial value of a range of building materials after their dismantlement: various floor coverings, structural wood, carpentry elements, facing bricks, rubble stone, decorative ironware, etc. It soon became clear that the sole criteria of being divisible, transportable, and functional were not sufficient to assess that value. As with all products, one also had to consider the aesthetic appreciation of the material. In this respect, traces of wear play an essential role. In some cases, they increase the appeal of a product by giving it a particular value. Most often, however, these traces are seen as unacceptable and trigger repulsion mechanisms in potential buyers. We became increasingly intrigued by this capacity to generate support as well as rejection.

We have since broadened the scope of our reflection. The precise assessment of the value of a material generally only intervenes at the time of sale. By contrast, architectural elements are constantly estimated, consciously or not, by their users. In these judgements, traces of wear are often crucial.

Wear is first and foremost a material issue. It is the reaction of matter to repeated actions performed by users. The scientific discipline that studies wear – tribology – focuses essentially on mechanical and chemical reaction models. Although interesting, this approach is insufficient for us. We are equally interested in the evaluation of wear and the influence of its perceptible aspects on social actors. These aspects are due to the actions of users, but depend also largely on the choices made by designers. In some cases, traces of wear conflict strongly with the designers intentions. All the more so, if the latter attempts to deny wear – either by ignoring it entirely, or by using extreme means to prevent it from occurring. It is under such circumstances that the material takes its revenge with utmost cruelty: scratches, stains, material deposits, changes in color, etc., become so many pieces of information that blur the designers sensory intentions. Wear then reveals what is hidden behind the illusion of the perfect prism or of the coherent form; it shows the material world what, in a sense, pretended to escape it: a chipboard panel beneath a thin coat of melamine, the fragmentary and fragile character of a natural stone facing one had thought to be monolithic, the flaking of a solid coat of paint. Wear shows us that we evolve in an environment that has been designed and constructed, and of which we are neither the first nor the last users; it also confronts us with the inexorable passing of time. More generally, wear reminds us that architecture is a cultural product in the broadest sense of the term. That it is not just a creative discipline, but it also encompasses technical, economic, social, and other aspects.

Given that wear touches on such a wide range of fields, we developed a collaborative work method. We have set up a team of ten collaborators with a range of skills and means of research and expression. We brought together artists, photographers, scholars, and architecture critics. Each person was chosen for the personal vision he or she could contribute to the subject. The first part of our project was thus the creation of a collective research campaign, bringing together the ten associate researchers and the six members of Rotor. Our research, performed between February and May, included an empirical aspect: photographic investigations, visiting a large number of significant locations, and encounters with numerous individuals who are confronted in their field with the problems of wear. We also delved into specialized secondary sources, which include: writings on engineering and tribology; texts on anthropology, architecture; old reviews on building, architecture and design ...

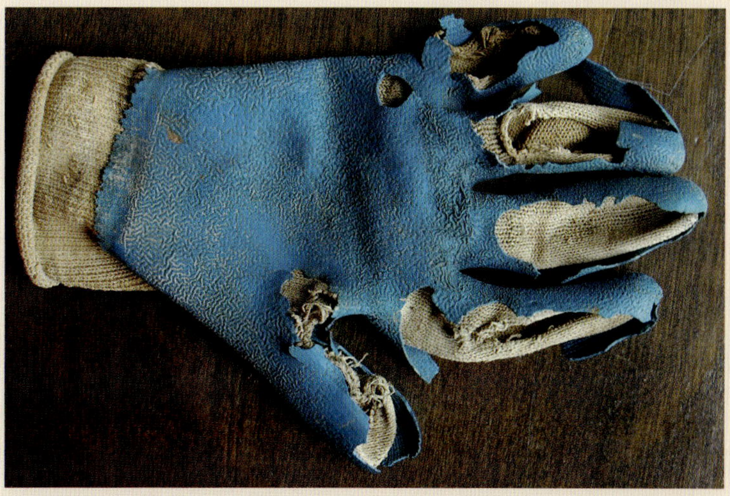

SPACE & MATTER

nl

Komplexitäten; *Complexities*

„Um Räume zu gestalten, kann es viel entscheidender sein, ein Gesetz zu ändern, als ein Gebäude zu bauen."

"When designing space, it may be more decisive to change a law than to construct a building."

Sascha Glasl und Tjeerd Haccou kannten sich noch von ihrem Praktikum bei One Architecture in Amsterdam. Der Kontakt blieb erhalten und 2009 nahmen sie an einem Wettbewerb für die Planung von 200.000 Häusern teil – und gewannen. Ein großer Auftrag und ein guter Grund, ein eigenes Büro zu gründen.

Sascha Glasl: „Die Niederlande bieten jungen Architekten immer noch gute Bedingungen. Alleine, dass Tjeerd und ich diesen Wettbewerb gewinnen konnten und mit der Umsetzung beauftragt wurden, ist ein Beweis für das Vertrauen, das einem hier auch als junger Architekt entgegengebracht wird." Space & Matter kommt es außerdem entgegen, dass Architektur und Städtebau in den Niederlanden immer noch ausgesprochen konzeptionell verstanden wird. Eine umfassende Analyse und ein kritisches Hinterfragen der Aufgabenstellungen werden mehr gewürdigt als in Deutschland, die Diskussionskultur ist offener. „Hier werden politische, soziale oder ökonomische Faktoren in der Analyse berücksichtigt. Erst danach geht es um eine Definition, was gebaut werden soll; Architektur ist das Ergebnis einer Strategie, nicht umgekehrt. Das macht die Konzepte stärker und kommt unserer Architekturauffassung sehr entgegen – in Deutschland gibt es dafür viel weniger Verständnis."

Diese Architekturauffassung wird in der Konzeption von „Water voor Wonen" deutlich. Die Konditionen der architektonischen Gestaltung resultieren aus einer Analyse der gesamten Region und ihrer städtebaulichen, wirtschaftlichen und sozialen Zusammenhänge. Erst wurden alle Regularien, Pläne, Wünsche und Nutzungen, die in dem Gebiet existieren, zusammengetragen. Daraus entwickelten Space & Matter eine Idee, die es tatsächlich schafft, alle Anforderungen zu erfüllen sowie die spezifischen Konditionen vor Ort einzubeziehen. Die neuen Wohnungen werden nicht als Fremdkörper an einer oder mehreren Stellen in die Landschaft gesetzt, sondern verstreut und in die wirtschaftlichen und räumlichen Strukturen eingefügt. So ist eine Strategie entstanden, die nicht nur genügend Neubauten bringen könnte, sondern auch noch den zu erwartenden Gewinn an alle Beteiligten verteilen würde. Marthijn Pool: „Eine Strategie sollte doch immer möglichst umfassend sein. Ich denke, es ist vor allem wichtig, dass bei uns nicht das Bauen im Vordergrund steht. Wir wollen Räume gestalten, und das ist ein großer Unterschied. Die Analyse muss daher alle Möglichkeiten sichtbar machen, wie Räume programmiert sind und wie wir das verändern können. Das Bauen kann dann ein ganz kleiner Teil der Strategie sein. Um die Gestaltung eines Raums festzulegen oder zu verändern, kann es viel entscheidender sein, ein Gesetz zu ändern, als ein Gebäude zu bauen."

Sascha Glasl and Tjeerd Haccou met while being stagiares at One Architecture in Amsterdam. They kept in touch, and in 2009 they took part in a competition to plan 200,000 houses – and won. This major assignment was a reason good enough to found a firm together.

Sascha Glasl: "The Netherlands are still a good place for young architects. That Tjeerd and I won the competition and were commissioned to carry out the project shows how much trust is placed in young architects here." Another point in Space & Matter's favor is that architecture and urban planning are still seen in a conceptual way in the Netherlands. More attention is paid to comprehensive analysis and critical examination of how the assignment is framed than in Germany, and the discussion culture is more open. "Here, political, social, and economic factors are included in the analysis. Only then are decisions made about what should be built; architecture is the result of a strategy, not the other way round. This makes the concepts stronger and is ideal for our approach to architecture – more so than the usual German model."

This approach to architecture is exemplified by the "Water voor Wonen" project. The criteria for the architectonic design result from a comprehensive analysis of urban planning, economic and social conditions in the whole region. First, all the rules, plans, desires, and uses that exist in the area are collated. Space & Matter takes all this data to develope ideas that fill all requirements and take account of the specific local conditions. The 200,000 new homes of "Water voor Wonen" are not set into the landscape like foreign bodies in one or a few places – they are dispersed and fitted into its economic and spatial structures. The result was a strategy that evenly distributes the benefits among all those involved as well as providing the required number of new buildings. Marthijn Pool: "After all, a strategy should always be as comprehensive as possible. For us, I think the most important thing is that construction is not the priority. We want to design spaces – which is a different thing altogether. The analysis must include all possibilities for how the spaces are programmed and how we can change this. The actual construction may be a very small part of the overall strategy. When laying out or changing the design of a space, it may be more decisive to change a law than to construct a building." __fh

Sitz; *Location* AMSTERDAM, NL **Gegründet;** *Founded* 2009

Partner; *Partners* TJEERD HACCOU *1978, graduated from TU Delft, NL, 2006 MARTHIJN POOL *1980, graduated from TU Delft, NL, 2006

SASCHA GLASL *1977, graduated from RWTH Aachen, DE, 2007

Gearbeitet bei; *Worked at* One Architecture (Amsterdam), Queeste architecten (Den Haag), Coop Himmelb(l)au (Los Angeles), ONL – Oosterhuis Lenard (Rotterdam), Kadawittfeld Architektur (Aachen), BeL (Cologne), LCM (Mexico City)

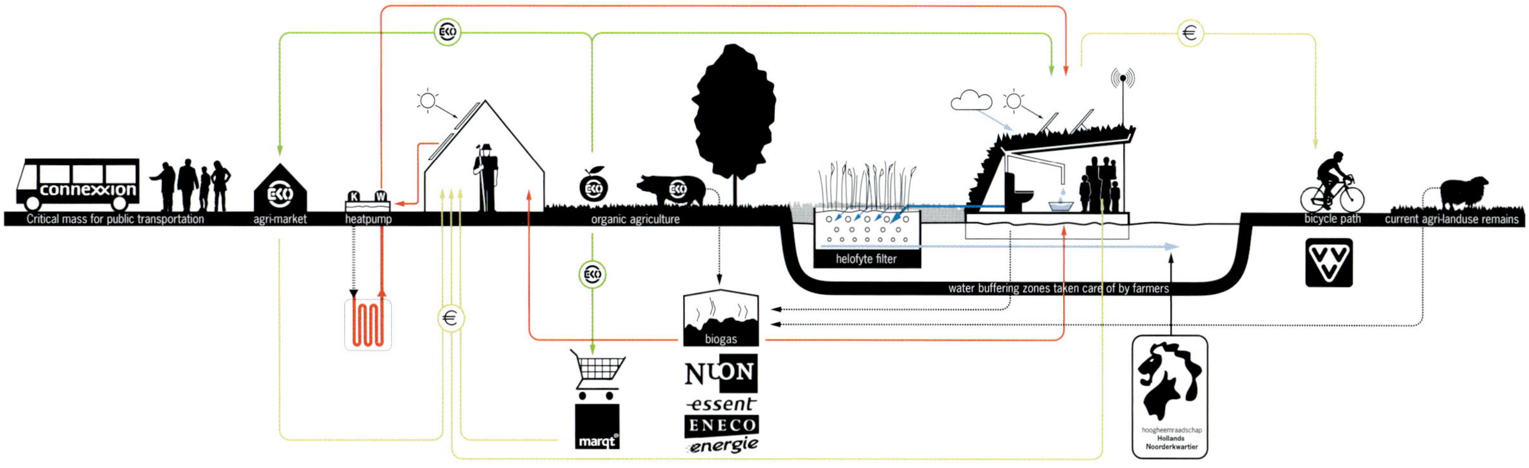

Water voor Wonen

Generalplan für 200.000 Häuser;

Master Plan for 200,000 Houses

Provinz Noord-Holland, NL / 2009–2040

Auftraggeber; *Client:* Provinz Noord-Holland

Water voor Wonen

Bis zum Jahr 2040 sollen in der Provinz Noord-Holland 200.000 neue Wohneinheiten entstehen. Gleichzeitig sollen 2000 Hektar Land für Wasserrückhaltebecken reserviert werden. Space & Matter gewannen den Wettbewerb mit einem Entwurf, der diese räumlichen Widersprüche optimal auflöst. „Water voor Wonen“ bedient gleichzeitig die Anforderungen der Landwirtschaft mit den notwendigen hydrologischen Pufferzonen und die Forderung nach neuem Wohnraum. Die Bauern in diesem Gebiet, die für die Bereitstellung ausreichend großer Flutungsflächen auf ihrem Land verantwortlich sind, werden dazu ermutigt, sich als „landwirtschaftliche Unternehmer“ zu betätigen. Hinter ihren Höfen sollen sie Kanäle bauen, die lukratives „Bauland“ für Hausboote abgeben und der Zersiedelung der Landschaft reale Grenzen setzen. Um das seit Jahrhunderten typische Erscheinungsbild dieser malerischen niederländischen Landschaft zu erhalten, verstecken die Architekten die CO2-neutralen Häuser unter grünen Dächern, sodass sie von der Straße aus kaum gesehen werden können.

The province of Noord-Holland wants to build 200,000 new homes by 2040. At the same time, 2,000 hectares have to be reserved for storing excess surface water. Space & Matter won the competition with a concept that turns these spatial contradictions into a single solution. "Water voor Wonen" combines agricultural demands and water buffering with the need for new dwellings. The farmers in the area, responsible for securing enough aquatic buffers on their land, are encouraged to become "agricultural entrepreneurs." They create a canal behind their farms, which provides profitable building lots for floating houses and forms a border that prevents new developments from littering the landscape. To protect the historical scenery of this distinct picturesque Dutch landscape, the architecture of the new carbon neutral houses is hidden under a green roof, so it is not visible from the street.

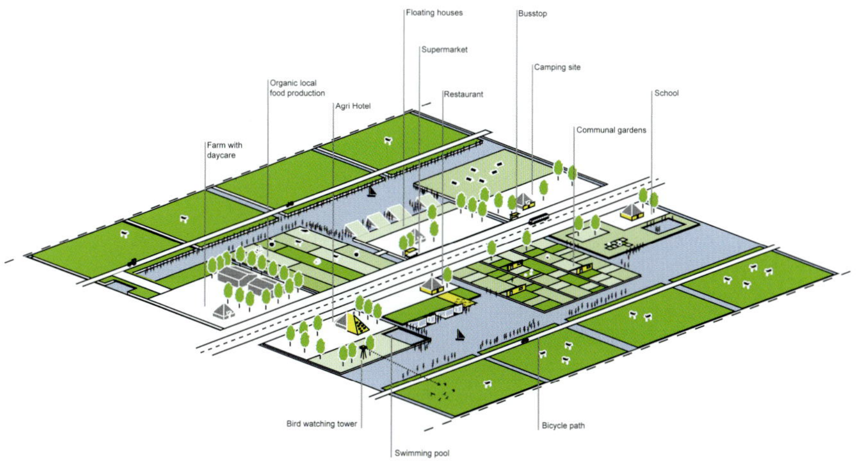

Urban Sports and Culture Center Eindhoven USCC

Ein altes Kraftwerk in Eindhoven wird zu einem städtischen Sportzentrum mit Skatehalle, BMX-Parcours, Kletterhalle sowie einer Kunst-, Musik- und Tanzschule umgebaut. Die Tragstruktur aus Beton bietet jedoch keine Räume, die hoch genug für die vorgesehenen Sportarten sind – und für eine vollständige Veränderung der Struktur reicht das Budget nicht. Gespräche mit allen beteiligten Sportklubs führten zu einer einfachen Lösung, die alle Wünsche erfüllte. Skater und BMX-Fahrer nutzen den Fußboden, die Kletterer die Wände und Decken. Die Betongeschossdecken müssen also nur an wenigen Stellen geöffnet werden, um den Kletterern sechs Meter hohe Routen zu ermöglichen. Im Obergeschoss entstanden so zwei verschiedene Bodenhöhen – perfekt für das Anlegen eines Skate-Parkours. Die Architektur von Space & Matter bildet dabei nur die Grundlage. Die Sportklubs werden sich die neuen Räume mit eigenen Einbauten und Einrichtungen aneignen.

An old energy plant is to be transformed into an "urban sports center" including a skate-hall, BMX park, boulder-gym, and an institute for art, music, and dance. But the solid concrete structure does not offer enough height for the sport-clubs and changing the entire structure would have blown the budget. Interviews with each party led to a simple spatial solution uniting all wishes: while skaters and BMX-ers use the floor, climbers use the ceilings and walls. The existing concrete floor was only opened on very specific locations so that at some spots the height is increased to six meters for the climbers. This results in two different floor heights on the upper level, which is perfect for skaters. The architecture just forms the basic structure, which the sport clubs complete with their own fill-ins to appropriate their new space.

Urban Sports and Culture Center Eindhoven USCC
Umnutzung eines alten Kraftwerks; *Transformation of an Old Energy Plant*
Strijp district, Eindhoven, NL / 2010–ongoing

Auftraggeber; *Client:* City of Eindhoven

The Infinite Realm of Synchronous Cultures

Dieses Projekt ist ein Vorschlag zur Sanierung des Baubestands und zur Verbesserung der sozialen Lebensverhältnisse in einem Nachkriegs-Wohnviertel Amsterdams. Die Hauptmaßnahme besteht im Umbau des August-Allebé-Platzes. Er soll ein Treffpunkt für alle Bewohner werden, da bislang praktisch kein Kontakt zwischen den verschiedenen ethnischen Bevölkerungsgruppen im Viertel besteht. Space & Matter schlagen zwei Ebenen vor: Auf der unteren wird ein dichtes Raster aus Raummodulen mit durchsichtigen Wänden angelegt, in denen die Bewohner des Viertels ihre vielfältigen Aktivitäten ausüben können, die sie bislang in abgeschlossenen Räumen und Läden im Viertel veranstalten. Die dichte Anordnung der Module macht Kontakte zwischen den verschiedenen Einwohnergruppen wahrscheinlicher, wenn nicht gar unvermeidbar. Die obere Ebene ist ein weiter, offener Platz für große Events für alle Bürger – Konzerte, Demonstrationen, Wochenmarkt oder Sportveranstaltungen.

"Synchronous Cultures" is a proposal for improving the built environment and the social interaction in a post-war modernist district. The most important measure is turning the August Allebé square into a social meeting place, since connections between the different ethnic groups living in Slotervaart are almost nonexistent. Space & Matter propose creating two levels: the lower level consists of a dense grid of spatial modules with transparent walls. The modules are offered to all residents to perform their various activities and meetings; the spatial organization makes connections between them more likely if not unavoidable. The upper level is a huge open space for large-scale cultural expressions like concerts, demonstrations, a market, or sports events where everyone comes together.

The Infinite Realm of Synchronous Cultures
Förderung sozialer und kultureller Interaktionen durch Stadtsanierung; *Improving Social and Cultural Interaction by Improving Urban Structures*
Slotervaart district, Amsterdam, NL / 2009

Wettbewerb; *Competition:* Prix de Rome

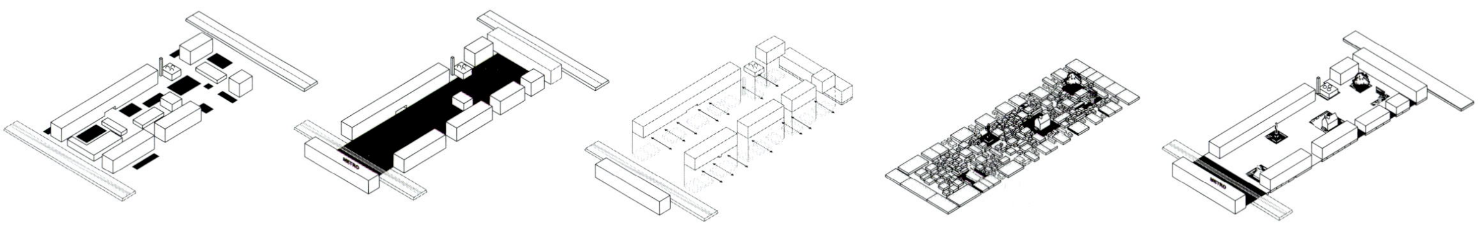

STAR
STRATEGIES+ARCHITECTURE

nl

Mirador del Palmeral de Elche

Sitz; *Location* ROTTERDAM, NL **Gegründet;** *Founded* 2006

Partner; *Partner* BEATRIZ RAMO *1979 in Zaragoza, E, graduated from ETSA Valencia, E, 2005

Gearbeitet bei; *Worked at* OMA (Rotterdam)

Der Einfluss von Rem Koolhaas und OMA ist bei STAR überall zu spüren; im Arbeitseifer, in der Liebe zu den Modellen, die bei STAR einen eigenen Raum füllen, und in einer sehr strategischen Architekturauffassung, in der das Forschen und Studieren der gesellschaftlichen Bedingungen als kontinuierlicher Teil der Arbeit eines Architekturbüros verstanden wird. Und auch das ist ein Teil der Neugierde: STAR hat von Anfang an Studien erstellt, in denen die Bedingungen von Politik, Wirtschaft und Kultur und deren Einfluss auf die Stadtstrukturen und die Architektur untersucht werden. Seit 2008 ist Ramo auch Mitherausgeberin von Monu – Magazin on Urbanism.

Neugierde; *Curiosity*

„I love Rotterdam!", sprudelt es aus Beatriz Ramo heraus, „I love the changes, the dynamic, the permanent transformation of this city". So sind Architekten: Sie begeistern sich für das Raue, die Umbrüche und Brachen – und Rotterdam hat von alldem mehr als genug. Für Architekten sind das alles Möglichkeiten: Die Brache als Chance, wie es Rem Koolhaas einst gesagt hat: „Wo nichts ist, ist alles möglich. Wo Architektur ist, ist nichts (anderes) mehr möglich." Und Koolhaas ist auch der Grund, warum Beatriz Ramo überhaupt nach Rotterdam gekommen ist.

Für ein Auslandsjahr ging sie an die TU Eindhoven, ein Praktikum führte sie dann zu Koolhaas OMA nach Rotterdam: „Es sollte ein halbes Jahr sein, das sich immer mehr verlängert hat. Die Arbeit hat so viel Spaß gemacht. Es gab kaum Hierarchien, wer mehr Verantwortung übernehmen wollte, der konnte das auch ohne Diplom tun. Am Schluss führte ich ein Team von 15 Leuten. Nach dieser Erfahrung wusste ich, dass ich ein eigenes Büro aufmachen möchte – und dass ich das auch kann." Für das Diplom geht sie noch einmal kurz nach Spanien, kehrt aber direkt nach Rotterdam zurück und gründet STAR. Seitdem lebt das Büro von den Preisgeldern der Wettbewerbe, was Ramo als „riskant, aber aufregend" beschreibt. „Diese Arbeitsweise bedeutet eine große Freiheit: Wir können selbst aussuchen, womit wir uns als Nächstes beschäftigen wollen. Wegen unserer Neugierde entscheiden wir uns meist für die Angebote, bei denen wir am meisten Neues lernen können." Seit 2005 hat STAR in hohem Tempo eine unglaubliche Anzahl an Wettbewerben mitgemacht und dabei völlig unterschiedliche Aufgaben in völlig unterschiedlichen Ländern bearbeitet: ein Museum in Beirut, eines in Estland, ein Apartmentblock in Zaragoza, ein kleines Wohnhaus in Beijing, ein Riesenrad in Spanien. „Viele Büros machen nach dem Entwurf eines Museums am liebsten gleich noch eins. So arbeiten wir nicht. Ich will immer wieder mit neuen Dingen konfrontiert werden, mit neuen politischen, sozialen und kulturellen Zusammenhängen. Vielleicht ist Neugierde das beste Wort für das, was mich antreibt. Wir wollen ständig Neues lernen."

"I love Rotterdam!" gushes Beatriz Ramo, "I love the changes, the dynamic, the permanent transformation of this city." Architects love upheavals, roughness and waste ground – and Rotterdam has more than its fair share of all of these. For an architect, they all represent opportunities. As Rem Koolhaas once observed, waste ground is full of potential: "Where there is nothing everything is possible, where there is architecture nothing (more) is possible." Koolhaas was also the reason Beatriz Ramo came to Rotterdam in the first place. After spending her overseas study year at the TU Eindhoven, she took up a placement with Koolhaas' OMA firm in Rotterdam: "It was supposed to last six months, but I kept staying on. The work was so much fun. There were no hierarchies – anyone who wanted more responsibility was given it, whether they were qualified or not. At the end, I was directing a team of fifteen people. After what I learned during this time, I knew I wanted to open my own firm – and that I could do it."

She went back to Spain briefly to graduate, but returned to Rotterdam immediately afterwards and founded STAR. Since then, Ramo has been running the firm on architecture competition prize money – a strategy she describes as "risky, but exciting. This way of working gives us a lot of freedom. We get to choose what our next project will be. Our curiosity generally leads us to choose the options we can learn the most from." Since 2005, STAR has entered an unbelievably high number of competitions in quick succession, involving completely different assignments in completely different countries: a museum in Beirut, another in Estonia, an apartment block in Saragossa, a small home in Beijing, a big wheel in Spain. "After designing a museum, a lot of firms like to work on another museum. But that's not our way of doing things. I want to be faced with new things all the time, with new political, social, and cultural conditions. Perhaps curiosity is the best word for what motivates me. We want to be learning new things all the time."

The influence of Rem Koolhaas and OMA on STAR is clearly apparent: an enthusiasm for the work; a love of models (which have an entire room to themselves at STAR), and a very strategic approach to architecture, with research and study understood as an ongoing part of the architecture firm's work. And this is part of the curiosity, too: from the very beginning, STAR has always produced studies assessing political, economic, and cultural conditions and their influence on urban structures and architecture. Since 2008, Ramo has also been co-editor of Monu – Magazin on Urbanism. __fh

„Ich will immer wieder mit neuen Dingen konfrontiert werden."

"I want to be faced with new things all the time."

Mirador del Palmeral de Elche

Der Palmenhain von Elche ist Europas größte Palmenplantage und eine der größten weltweit. STAR haben 2008 einen internationalen Wettbewerb für einen neuen Aussichtsturm über der Plantage mit dem ungewöhnlichen Vorschlag gewonnen, statt eines Turms ein Riesenrad als neues Wahrzeichen zu bauen. Die Tragstruktur des Mirador bezieht sich auf die floralen Ornamente arabischer Architektur, da Palmenplantagen eine arabische Tradition sind.

The Elche palm grove is Europe's largest palm plantation, and one of the largest in the world. STAR won an international competition in 2008 for a new viewing platform for the plantation with the unusual suggestion of building a Ferris wheel rather than a tower as a new landmark. The Mirador support structure relates to the floral ornaments used in Arabic architecture, as palm groves are an Arabic tradition.

Mirador del Palmeral de Elche
Aussichtsplattform als symbolträchtiges Wahrzeichen Europas größter Palmenplantage; *Viewing platform as a symbolic landmark for Europe's largest palm plantation*
Palmeral de Elche, Alicante, E / 2009–2010

Auftraggeber; *Commissioned by:* City of Elche / **Budget**: 10 Mio. Euro / **Umbaute Fläche:** 12.000 m² öffentliche Fäche, 1200 m² Ausstellungsfläche und Riesenrad; *Built Area: 12,000 m² of public space, 1,200 m² of exhibition space and big wheel*

The Re-Creation of the European City

Kontinuierliches Forschen und Analysieren legt bei STAR die Grundlagen für die Strategien ihrer Architektur. Nach der Studie „The Image of Europe" (2006 mit AMO) hat STAR angefangen, an einer großen Studie über die europäische Stadt zu arbeiten: Was formt die europäische Stadt von heute – und was ist wichtiger? Gebäude von Star-Architekten, Anschluss an Billigfluglinien oder eine neue IKEA-Filiale?

Continuous research and analysis form the basis for STAR's architectural strategy. After their "The Image of Europe" study (2006 with AMO), STAR began working on a new study of the European city: what shapes the European city of today – and what is more important? Buildings by star architects, access to no-frills airlines, or a new branch of IKEA?

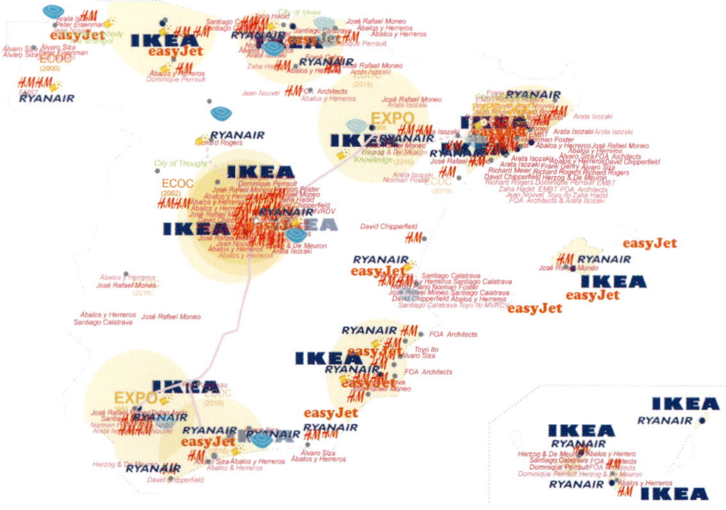

The Re-Creation of the European City
Selbstinitiierte Studie; *Self-initiated Study*
2006 – present
www.monu.org

Big B

Internationaler Europan 9 – Wettbewerb, städtebaulicher Entwurf, 2. Preis; *International Competition Europan 9, 2nd Prize*

Johan van Hasseltkanaal, Amsterdam, NL / 2008

Umfang: 181 Wohnungen auf 35.000 m², Einzelhandels- und Galerieflächen, Gärten, Parkplätze; *Area: 181 apartments on 35,000 m², commercial and gallery spaces, gardens, parking space*

Big B

Big B ist eine große Geste in einem historischen Industrieviertel. Das gesamte Raumprogramm ist in einem einzigen Gebäude untergebracht, dessen Größe sich einzig auf den großmaßstäblichen Kontext der Fabrikhallen und Hafenspeicher bezieht. Mit 45 Metern Höhe bildet es einen „Schlusspunkt" für den Hafen und eine Fassade zum neuen Kaiuferpark. Das Gebäude besteht aus fünf Teilen: einem Gebäudesockel und vier daraus aufsteigenden Blöcken. An der vielgestaltigen Fassadenkomposition lässt sich der jeweils individuelle Charakter der ganz unterschiedlichen Wohnungstypen ablesen.

Big B is a big urban gesture in a historical industrial area. The entire program is placed in a single building, referring to the big scale of factories and industries in the surrounding. Forty-five meters in height, it marks the end of the docks and creates a façade for the new park at the waterfront. The building consists of five parts: an urban plinth and four blocks. The diversity of the composition in the façades shows the individual character of the many different apartment typologies inside.

House of Arts and Culture

Kunst- und Kulturzentrum, Internationaler Wettbewerb, Entwurf, 2. Preis; *International Competition, 2nd Prize*

Beirut, LB / 2009

House of Arts and Culture

Das Bauwerk besteht aus einer hohen Box und einem niedrigen zweigeschossigen Sockel. Das Raumprogramm im Sockel soll eine direkte Verbindung zur Straße und zur Stadt aufbauen. Der Gebäudesockel sollte wie eine Fortsetzung oder Kreuzung der Straßen im Umfeld des Zentrums aufgefasst werden. In dem aufragenden Gebäudeteil – eine „magische Box" mit maximaler Flexibilität für Hunderte verschiedener Veranstaltungen – sind die Programme untergebracht, die hohe Räume und eine vertikale Erschließung benötigen.

The building consists of a tall box and a low plinth. The program in the two-story plinth should create a direct connection to the streets and the city, while the box contains the program that requires big heights or vertical circulation: a magic box with maximum flexibility for hundreds of different events, and an active plinth like a continuation of the surrounding streets.

Auditorium of Elche

Die Stadthalle ist wie eine Straße aufgebaut: linear und horizontal. Diese Konfiguration macht es möglich, nur die Hälfte des Grundstücks zu bebauen und davor, bzw. parallel dazu, einen großen öffentlichen Platz zu schaffen. Die Fassade bildet eine Art offenen Querschnitt durch das Gebäude, der das wechselnde Geschehen im Innern offenlegt. Jeder Innenraum ist auf den Außenraum bezogen, sodass die Stadthalle eher einen Straßenblock als ein Einzelgebäude darstellt.

The Auditorium of Elche is organized like a street: linear, horizontally. This configuration frees half of the building site allowing the creation of a large public square running parallel to the building. The façade is an open section that continues changing with the different activities inside. Each program of the building has a direct relation with the square, creating a STREET building instead of an OBJECT building.

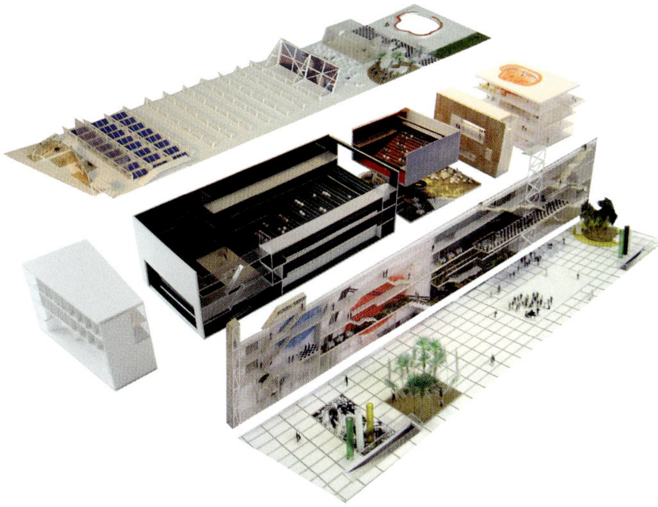

Auditorium of Elche

Stadthalle von Elche, Offener Wettbewerb, Entwurf; *Open Competition*

Elche, E / 2010

Auftraggeber; *Client:* City of Elche

STUDYO ARCHITECTS

de

New Campus for Bezalel Academy

Tokyo, Cologne, Jerusalem

Studyo wurde 2005 als Kooperation verschiedener Projektpartner in unterschiedlichen Städten gegründet: Ayşin Ipekçi leitet das Kölner Büro; das Netzwerk der jungen Architektin verläuft von Johannesburg über Istanbul bis nach Shanghai.

Ayşin Ipekçi hat an der RWTH Aachen studiert. Mit einem Stipendium der Carl-Duisberg-Gesellschaft geht sie 2002 nach Tokio, nachdem sie schon zwei Jahre in verschiedenen Kölner Büros gearbeitet hat. Eine Zeit, die sie als wesentliche Grundlage für einen Wechsel des Kulturkreises sieht. Ein Jahr lang arbeitet sie in Tokio mit Kazuyo Sejima und Ryue Nishizawa – SANAA prägt nicht nur ihr architektonisches Verständnis und ihre Entwurfsmethodik, sondern stärkt ihr großes Interesse am Potenzial grenzüberschreitender, interkultureller Entwürfe. Ayşin Ipekçi sagt von sich selbst, sie sei nicht nur deutsch und auch nicht wirklich türkisch, und so konträr diese beiden Welten sein können, umso wichtiger

Sitz; *Location* COLOGNE, DE **Gegründet;** *Founded* 2005

Partner; *Partner* AYŞIN IPEKÇI Architektin BDA, *1973, Cologne, graduated from RWTH Aachen, DE, 2000

Gearbeitet bei; *Worked at* Ilse & Ulrich Königs / Königs Architekten, Bernadette Heiermann / Heiermann Architekten, Prof. J. Pablo Molestina / Gruppe MDK (all Cologne), Kazuyo Sejima + Ryue Nishizawa / SANAA (Tokyo)

war es ihr, einen noch größeren Schritt in Richtung Ferne zu machen, wenn Japan und die Türkei auch sprachlich näher beieinander liegen, als man meint.

Zurück in Deutschland nimmt sie mit Studyo am Wettbewerb für den Neubau des Campus Bezalel in Jerusalem teil, bei dem sie sich 2007 gegen etablierte israelische und internationale Konkurrenz durchsetzt. Die Sehnsucht sich in einen wiederum für sie neuen Kulturkreis einzuarbeiten, macht den Erfolg möglich. Ein feinfühliges Konzept, das auf eine starke Auseinandersetzung mit dem Standort und dem städtebaulichen Umfeld baut, soziale, ökonomische, ökologische und kulturelle Aspekte untersucht, dieses Konzept überzeugt die Jury. Der Auftrag in Jerusalem ist ein großer Erfolg und ganz wesentlicher Schritt in Richtung Professionalisierung für die deutsch-türkische Nachwuchsarchitektin. Studyo werden 2008 zur GmbH und erhalten im gleichen Jahr den Förderpreis des Landes Nordrhein-Westfalen für junge Künstler.

Wie viele ihrer jungen deutschen Kollegen sieht Ayşin Ipekçi sich in der Verantwortung, eine neue Architektengeneration auszubilden, was gleichzeitig für die meisten auch ein zweites finanzielles Standbein darstellt. Sie ist am Lehrstuhl für Entwerfen von Ulrich König an der Bergischen Universität in Wuppertal tätig. Seit Anfang 2010 ist sie Vorstandsmitglied des BDA Köln.

Studyo was founded in 2005 as a co-operative venture between various project partners in different cities: Ayşin Ipekçi directed the Cologne office, the network of the young architects extended from Johannesburg to Istanbul to Shanghai.

Ayşin Ipekçi studied at the RWTH Aachen. She went to Tokyo in 2002 on a scholarship from the Carl-Duisburg-Gesellschaft after working in various Cologne offices for two years. She sees this period as an essential basis for a change of cultural circle. She worked for a year in Tokyo with Kazuyo Sejima and Ryue Nishizawa – SANAA not only shaped her architectural thinking and her design method, but reinforced her already considerable interest in the potential of cross-border intercultural designs. Ayşin Ipekçi says of herself that she is not only German and also not really Turkish, and given how these two worlds can run counter to each other, it was all the more important for her to take an even greater step into the distance, when Japan and Turkey are closer to each other than one thinks, even in terms of language.

Back in Germany, she and Studyo entered the competition for the new Bezalel Campus in Jerusalem, and they won this in 2007, against established Israeli and international rivals. Their desire to work in a cultural circle that was again new for them made success possible. They submitted a sensitive concept based on a powerful analysis of the location and the urban development context, and this convinced the jury. The Jerusalem commission represents a major success and a crucial step in professional status for the young German-Turkish architect. Studyo became a limited company in 2008 and won the North-Rhine Westphalia prize promoting young artists in the same year.

Like many of her young German colleagues, Ayşin Ipekçi feels herself responsible for training a new generation of architects, which at the same time also represents a second source of financial support for most of them. She works in Ulrich König's design department at the Bergische Universität in Wuppertal, and has been on the board of the BDA in Cologne since early 2010. __an

Bezalel Academy of Arts and Design
Neuer Campus der Bezalel Academy of Arts and Design, internationaler Wettbewerb 2007;
New Campus for Bezalel Academy of Arts and Design, Competition 2007
Jerusalem, IL / 2008–2013

New Campus for Bezalel Academy of Arts and Design

Von ihrem jetzigen Standort am Mount Scopus wird die Bezalel Academy of Arts and Design wieder ins Zentrum Jerusalems ziehen – und mit ihr 3000 Studierende. Der Siegerentwurf wurde aus 188 eingereichten Wettbewerbsentwürfen ausgewählt; vier weitere Büros wurden aufgefordert, Ideen beizusteuern. Die Jury begründete ihre Entscheidung damit, dass der Siegerentwurf das geteilte Gelände am effektivsten ausnutzt und einen einheitlichen Campus vorschlägt, der die Vorzüge des Terrains optimiert und Innen- sowie Außenräume auf gelungene Weise verbindet. Der Entwurf geht einfühlsam auf den historischen Kontext ein und schafft Beziehungen zur Campus-Umgebung, indem er die typischen Elemente der Jerusalemer Altstadt – Höfe, Gärten, Dachgärten und Gitterfassaden – neu interpretiert. Außerdem umfasst der Campus Einrichtungen und Räume nicht nur für Studierende, sondern auch für die Bevölkerung.

Bezalel Academy of Arts and Design is moving back into the center of Jerusalem from its present campus location on Mount Scopus – shifting 3,000 students into the town. Having launched an international competition, the winning entry was selected out of 188 submissions, and four firms were invited to contribute ideas for Bezalel's future home base. The jury declared that the winners responded most effectively to the divided site and having proposed a unified and cohesive campus that optimizes the qualities of the site and successfully integrates indoor and outdoor spaces. The design responded sensitively to the historical context, and as such connects to the surrounding area, interpreting effectively the traditional Jerusalem elements of courts, gardens, roofscape, and screen façades. Additionally, the design successfully creates facilities accessible to Bezalel and the public.

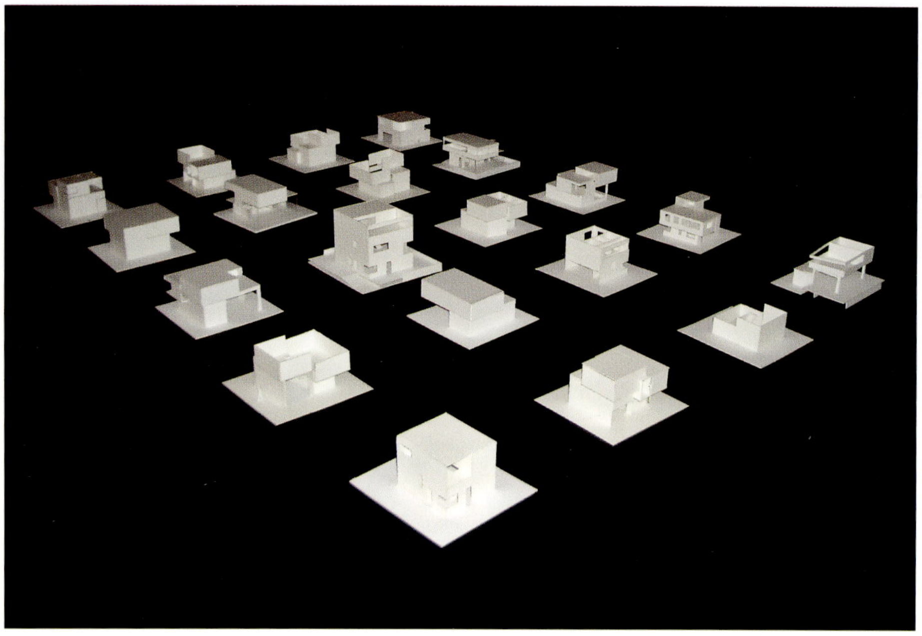

Das türkische Haus;
The Turkish House
Sommerhaus; *A Summer Cottage*
Ete Sitesi, Davutlar Aydin, TR / 2004–2011

Das türkische Haus

Dieses Sommerhaus an der türkischen Ägäisküste zwischen den antiken griechischen Städten Ephesos und Priene entsteht weniger als 50 Meter vom Strand entfernt. Die Bauherren leben bescheiden, möchten sich aber den Luxus leisten, sechs Monate im Jahr am Meer zu leben. Ihr zeitlich streng geregelter Tagesablauf spielt sich zu fast 80 Prozent im Freien ab. Die Herausforderung bei diesem Projekt bestand also darin, das optimale Verhältnis von Innen- und Außenraum zu finden, um den Bewohnern genügend schattigen Wohnraum im Freien, aber auch „private Rückzugsmöglichkeiten" im Haus sowie Platz für Gäste zu bieten. Die Bauzeit ist für Oktober 2010 bis April 2011 geplant.

This is a summerhouse at the Turkish Aegean Coast in between the ancient Greek town Ephesus and Priene. The proximity to the beach is less than fifty meters. The clients are modest people, yet enjoy the luxury of being at the seaside for six months a year. Almost 80% of their delicately and precisely "clocked" everyday life happens outside. The challenge of this project is to find the optimum inside-outside ratio in order to provide various outside spaces, but also inside spaces that offer the clients both their privacy and enough space for visitors. This project will be built from October 2010 to April 2011.

Ein neues Wohnviertel in Köln-Widdersdorf

Innerhalb dieses Projekts soll ein Wohngebiet entstehen, eine Nachbarschaft, in der einerseits jeder Gemeinschaft bzw. Familie ein einzelnes Haus gehört, auf der anderen Seite aber städtische Dichte geschaffen wird – Nähe zum Nachbarn trotz der entsprechenden Privatsphäre, eine eher ungewöhnliche Form für die Lebensweise in städtischen Randbezirken. Studyo bieten verschiedene Hofhaustypen in vier unterschiedlichen Größen von klein bis groß. Eine unkonventionelle Methode für eine konventionelle Lösung.

This project approaches the design of a neighborhood, offering detached housing to each unit/family while creating an urban density. Ususally not suitable to the archetype of living in the "outskirts," the project in Köln-Widdersdorf succeeds in the impossible of proximity yet protected. Be close to your neighbor and keep your privacy. Studyo introduce different patio-type-houses in four sizes ranging from small to large. An inappropriate approach for an appropriate solution.

Ein neues Wohnviertel in Köln-Widdersdorf;
A New Neighborhood in Cologne-Widdersdorf
Machbarkeitsstudie; *Feasibility Study* / 2007

Fachbereich Gestaltung der Folkwang Universität der Künste; *Design Department for Folkwang University*
Wettbewerb; *Competition*
Zeche Zollverein, Essen, DE / 2010

Fachbereich Gestaltung der Folkwang Universität der Künste Gemäß der Folkwang-Philosophie „Lehren, Lernen und Produzieren" in der Verbindung aller kreativen Fächer soll ein Neubau für die drei Studiengänge Industrial Design, Kommunikationsdesign und Fotografie am Essener Standort der Universität entstehen. Studyo entwarf ein vierstöckiges Gebäude mit Werkstätten im Erdgeschoss, einem großen „Loftatelier" als „Beletage" sowie Seminarräumen im zweiten und dritten Obergeschoss. Im großen Loft, in dem die Studierenden aller drei Studiengänge in Ateliers arbeiten, wird die Folkwang-Philosophie auf eindrucksvolle Weise umgesetzt: Die offene Etagenfläche wird von Höfen und Seminarräumen unterbrochen. Diese Einbauten sollen den großen Raum gliedern und Wandflächen für Präsentationen bieten.

Three different departments (Industrial Design, Communication Design, Photography) will be gathered in one building, following the Folkwang philosophy of teaching, learning, and creating across disciplines. Studyo designed a four-story building: workshops in the ground floor, one big, "empty" space for all students on the first floor as the "Beletage," and all faculty spaces on the second and third floors. The Folkwang philosophy is impressively expressed in one space where all students from each department work in their ateliers. It is designed as an open plan, gently disrupted by patios and common seminar rooms. The "inbuilts" are meant to zone the empty space and pragmatically offer wall surface for presentations.

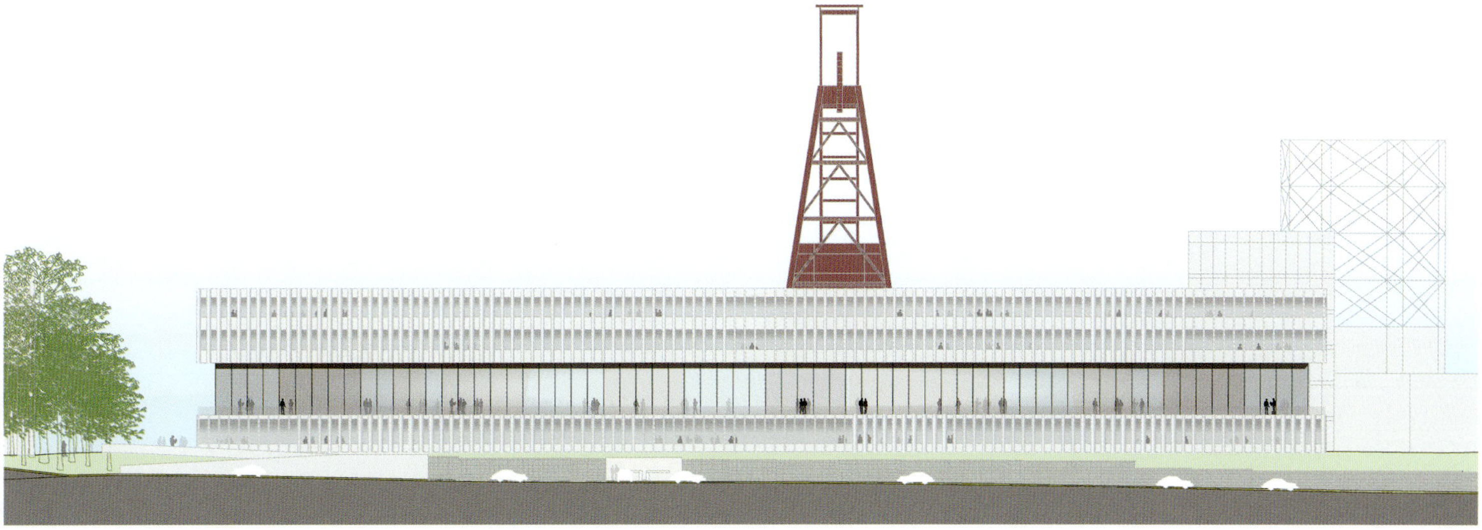

URA

KOP

Sitz; *Location* BRUSSELS, BE **Gegründet;** *Founded* 2002

Partner; *Partners* YVES MALYSSE *1973, BE, graduated from Sint-Lucas, Ghent, BE KIKI VERBEECK *1974, BE, graduated from Sint-Lucas, Ghent, BE JOOST VERSTRAETE *1974, BE, graduated from Sint-Lucas, Ghent, BE

Gearbeitet bei; *Worked at* OMA, Robert Winkel, MVRDV (Rotterdam), Jo Crepain, Bernard & Georges Baines (Antwerp), uapS, LABFAC (Paris), FCJZ (Beijing), Volvo Trucks, Architettura (Ghent), ARBR, Advisers (Brussels)

Elementar; *Elementary*

Yves Malysse, Kiki Verbeeck und Joost Verstraete sind so etwas wie die typischen Vertreter einer neuen, jungen und optimistischen Architektengeneration in Flandern. Alle drei sind nach ihrem Studium ins Ausland gegangen, als die Bedingungen in Belgien düster waren, die Projekte so klein wie die Bezahlung. Aber kurz nach der Jahrtausendwende sind sie nach Brüssel zurückgekehrt. Yves Malysse: „Ich war in Rotterdam und es kam ein Zeitpunkt, an dem ich die niederländische Art Architektur zu produzieren und die niederländische Kultur insgesamt satt hatte. Gleichzeitig wurden die Bedingungen für junge Architekten in Belgien immer besser, ein flämischer Baumeister wurde eingesetzt und es gab Wettbewerbe speziell für junge Architekten." Der „Goldrausch" der niederländischen SuperDutch-Generation war vorbei, in Belgien hingegen schienen neue Goldadern aufzutauchen.

„Wir alle haben im Ausland wertvolle Erfahrungen gesammelt. Wir haben ein Selbstbewusstsein entwickelt, auch große Projekte steuern zu können. Wir haben das stark konzeptionell ausgerichtete Arbeiten gelernt und wie wir unsere Konzepte gut und schnell visualisieren und präsentieren können. Davon profitieren wir bis heute. Aber letztlich ist uns der belgische Maßstab lieber. Natürlich würden wir große Projekte nicht ablehnen, aber bei den kleineren Projekten bleibt mehr Zeit für den Entwurf. Ich finde es nicht besonders erstrebenswert, ein möglichst großes Architekturbüro zu haben." Schon das vorhandene Büro ist derzeit eher zu klein – URA floriert. Jede freie Fläche ist mit Modellen gefüllt.

URA bedeutet UR Architects und bezieht sich auf die sumerische Stadt Ur. Darin verbirgt sich eine Aussage zur Architekturauffassung: „Unsere Architektur sucht nach wiedererkennbaren Grundformen, nach elementaren Ausdrucksformen und Materialien. In dieser Ur-Architektur versuchen wir, Funktionen und Nutzungen in Kontrast zueinander zu setzen und so ein neues Raumgefühl zu wecken. Wir wollen einen Rahmen schaffen für den Raum und seine möglichen Nutzungen, aber weder das eine noch das andere fest vorschreiben."

Yves Malysse, Kiki Verbeeck, and Joost Verstraete could be described as typical members of a new, young, and optimistic generation of architects in Flanders. All three left Belgium after completing their studies, because the situation in Belgium was grim, with only small, low-paid projects on offer. However, they returned to Brussels shortly after the millenium. Yves Malysse: "I was living in Rotterdam, and there came a time when I had had enough of the Dutch way of producing architecture – and of Dutch culture as a whole, to be honest. At the same time, conditions for young architects in Belgium were getting better by the day. A director of architecture for the Flemish region had been appointed and there were competitions open only to young architects." The Netherlands' SuperDutch generation "gold rush" was over, but there were new seams to mine in Belgium.

"We had all gained valuable experience working outside Belgium. We had achieved the confidence to handle large-scale projects. We had learned how to work in a highly conceptual way and how to visualize and present our concepts rapidly and well. We are still profiting from that today. But ultimately we preferred the Belgian scene. Of course, we wouldn't actually turn down large projects, but small projects allow us more time for the design process. My aim is not really for my architecture firm to be as large as possible." At present, the firm is too small rather than too large – URA is flourishing. Every available surface is covered with models.

URA stands for UR Architects which refers to the Sumerian city of Ur. This is a veiled statement of the firm's approach to architecture: "Our architecture is created by discovering instantly recognizable fundamental shapes, for elementary materials and forms of expression. Our 'ur-architecture' is an endeavor to contrast functions and uses with each other, thereby creating a new sense of space. We want to create a setting for the space and its possible uses, but without restrictively prescribing either." __fh

„Unsere Architektur sucht nach Grundformen, nach elementaren Ausdrucksformen und Materialien."

"Our architecture is created by discovering instantly recognizable fundamental shapes, for elementary materials and forms of expression."

KOP

Logistikhalle mit Büros; *Logistics Building with Offices*

Puurs, BE / 2008–2010

Fläche; *Area:* 12,000 m² / **Kosten;** *Costs:* 10 million Euro

A large loading hall was to be built in a typical monotonous commercial district outside the city center. The plot is on the edge of the commercial district, with a view of the neighboring nature reserve. URA created a compact overall design to house the building's extensive functional program, with the offices fitted into the large hall like a separate building. The materials and form of the building are based on the agricultural buildings that previously characterized the district. The pitched roof and overhead door make it look like a larger version of a barn.

The hall is perforated with various differently shaped openings. These window frames turn the landscape and the sky into abstract fragments in the interior and create an interplay of light and shadows.

Looking back, KOP appears to be a consistent extension of URA's very first project, a multifunctional hall in Eeklo (PZW). That particular, introverted version of the differentiating, abstract "framing" of the surroundings was an architectonic response to the building's diffuse commercial environment. In Puurs, on the other hand, the eyes are directed outwards.

KOP

In einem dieser monotonen Gewerbegebiete vor der Stadt wird eine große Verladehalle mit Büros gebaut. Das Grundstück liegt am Rand des Gewerbegebiets und schaut auf das benachbarte Naturschutzgebiet. URA haben für das umfangreiche Programm eine kompakte Großform entworfen, die Büros werden als eigenes Gebäude in die große Halle geschoben. Materialität und Form des Gebäudes leiten sich aus den landwirtschaftlichen Gebäuden ab, die früher diese Gegend geprägt haben, Satteldach und Rolltore erinnern an eine größere Variante einer Scheune.

Die Halle ist über und über mit Öffnungen in verschiedenen Formaten durchlöchert. Die Landschaft und der Himmel werden durch diese Fensterrahmen zu einem abstrakten Fragment des Inneren und sorgen für ein permanent wechselndes Spiel von Licht und Schatten.

Rückblickend erscheint KOP wie eine Weiterentwicklung des allerersten Projekts von URA, einer multifunktionalen Halle in Eeklo (PZE). Die Idee der unterschiedlichen, abstrakten „Rahmung" der Umgebung war dort die architektonische Reaktion auf das diffuse Umfeld eines Gewerbegebiets, allerdings eine eher introvertierte Variante. In Puurs hingegen sind die Blicke klar nach außen gerichtet.

PZE

Multifunktionshalle; *Polyvalent Hall*

Eeklo, BE / 2002–2005

Auftraggeber; *Client:* City of Eeklo / **Fläche;** *Area:* 1,300 m² / **Kosten;** *Costs:* 500,000 Euro

THB

Wegen des großen Besucherandrangs wurde zwischen Atomium, den Expo Hallen und dem Fußballstadion eine neue, zentrale Haltestelle für die Brüsseler Tram gebaut. URA haben diesen Umsteigepunkt als ein äußerst reduziertes, funktionales, strahlend weißes Signal entworfen, mit dem sich die Station in dem extrem kontrastreichen Umfeld behaupten kann.

Ein ähnliches System findet sich in einem früheren Wettbewerb, in dem URA eine neue Gestaltung für alle Brüsseler Bushaltestellen vorgeschlagen hatten: OSB. Auch dort hatten sie ein sehr funktionales System aus reduzierten weißen Modulen entwickelt.

New tram stop infrastructure was needed in Brussels to serve the large number of visitors to the area that includes Atomium, the expo halls, and the football stadium. URA chose a very reduced, functional, radiantly white design that makes the tram stop stand out in an environment full of contrasts.

In an earlier competition, URA had already designed a similar module system: USB. Very functional, very efficient with a series of white, reduced modules with a multitude of possibilities. Unfortunately, this proposal was rejected.

THB
Haltestelle; *Tram Stop*
Brussels, BE / 2005–2010

Fläche; *Area:* 30,000 m² / **Kosten;** *Costs:* 6 million Euro
Auftraggeber; *Client:* Brussels City Region, Mobiel Brussel

OSB
Wettbewerbsbeitrag für ein System neuer Haltestellen; *Competition Entry for a Modular System of Bus Stations*
Brussels, BE / 2009

Auftraggeber; *Client:* Brussels City Region, Mobiel Brussel

FAR

Rationales Einfamilienhaus mit subtilen Überraschungen; *Rational House with Subtle Surprises*

Rumbeke, BE / 2003–2008

Nutzfläche; *Usable Area* : 450 m² / **Kosten;** *Costs:* 600,000 Euro

FAR

Das U-förmige FAR-Haus rahmt einen Garten ein. Der Grundriss ist streng rational auf das tägliche Leben der Bewohner zugeschnitten. Das Haus bietet aber auch wechselnde, überraschende Durchblicke in andere Innenräume und Ausblicke in den Garten. Etliche abstrakte Elemente – deren Entwurf grundlegende Typologien und spezifische Raumfunktionen berücksichtigt – unterbrechen das streng rationale Raster. Die Gestaltung des Hauses regt die Bewohner dazu an, aus dem täglichen Trott „auszubrechen“. Indem sie das Haus nutzen und darin wohnen, entdecken und erleben sie dessen „konzeptuelle Schichtung“.

FAR forms a U around a garden. It has a strict rational pattern for the daily routines – except for the distractions of the permanently changing views to other parts of the house and out on the garden. Additionally, some abstract elements – referring to basic typologies and containing specific programs – interfere with this strict pattern. The concept of the house stimulates the inhabitants to "escape" from their daily routine. By using the house and living in it, the users discover and experience the conceptual layering of the house.

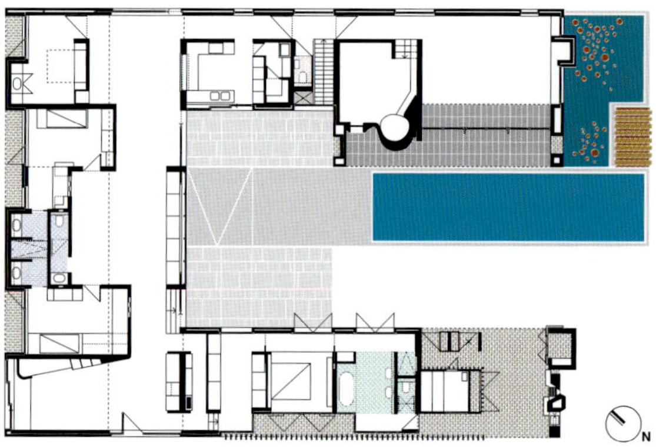

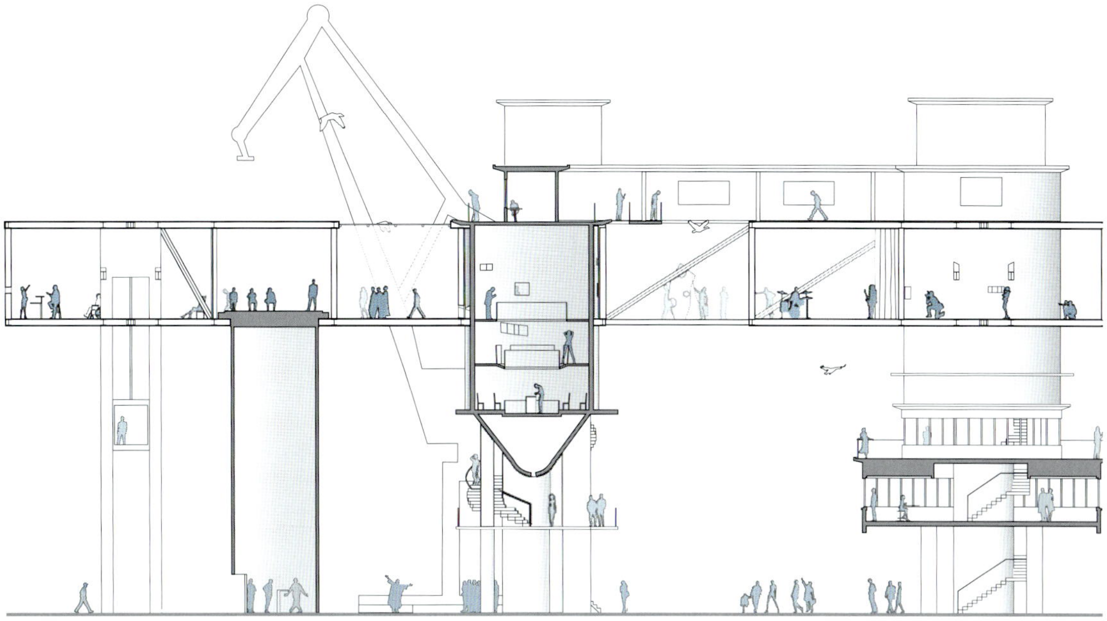

GOD

Gents ehemaliger Industriehafen soll zu einem attraktiven Stadtviertel umgebaut werden. Der städtebauliche Generalplan sieht vor, das gewaltige Bauwerk eines früheren Betonwerks als Landmarke und Erinnerung an die Industriegeschichte des Standorts zu erhalten. Für die Umgestaltung wurde ein Wettbewerb ausgeschrieben, den URA 2009 gewinnen konnte. Ihr Entwurf schlägt vor, dem gewaltigen Betonwerk eine weitere gewaltige Schicht hinzuzufügen: einen mit Restaurants, Bars und Läden gefüllten Wolkenbügel mit Balkonterrassen, von denen die Besucher in 16 Metern Höhe das Panorama über den Dächern des recht niedrigen Gents genießen können. Sichtachsen zu den historischen Gebäuden der Stadt werden zusätzlich aus dem Volumen herausgeschnitten.

Ghent's former industrial harbors are being restructured to form a new, attractive waterfront. The master plan envisages preserving the huge structure of a former existing concrete factory as a landmark and reminder of the area's industrial history. A competition was held to solicit ideas for how to preserve the structure and make new usage possible. URA's winning proposal was to add a completely new layer: a giant platform with restaurants, bars, and shops offering, at a height of sixteen meters, panoramic views all over Ghent, which is a rather low city. The new structure hangs on the old structure like a cloud; the old towers will be used as access points. Vistas to Ghent's historical monuments are cut out of the new volume.

GOD

Wettbewerbsentwurf für den Umbau eines Betonwerks, 1. Preis; *Competition Entry for the Reconversion of a Concrete Factory, 1st Prize*

Ghent, BE / Seit; *Since:* 2009

Mitarbeiter; *Collaborator:* Gabriel Lester / **Nutzfläche;** *Usable Area:* 1,800 m² / **Kosten;** *Costs:* 6 million Euro

V+

Temporary Happiness

Jörn Aram Bihain und Thierry Decuypere verbindet die gemeinsame Sicht auf die Baukunst: „Architektur ist keine Frage von Quadratmetern oder der Bereitstellung von Haustechnik. Sie ist vor allem anderen eine politische Haltung, eine kulturelle Tat, ein Gedicht aus Zentimetern, ein gesellschaftliches Statement, eine philosophische Überraschung, ein Wunsch nach Raum, eine Quelle von Träumen."

Aus dieser Motivation heraus gründen die zwei Architekten 1999 das „Büro für das Plus an Wohlbefinden" auf französisch „Bureau vers plus de bien-être" – kurz V+. Der Name ist eine Hommage an einen Werbeslogan für den Brüsseler Bahnhof aus den 50er Jahren. Die zwei Gründungsmitglieder des Büros untersuchten zwischen 1998 und 1999 Vor- und Nachteile einer Revitalisierung des Bahnhofs mit seiner Nord- und seiner Südstation. Mit diesem Namen sollte dem aufstrebenden Büro eigentlich alles gelingen.

V+ unterteilen ihre Arbeitsweise in drei Projektschwerpunkte. Erstens engagieren sie sich in verschiedenen Basisgruppen und Kulturinstitutionen, sie veranstalten in diesem Rahmen temporäre Aktionen und unterstützen regionale Kunstprojekte. Große Aufmerksamkeit erlangte ihr „Pavilion of Temporary Happiness" 50 Jahre nach der EXPO 58, eine zeitlich limitierte Installation komplett aus Bierkästen bestehend.

Gleichzeitig agieren sie im klassischen Arbeitsfeld eines Architekturbüros – sie bauen, sanieren, allerdings immer unter dem Aspekt, den Entwurf als Grundlage einer experimentellen Auseinandersetzung mit räumlichen und technischen Vorgaben zu entwickeln. Eine große Herausforderung stellten zum Beispiel die strengen typologischen Regularien für das Wohnhaus in Ternat dar.

Der dritte Schwerpunkt ihrer Arbeit ist die Teilnahme an verschiedenen Wettbewerben und Projekten kultureller und/oder gesellschaftlicher Relevanz. Dazu zählen vor allem die Projekte, die sie für die französischsprachige Gemeinschaft bearbeiten. Im Jahr 2000 gewannen sie beispielsweise den Wettbewerb für den Entwurf des Parlamentsgebäudes der Kommission der Wallonischen Vertretung in Brüssel. 2002 wurden sie als Kuratoren der Architekturbiennale in Venedig ausgewählt und durften den Beitrag für den belgischen Pavillon kuratieren.

Jörn Aram Bihain and Thierry Decuypere are linked by a common view of architecture: "Architecture is not a question of square meters or provision of services. It is first and foremost a political stance, a cultural act, a poem of centimeters, a social statement, a philosophical surprise, a desire for space, a source of dreams."

This motivation led the two architects to found the "Bureau vers plus de bien-être" – V+ for short – in 1999. The name is a tribute to an advertising slogan for Brussels station in the nineteen-fifties: "The junction south/north towards a greater well-being." The two founder members of the practice looked at the advantages and disadvantages of revitalizing the station with its North and South stations in 1998 and 1999.

V+ divide their approach into three key project points. Firstly, they involve themselves in various core groups and cultural institutions, organizing temporary campaigns and supporting regional art projects in this context. Their "Pavilion of Temporary Happiness" attracted great attention fifty years after EXPO 58. It was a temporary installation consisting entirely of beer crates.

At the same time, they operate within an architectural practice's classical sphere of work – they build and refurbish, though always from the point of view of seeing the design as a basis for an experimental analysis of spatial and technical stipulations. For example, the rigid typological rules for the house in Ternat represented a considerable challenge.

The third focal point in their work is taking part in various competition and projects that are culturally and/or socially relevant. This includes above all projects that they work on for the francophone community. For example, in the year 2000 they won the competition for designing the parliament building for the French Society Commission in Brussels. In 2002, the French community chose them as curators for the Venice Architecture Biennale, which involved curating the contribution for the Belgian pavilion. _an

Sitz; *Location* BRUSSELS, BE **Gegründet;** *Founded* 1999

Partner; *Partners* JÖRN ARAM BIHAIN *1973 in Brussels, BE, graduated from Brussels St. Luke's Architectural College, BE, 1996, since 2007 he is lecturing architecture at the St.Luc Architectural College in Liège, BE THIERRY DECUYPERE *1973 in Brussels, BE, graduated from the Victor Horta Higher Institute of Architecture, Brussels, BE, 1996, since 2003 he is lecturing architecture at the ISACF La Cambre, Brussels, BE

Gearbeitet bei; *Worked at* Wolfgang Tschapeller (Vienna), Henke und Schreieck (Vienna), Olivier Bastin l'Escaut Architecture (Brussels)

Pavilion of Temporary Happiness – 50 Years after EXPO 58

Bau eines provisorischen Pavillons; *Construction of Temporary Pavilion*

Brüssel, BE / 2007–2008

Mit; *With:* Philippe Buraud, Sourya Sikhaseum, Aidas Krutejavas, Elodie Degavre / **Bautechnik**; *Engineer:* BAS (Kathleen Mertens)

Pavilion of Temporary Happiness – 50 Years after EXPO 58 Sechs Monate lang beherbergte dieser Pavillon eine Ausstellung, in der untersucht wurde, wie sich unsere Vorstellungen von Universalität, Fortschritt und Glück, die 50 Jahre zuvor von der EXPO 1958 in Brüssel gefeiert wurden, seitdem gewandelt haben. Der Pavillon setzte die Reihe von Bauten fort, die allesamt durch die Architekturdebatte ihrer Zeit geprägt wurden.

Da provisorische Bauten nur dann sinnvoll sind, wenn bei der Demontage kein Abfall oder Schutt entsteht, entstand der Pavillon im Wesentlichen aus gewöhnlichen Bierkästen, die nach Abbau der Ausstellung wieder ihrem ursprünglichen Zweck zugeführt wurden.

Die Bierkästen waren dabei Hauptbaumaterial (analog einem Mauerziegel), das bis an die Grenzen des Machbaren zu verschiedenen Bauteilen (Säulen, Bögen, Kuppeln) zusammen montiert wurde, um die Materialität des Ganzen zu transzendieren. Das Ergebnis war ein gewaltiger, rätselhafter Innenraum. Bestehend aus insgesamt 33.000 Bierkästen war der Pavillon wahrscheinlich das weltweit größte Gebäude aus diesem „Baustoff".

For six months, this space accommodated the exhibition that interrogated the notion of progress fifty years after the celebration of universalism and happiness brought by the international exposition Expo 58 in Brussels. Pavilion continues the line of constructions united by architecture interrogations of their time.

Temporary construction makes sense only when it is waste free – our pavilion is built from the trivial elements that were returned to the cycle of their traditional use once the exhibition was over.

The beer crate is used as a generic element – such as a brick – in its numerous mounting possibilities (columns, arches, and cupolas), and pushed to its limits in order to transcend the material. The result is a colossal and enigmatic interior space. On the whole, 33,000 crates where used to build probably the world's biggest construction made out of beer crates.

Ternat House

Das Haus befindet sich in einer klassischen Reihenhaussiedlung in Ternat, einem Vorort von Brüssel. Die Bauvorschriften für die Siedlung erforderten eine Doppelhaushälfte mit einer Traufhöhe von 4,2 Metern und einer Dachneigung von 41 Grad auf einer Grundfläche von exakt 15 x 12 Metern (jeder mag die Notwendigkeit dieser Auflagen selbst beurteilen). Die Besonderheit, die dieses Projekt birgt, liegt im Inneren der vorgeschriebenen Standardtypologie.

Das Haus wurde nicht wie herkömmlich von außen nach innen gestaltet, sondern nur im Inneren, wobei sich die Architekten im Hinblick auf funktionale und räumliche Qualitäten eng an die Wünsche des Bauherrenpaars hielten. Alle Grundfunktionen des Hauses werden in das Erdgeschoss gelegt, sodass das Obergeschoss zu einer „Welt voller Entdeckungen" wird – einem großen Zimmer für die Enkelkinder. Vom Kinderzimmer aus überblickt man das komplette Hausinnere.

Angepasst an die bestmöglichen Ausblicke entstanden Öffnungen in der Außenwand, gleichzeitig ermöglichen diese, dass Tageslicht in das Gebäude gelangt. Fassaden und Dachflächen bestehen aus demselben Material, um den einheitlichen, geheimnisvollen und edlen Charakter der Villa zu unterstützen. Im Gebäudeinneren verliert man das Gefühl für die Hülle des Hauses.

The house is located on one of those common building estates in Ternat on the outskirts of Brussels. The municipal regulation there imposes a semi-detached construction on the precise built area of 15x12 meters, with the eave height of 4.2 meters and a roof slope of 41 degrees (anyone would judge the relevance of these rules). The fiction that we inflicted on this project seeks to focus energy and research in the context of this imposed iconic shape. The surprise is inside.

The house is not composed from the outside as the classic process would suggest but from within, closely following functional and spatial qualities desired by the client. According to their program, all of the basic functions should be concentrated on the ground floor, leaving a world of discovery upstairs – a space for their grandchildren. The kids' room overlooks the whole house.

The openings in the walls are a result of the views and inputs of light needed inside. The exterior walls and roof have the same materiality, which increases the conformity, mystery, and nobility of the house. Inside one forgets the evidence of the external form.

Ternat House

Einfamilienhaus; *Single-Family House*

Ternat, BE / 2001–2004

Ingenieurtechnik; *Engineer:* Kathleen Mertens / **Bauausführung Rohbau;** *Contractor:* CPR sprl / **Auftraggeber;** *Client:* M. et Mme Cortier, De Lat

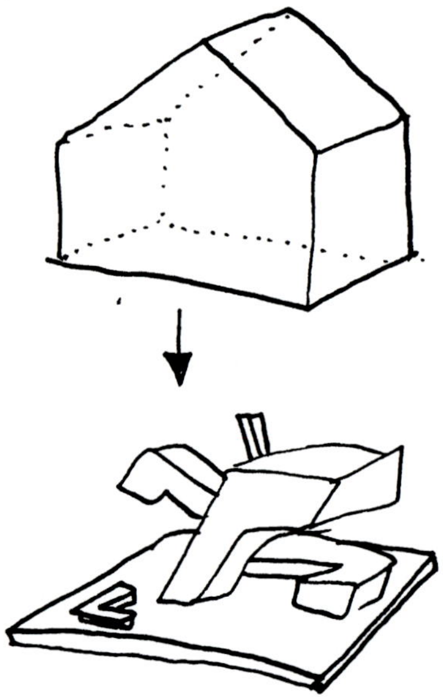

Sauvenière Cinema

Angesichts komplexer Anforderungen an Kino- und Theatergebäude aufgrund der jüngsten Entwicklung von komplizierter Film- und Bühnentechnik und der nötigen Wirtschaftlichkeit herrscht beim Bau moderner Kinopaläste eine starke Tendenz zu gestalterischer Uniformität. Moderne Kinos können sich also nur durch die einladende Qualität der öffentlichen Bereiche aus der Masse der anderen, technisch genauso gut ausgestatteten Konkurrenten herausheben.

Der Entwurf dieses Kinos erinnert an einen Findling, massiv wie die Seele eines Felsen umschließt er vier Kinosäle. Die Baumasse wirkt wie zwei gewaltige geometrische Körper, die auf einer Restfläche (die eigentlich viel zu klein für sie ist) zusammengepresst werden mussten. Die Arbeitsbereiche sind „opportunistisch" zwischen den verschiedenen übrig gebliebenen Räumen eingefügt. Über die Verkehrsflächen, welche ansteigen oder sich auch kreuzen, passieren die Kinobesucher verschiedene Räume, auf dem Weg aus der Stadt in die Kinosäle erleben sie gleich mehrere „Bühnenbilder". Die Fassade verrät nichts über das theatralische Mysterium der Kinosäle.

Given the complex criteria in the world of cinema and theater dictated by the incredible technical evolution in this area, as well as the economic considerations, there has been a tendency towards uniformity of design in modern cinema complexes. Faced with these demands, the only difference between two modern cinemas, apart from the program, is the welcome and the quality of the public spaces.

The project is a piece of lost property (four auditoriums) solid as the soul of a cliff, evoking two enormous bodies squashed into a plot of land too small for them. Opportunistically, the working areas are lodged between the different residual spaces. Human traffic bypasses, goes alongside, climbs, or crosses, thus offering a succession of stage sets between the object and the town. Nothing on the outside betrays the mystery of the auditoriums.

Sauvenière Cinema

Multiplex-Kino; *Cinema Complex*

Liège, BE / 2003–2008

Mit; *With:* Aidas Krutejavas, Antoine Rocca, Sourya Sukhaseum, Elodie Degavre / **Bautechnik;** *Engineer:* BAS (Dirk Jaspaert) / **Akustik;** *Acoustics:* Daidalos Peutz / **Auftraggeber;** *Client:* Provinz Wallonien; Belgian French Community

ZUS [ZONES URBAINES SENSIBLES]

nl

Afsluitdijk – A New Vocabulary

Sitz; *Location* ROTTERDAM, NL **Gegründet;** *Founded* 2001

Partner; *Partners* ELMA VAN BOXEL *1975 in Delfgauw, NL, graduated as Landscape Architect from IAH Larenstein, NL, 2002

KRISTIAN KOREMAN *1978 in Nieuw Bergen, NL, graduated as Landscape Architect from IAH Larenstein, NL, 2000

„Um erstarrte politische und räumliche Ideen in unseren Städten aufzutauen, sollten radikale und utopische Methoden keinesfalls vermieden werden."

"To melt frozen political and spatial ideas within the contemporary city, radical and even utopian methods should not be avoided."

Unaufgefordert; *Unsolicited*

ZUS [Zones Urbaines Sensibles] sind unter den hier vorgestellten Büros in jeder erdenklichen Hinsicht die Paradiesvögel. Das beginnt damit, dass Elma van Boxel und Kristian Koreman keine Architekten, sondern ausgebildete Landschaftsplaner sind; Koreman studiert seit 2002 außerdem Philosophie an der Erasmus Universität von Rotterdam. Mit ihrem Büro, dessen Name sich auf die 752 in Frankreich ausgewiesenen städtischen Problemgebiete bezieht, produzieren sie Untersuchungen und Studien, fiktive und reale Gebäude oder – wie sie es nennen – erwünschte und unerwünschte Entwürfe, die sich zwischen Architektur, Städtebau, Landschaft und Politik bewegen. Darüber hinaus haben sie auch Möbel und Mode entworfen.

Nachdem sich die Arbeit in den ersten Jahren auf Publikationen wie Decode Space (2007) oder Re-Public (2007) und Ausstellungen wie „My Public Space" (2008) konzentriert hatte, kommen seit zwei, drei Jahren große städtebauliche und landschaftsplanerische Entwürfe hinzu. „Bei den größeren Projekten versuchen wir immer wieder, einen kritischen, aber optimistischen Standpunkt zu entwickeln", beschreiben sie ihre Arbeitsweise. „Es darf kein Spektakel um des Spektakels willen geben. Um erstarrte politische und räumliche Ideen in unseren Städten aufzutauen, sollten radikale und utopische Methoden keinesfalls vermieden werden. Gerade wenn es um die öffentlichen Räume geht, bedarf es einer starken Strategie, um etwas zu verändern. Unsere räumlichen Interventionen sollen zu einem erhöhten Bewusstsein der nackten Realität unserer modernen urbanen Kultur und Umgebung beitragen – auch wenn wir das nicht immer als einzige Realität akzeptieren."

Among the firms listed here, ZUS [Zones Urbaines Sensibles] are, in every imaginable respect, the most flamboyant. For a start, Elma van Boxel and Kristian Koreman are not architects, but landscape planners. Since 2002, Koreman also studies philosophy at Rotterdam's Erasmus University. Their firm, which refers to France's 752 problem urban areas, produces investigations and studies, fictional and real buildings, or – as they say – wanted and unwanted designs combining elements of architecture, urban planning, landscape, and politics. They have also designed furniture and fashion.

In the early years, they worked mainly on publications like Decode Space (2007) and Re-Public (2007) and exhibitions like "My Public Space" (2008), but for the past two or three years, these have been joined by major urban planning and landscape planning designs. They describe their working methods thus: "In the case of large-scale projects we take a critical but optimistic attitude. There should be no spectacle for the sake of the spectacle alone. To melt frozen political and spatial ideas within the contemporary city, radical and even utopian methods should not be avoided. Especially in cases of public space and spatial production, there is a need for strong strategies to bring about change. Our spatial interventions contribute to a higher state of consciousness of the naked reality of our modern, urban culture and environment, although not always by accepting it as the only reality." __fh

Schieblock / De Dependance
Umbau eines Bürohochhauses; *Conversion of a High-Rise Office Building*
Schiekade, Rotterdam, NL / 2009–2050

Freiwilliges Projekt, Eigeninitiative; *Voluntary Project, Own Initiative* / **Fläche;** *Area:* 12,000 m²

Schieblock / De Dependance

Mitten in Rotterdam soll ein neuer „Business District" entstehen. Da derzeit Investoren fehlen, stehen viele der abzureißenden Gebäude leer – so der Schieblock, in dem ZUS als Zwischennutzer ihr Büro eingerichtet haben. ZUS haben dem Eigentümer und der Stadt ein Konzept vorgeschlagen, das gesamte Gebäude für (mindestens) fünf Jahre als kulturelles, kreatives Zentrum zu nutzen, eine Shopping Mall für Kultur und ohne Konsum. 120 Interessenten für die Flächen im Gebäude haben sich bereits angemeldet. Falls das Projekt gelingt, haben ZUS schon eine Alternative zum Abriss gezeichnet: Die neuen Bürotürme könnten als Megastruktur über dem bestehenden Schieblock entstehen.

A new business district is to be created in central Rotterdam. As there is a lack of investors at present, many of the buildings that are to be pulled down are vacant – including the Schieblock, in which ZUS have set up their practice as temporary users. ZUS have proposed to the owners and the city that the whole building should be used as a cultural, creative center for (at least) five years, a shopping mall for culture and not consumption. Already, 120 interested parties have signed up to take premises in the building. If the project succeeds, ZUS have already drawn up an alternative to demolition: the new office towers can be built as a mega-structure above the existing Schieblock.

Almere Duin

Die Stadt Almere träumte von einem Boulevard mit Hochhäusern am Meeresstrand. Das hätte jedoch eine Barriere zwischen dem Stadtzentrum und dem Meer aufgerichtet. „Almere Duin“ sieht dagegen drei ins Meer ragende Dünen vor; die neuen Wohnungen entstehen dann zwischen Wald und Dünenlandschaft und der öffentliche Strand wird sogar noch verlängert. Der Bauinvestor Amvest und die Stadt vereinbarten, dass das Projekt sukzessive in den nächsten 30 Jahren realisiert und instand gehalten werden soll. In einer Zeit der Finanzspekulation und kurzfristiger Investitionen ist diese Planung beispielhaft für eine verantwortungsvolle, nachhaltige Stadtentwicklung.

The city of Almere imagines having a shiny boulevard with high-rises at its waterfront. However, this would create a wall disconnecting the city center from the water. "Almere Duin" proposes three dunes stretching into the water instead, so the dwellings are created on transits between forest and dune and the public waterfront is extended. Private investor Amvest and the city have agreed on a thirty-year period in which the plan will be constructed and maintained. In an era of speculation and short-term investments, this plan demonstrates a responsible and sustainable way of developing.

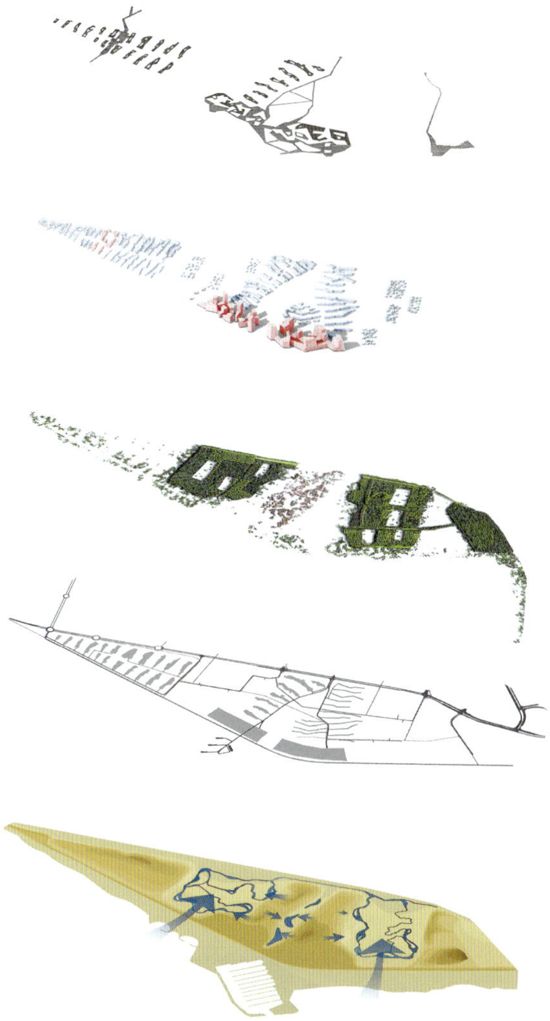

Almere Duin
Städtebaulicher Masterplan; *Urban Master Plan*
Strand, Almere, NL / 2008–

Auftraggeber; *Client:* Amvest / **Mit;** *With:* BVR adviseurs, CCO

Afsluitdijk – A New Vocabulary
Zukunftsvision als Studie und Ausstellung;
Vision for the Future as Study and Exhibition
Afsluitdijk, Noord-Holland, NL / 2007–2082

Auftraggeber; *Client:* Atelier Rijksbouwmeester, Rijkswaterstad /
Fläche; *Area:* 32 km

Afsluitdijk – A New Vocabulary

Wegen der steigenden Meeresspiegel wird der Afsluitdijk am Ijsselmeer bis 2082 um mindestens drei Meter erhöht werden müssen. ZUS schlägt „eine dynamischere Beziehung zum Meer" vor, aus dem Deich soll ein Wohnort werden: In buchstabenförmigen Strukturen werden Wohnungen, Museen, Restaurants etc. eingerichtet, mit dem steigenden Wasser werden mehr und mehr Strukturen aufgehäuft, die jeweils untersten werden aufgegeben.

Because the sea level is rising, the Afsluitdijk on the Ijsselmeer will have to be raised by at least three meters by 2082. ZUS are proposing "a dynamic relationship with the sea": the dike is to become a residential area: homes, museums, restaurants, etc. will be built in letter-shaped structures, more and more structures will accumulate as the water level rises, and the ones at the bottom will then be abandoned.

Rhijnhavenstraat

ZUS haben eine Brücke entworfen, die nicht nur die beiden Ufer verbindet, sondern wie eine schmale Straße funktioniert. Die fünf Pfeiler sind Häuser mit Kiosken, Restaurants, öffentlichen Toiletten und einem kleinen Honeymoon Hotel. Die Brücke wird vom reinen Verkehrsobjekt zum lebendigen Teil der Stadt.

ZUS have designed a bridge that not only connects the two shores but functions as a narrow street. The five piers are buildings with kiosks, restaurants, public toilets, and a small honeymoon hotel. The bridge is a lively part of the city rather than merely a transport project.

Rhijnhavenstraat
Eine Brücke als Straße, Wettbewerbsbeitrag, 2. Platz;
A Bridge as Street, Competition Entry, 2nd Place
Rhijnhaven, Rotterdam, NL / 2006–2009

Auftraggeber; *Client:* Gemeentewerken Rotterdam

Villa Rotterdam

ZUS Entwurf für die neue Dienstvilla des Bürgermeisters von Rotterdam: Die Privaträume liegen im Zentrum des Gebäudes, das über einen unterirdischen Gang zugänglich ist. Von dort findet ein allmählicher Übergang von den privaten zu den öffentlicheren, außen liegenden Räumen statt. Wie bei der täglichen Arbeit des Bürgermeisters besteht auch in seiner Dienstvilla eine konstante Spannung zwischen Öffentlichkeit und Privatsphäre.

ZUS' proposal for the new official residence for the mayor of Rotterdam. In the center of the house – accessible through an underground passage – the most intimate spaces are located. From the center, there is a gradual transition towards more public spaces on the outside. Just like the mayor's job, there is a constant tension between the public and the private in his residence, too.

Villa Rotterdam

Dienstvilla; *Official Residence*

Rotterdam, NL / 2006–2007

Nutzfläche; *Usable Area:* 450 m² / **Auftraggeber;** *Client:*
Rotterdamse Academie voor Bouwkunst RAVB

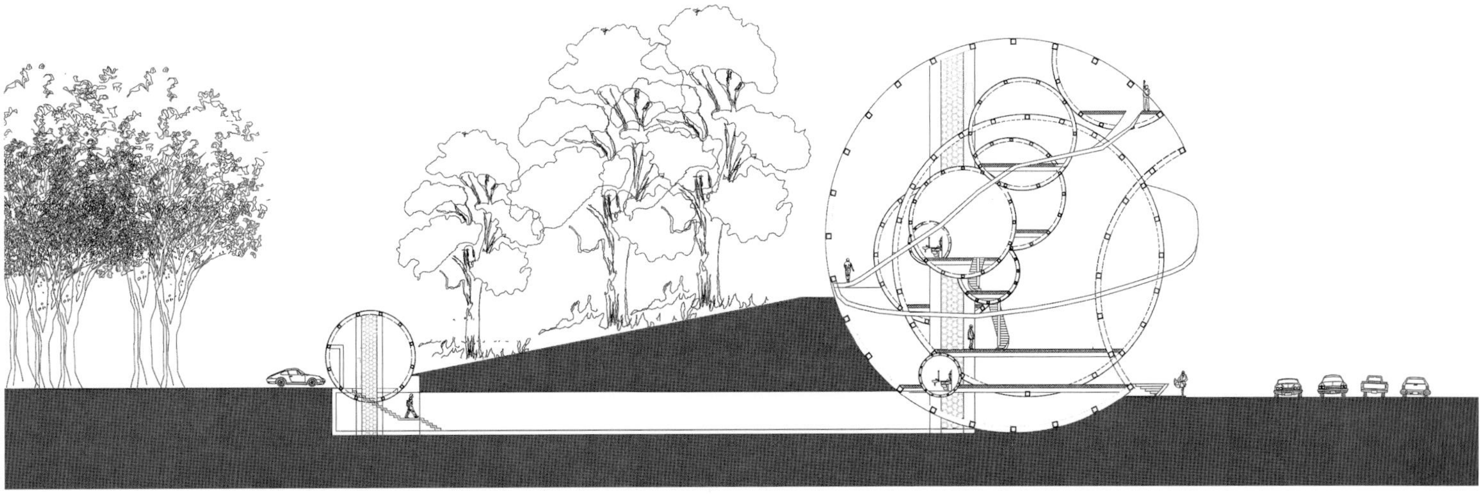

2012Architecten

Kruiskade 6
3012 EH Rotterdam
The Netherlands
info@2012architecten.nl
www.2012Architecten.nl
www.superuse.org

Anne Holtrop

Leonardo da Vinci Gebouw
Nieuwpoortkade 2a / D079
1055 RX Amsterdam
The Netherlands
mail@anneholtrop.nl
www.anneholtrop.nl

ANORAK scsprl

121 rue de Flandre
1000 Brussels
Belgium
info@anorak.be
www.anorak.be

Artgineering

1e Middellandstraat 103
3021 BD Rotterdam
The Netherlands
info@artgineering.nl
www.artgineering.nl

BeL

Sozietät für Architektur BDA
Kaiser-Wilhelm-Ring 2-4
50672 Cologne
Germany
office@bel.cx
www.bel.cx

DUS Architects

Blankenstraat 404
1018 SK Amsterdam
The Netherlands
office@dusarchitects.nl
www.dusarchitects.nl

FAR Frohn & Rojas

Zentralbüro
Karl-Liebknecht-Straße 7
10178 Berlin
Germany
berlin@f-a-r.net
www.f-a-r.net

KOMMA4 Architekten

Maybachstraße 159
50670 Cologne
Germany
mail@komma4.net
www.komma4.net

LAb[au]

laboratory for architecture
and urbanism
Office + gallery: MediaRuimte
Lakensestraat 104 Rue de Laeken
1000 Brussels
Belgium
lab-au@lab-au.com
www.lab-au.com
www.mediaruimte.be

lobomob

Hagenauer Straße 30
42107 Wuppertal
Germany
hallo@lobomob.de
www.lobomob.de

low architecten

Franklin Rooseveltplaats 12
2060 Antwerp
Belgium
info@low-architecten.be
www.low-architecten.be

modulorbeat

ambitious urbanists & planners
Hüfferstraße 20
48149 Münster
Germany
info@modulorbeat.de
www.modulorbeat.de

NEXT Architects

P. van Vlissingenstraat 2a
1096 BK Amsterdam
The Netherlands
info@nextarchitects.com
www.nextarchitects.com

NU architectuuratelier

Dok Noord 4, Hal 25
9000 Ghent
Belgium
office@nu-web.be
www.nu-web.be

**Office Kersten Geers
David Van Severen**

33 Rue du Marché aux Poulets
1000 Brussels
Belgium
mail@officekgdvs.com
www.officekgdvs.com

one fine day

office for architectural design
Karolingerstraße 62
40223 Dusseldorf
Germany
hh@o-f-d.net
www.o-f-d.net

pasel.künzel architects

Josephstraat 160–162
3014 TX Rotterdam
The Netherlands
info@paselkuenzel.com
www.paselkuenzel.com

Powerhouse Company

Powerhouse Company APS
is run by Charles Bessard
Skt Hansgade 26 kld
2200 København N
Denmark

Powerhouse Company B.V.
is run by Nanne de Ru
Westzeedijk 399
3024 EK Rotterdam
The Netherlands

office@powerhouse-company.com
www.powerhouse-company.com

Rotor vzw-asbl

rue de Laeken 101
1000 Brussels
Belgium
rotorasbl@gmail.com
www.rotordb.org

Space & Matter

Kraanspoor 36
1033 SE Amsterdam
The Netherlands
info@spaceandmatter.nl
www.spaceandmatter.nl

STAR strategies + architecture

Delftsestraat 27
3013 AE Rotterdam
The Netherlands
star@s-t-a-r.nl
www.s-t-a-r.nl
www.monu-magazine.com

Studyo Architects

Wilhelm-Mauser-Str. 49c
50827 Cologne
Germany
studyo@studyo.org
www.studyo.org

URA

Stalingradlaan 100
1000 Brussels
Belgium
info@ura.be
www.ura.be

V+

Bureau vers plus de bien-être
18 rue Theodor Verhaegen
1060 Brussels
Belgium
data@vplus.org
www.vplus.org

ZUS [Zones Urbaines Sensibles]

Schiekade 189
3013 BR Rotterdam
The Netherlands
info@zus.cc
www.zus.cc

Bildnachweis; *Picture Credits*

Wir danken allen Bildrechteinhabern für die Erlaubnis zum Abdruck in dieser Publikation. Trotz intensiver Bemühungen konnten evtl. bis Redaktionsschluss nicht alle Bildrechteinhaber ausfindig gemacht werden. Zur Klärung eventueller Ansprüche bitten wir, sich ggf. mit den Herausgebern in Verbindung zu setzen.

The editor and publisher would like to thank image rights holders who have kindly given their permission for publication. Every effort has been made to identify all rights holders before publication. We would ask any rights holders we did not manage to contact to get in touch with the editors.

9	Thorsten Arendt
28	Allard van der Hoek
31–33	Allard van der Hoek
38	Bas Princen
41	Bas Princen
54–56	Marc Räder
62–63	Myung Feyen
64–65	Teo Krijgsman
74–75	Thorsten Arendt
79	Christopher Clem Franken
80–83	photoprop
85	Christophe Engels
88	Frank Schoepgens
89–90	Thorsten Arendt
91	Robert Ostmann (Abb. oben; *picture above*)
	Thorsten Arendt (Abb. Mitte; *picture middle*)
	Sara Montali (Abb. unten; *picture below*)
92	Christian Richters (Abb. oben; *picture above*)
	Thorsten Arendt (Abb. unten; *picture below*)
93	Thorsten Arendt
96	Iwan Baan
98–99	Iwan Baan
105	Stijn Bollaert
107	Frederik Froument
108	Bas Princen
110–111	Bas Princen
120–121	Marcel van der Burg
122–124	Bas Princen
125	Jeroen Musch
126–127	Bas Princen
131	Benjamin Brolet
132	Eric Mairiaux
134	Jan Kampenaers
135	Wim Cuyvers
148	Filip Dujardin
150–151	Filip Dujardin
152	Stijn Bollaert
155	Serge Brison
157	Alain Janssens

Katalog; *Catalogue*

Herausgegeben von; *Edited by*
Brigitte Franzen, Marc Günnewig, Florian Heilmeyer, Jan Kampshoff, Andrea Nakath, Anna Sophia Schultz

Gestaltung und Satz; *Design and setting*
Kristina Selcho

Magazinkonzept, Redaktion und Texte; *Magazine concept, texts, editing*
Florian Heilmeyer, Andrea Nakath

Übersetzung; *Translation*
Deutsch-Englisch; *German-English:* Michael Robinson
Englisch-Deutsch; *English-German:* Annette Wiethüchter

Umschlagfoto; *Cover*
Carl Brunn

Lithografie; *Lithography*
Bild1Druck

Druck und Bindung; *Printing and binding*
fgb freiburger graphische betriebe

Bibliografische Information der Deutschen Nationalbibliothek
Die Deutsche Nationalbibliothek verzeichnet diese Publikation in der Deutschen Nationalbibliografie; detaillierte bibliografische Daten sind im Internet über http://dnb.d-nb.de abrufbar.
Bibliographic information published by the Deutsche Nationalbibliothek
The Deutsche Nationalbibliothek lists this publication in the Deutsche Nationalbibliografie; detailed bibliographic data are available on the Internet at http://dnb.d-nb.de

jovis Verlag GmbH
Kurfürstenstraße 15/16
10785 Berlin

www.jovis.de
ISBN 978-3-86859-079-1

Ludwig Forum für Internationale Kunst, Aachen

Ausstellung; *Exhibition*

Diese Publikation erscheint anlässlich der Ausstellung „West Arch – A New Generation in Architecture" vom 12.9.–14.11.2010 im Ludwig Forum für Internationale Kunst Aachen.
This magazine was published on the occasion of the exhibition "West Arch – A New Generation in Architecture" at the Ludwig Forum für Internationale Kunst, Aachen, September 12 – November 14, 2010.

Für die Förderung und Unterstützung von Ausstellung + Publikation danken wir herzlich

Träger
stadt aachen Kulturbetrieb

Peter und Irene Ludwig Stiftung

Government Buildings Agency
Ministry of Housing, Spatial Planning and the Environment

Kulturpartner
WDR 3

Stimuleringsfonds voor Architectuur
the Netherlands Architecture Fund

Ein Projekt im Rahmen der Landesinitiative
StadtBauKultur NRW

Königreich der Niederlande

Kuratoren; *Curators:*
Marc Günnewig, Jan Kampshoff
modulorbeat – ambitious urbanists and planners
Mitarbeit; *Cooperation*
David Gregori y Ribes, Max Graap

Idee; *Idea*
Brigitte Franzen

Projektleitung; *Project manager*
Anna Sophia Schultz

Kunstvermittlung; *Curator of education*
Holger Otten
Mitarbeit; *Cooperation*
Sara Lengersdorf

Ausstellungssekretariat; *Exhibition office*
Holger Hermannsen

Ausstellungsteam; *Exhibition team*
Thomas Bortfeldt, Annabelle Eicker, Andreas Erkes, Joachim Gabriel, Kalle Hommelsheim, Jürgen Kluth, Barbara Krappen, Wolfgang Meehsen, Leonie Otten, Norbert Reitz, Andrea van de Sand, Michael Weihmann, Werner Wosch